How to become a happy leader!

행복을 선물하는
리더의 7가지 비밀

정철화, 최정숙 지음

도서
출판 행복에너지

초판 1쇄 발행 2023년 9월 1일

지은이 정철화, 최정숙
발행인 권선복
편 집 이항재
교정·교열 이선종
디자인 이항재
전자책 서보미
발행처 도서출판 행복에너지
출판등록 제315-2011-000035호
주 소 (07679) 서울특별시 강서구 화곡로 232
전 화 010-3993-6277
팩 스 0303-0799-1560
홈페이지 www.happybook.or.kr
이메일 ksbdata@daum.net

값 **25,000**원
ISBN : 979-11-92486-92-5 (13320)
Copyright ⓒ 정철화, 최정숙

How to become a happy leader!
행복을 선물하는 리더의 7가지 비밀

추천사

참 행복한 리더가 되는 길

한국은 21세기 산업화 시대에 가장 성공한 나라입니다.

선진국의 발자국을 따라 "What to do?" "How to do?" 근면 자조 협동의 정신으로 세계에서 가장 빠른 추격자의 역량을 발휘하여 한강의 기적을 이루고 10대 경제 강국에 올랐습니다.

새천년의 대변혁을 거치며 제4차 산업혁명의 파도가 높아지고 있습니다. 전 세계인이 지속 가능한 행복을 추구하는 시대가 전개되며 한국은 혼돈에 빠져 방향을 잃고 추락하고 있습니다. 산업화 시대 성공 경험에 안주하여 새로운 시대에 적응하기 위해 사고의 틀을 깨지 못하고 있기 때문입니다.

생각이 바뀌면 운명이 바뀝니다. 빨리빨리 열심히 노력하면 성공하던 시대는 가고 행복하면 창의력이 살아나고 융합 창조 상생의 문화로 가치창조의 꽃을 피우는 새로운 시대로의 변화에 위기의식을 절감해야 합니다. 성공하면 행복해지는 것이 아니라 행복해야 성공하는 시대가 된 것입니다. 즉 행복한 조직문화가 성공의 핵심요소이며 행복을 나누는 리더가 지속 가능한 발전을 이끌 수 있는 시대가 된 것입니다.

아리스토텔레스는 "행복이란 삶의 의미이자 목적이며 인간 존재의 궁극적 목적이다."라고 말했습니다." 인류는 발전을 거듭하여 드디어 매슬로우의 인간 욕구 8단계에서 최고의 욕구 단계인 자아실현의 욕구와 초월적 욕구를 충족함으로써 행복이라는 꿈을 실현하는 시대가 된 것입니다. 이는 뇌 과학과 긍정심리학의 발전으로 과학적으로 증명되고 있는 사실입니다.

리더의 가장 중요한 역량은 행복을 나눌 수 있는 'Happy Power'가 넘치는 'Happy Leader'가 되는 것입니다. 2017년 다보스 포럼의 주제가 '소통과 책임의 리더십'이 된 것도 행복한 조직문화에 대한 리더의 책임을 강조한 것입니다.

이 책은 현장에서 'Happy Leader'를 양성하고 행복한 조직문화를 변화시켜온 저자의 체험과 과학적 이론을 바탕으로 쓴 행복한 리더를 위한 바이블입니다. 매일 10분씩 52주의 지속적인 노력이 여러분들의 운명을 바꾸고 나라의 미래를 변화시킬 것이라 믿습니다.

21세기 행복시대, 세계에서 가장 행복한 나라 대한민국의 가장 행복한 리더들이 되시기 바랍니다. 감사합니다.

(사)세종국가경영연구원 이사장 **손욱**

기업의 변곡점을 마련하고 리더십의 성장에 획기적인 영감을 주는 책이다.

평소 저자들을 가까이에서 접하면서 기업의 성장을 돕고자 하는 사랑의 마음을 깊이 느꼈는데 원고를 읽으면서 처음 다가온 느낌은 그런 마음이 그대로 담겨있구나 하는 것이다.

목차의 소제목들이 전부 '~하자'라는 청유형으로 되어있는 것도 눈에 띈다. 이 책은 단순히 경영 이론을 열거한 것이 아니라, 리더가 기업의 성장을 위해 어떤 역량을 키워야 하는지를 7가지의 파워로 설명하면서 리더의 행동 변화를 실행하게 하는 지침을 주고 있다. 사고의 전환과 행위의 실천을 구체적으로 안내하고 있다는 점이 통상의 리더십 서적들과 차별된다.

이는 오랜 세월 기업 컨설팅을 해오고 이를 바탕으로 자신의 이론 체계를 구축하신 정철화 박사와 자신의 사업을 경영하고 경제 단체를 이끌어 오신 최정숙 회장, 두 분의 체험과 타고난 지적 호기심으로 쌓아온 학문적 지식이 바탕이 되었다는 생각이 든다.

사회는 사고방식의 다양화, 행동 유형의 개인화, 생활 방식의 복잡화, AI의 등장 등으로 급변하고 있다. 이러한 시대에 이 책에서는 관점과 행동의 변화를 위한 방법으로 새로운 트렌드인 코칭을 접목하고 있다. 기업 문화의 재정비, 조직 내의 소통, 협력하는 조직 분위기, 이를 위한 리더십 구축을 넘어 이런 모든 것을 만들어 가는 방법으로 코칭 철학에 기반한 기법들을 이해하기 쉽고 적용하기 쉽게 제시하고 있다.

더욱 특별한 점은 인간은 자신의 모습이 드러날 때 깨달음을 얻고 성장을 위한 변화의 노력을 시작한다는 통찰을 기초로 개발된 '드러내기 경영 기법'이다. 이를 10단계 경영 시스템으로 구축하여 실제 기업에 적용한 성공사례 11기지를 들고 있다.

43년의 기업 활동에서 11년간 대기업, 중견기업의 최고 경영자 경험을 한 사람으로서 이 책이 기업의 변곡점을 마련하고 리더들의 리더십이 한 단계 성장하는 지혜에 획기적인 영감을 줄 것을 믿어 의심치 않는다.

(재)늘푸른 이사장, 전 S-OIL 사장 노연상

'행복을 선물하는 리더의 7가지 비밀' 을 강추합니다.

'드러내기 경영(Visual Management)' 등 경영 혁신 관련 16권의 책을 출판하여 베스트셀러를 만들었던 저자가 이 책에서 쓴 7가지 비밀은 지난 40여 년간 한국능률협회 컨설팅 CMO와 CIO, 일본 능률협회 컨설팅 부회장 그리고 현재 LCM컨설팅의 회장으로 일하면서 직접 경험하고 터득한 것들입니다. 특히 드러내기 경영의 창시자로서 많은 기업을 행복하게 만든 현장 경험들이 녹아 있는 이 책을 통해 행복한 리더가 되기 위해 필요한 것들을 알려줍니다. 행복한 리더는 조직의 분위기를 좋게 만들고, 직원들에게 동기를 부여하고, 조직의 성과를 높입니다. 7가지 비밀을 간단히 살펴보면 아래와 같습니다.

1장 셀프 파워 : 리더는 자신의 강점과 약점을 알고, 자신의 장점을 극대화하고 약점을 보완해야 합니다. 리더는 자신감과 열정을 가지고 있어야 합니다.

2장 솔선 파워 : 리더는 먼저 행동해야 합니다. 리더가 먼저 모범을 보이면 직원들도 따라올 것입니다.

3장 질문 파워 : 리더는 질문을 통해 직원들의 생각을 듣고, 직원들의 잠재력을 이끌어낼 수 있고 직원들과 소통하고 좋은 관계를 구축할 수 있습니다.

4장 경청 파워 : 직원들은 자신의 의견이 존중을 받고 있다고 느끼면 더 열심히 일할 것입니다. 직원들의 말을 잘 들으면 문제를 해결하고 조직의 성과를 높일 수 있습니다.

5장 공감 파워: 직원들은 리더가 자신의 감정을 이해하고 공감해 준다고 느끼면 더 신뢰하고 따를 것입니다. 리더의 공감은 직원들의 스트레스를 줄이고 조직의 성과를 높일 수 있습니다.

6장 감사 파워 : 리더는 직원들에게 감사와 칭찬을 표현해야 합니다. 자신의 노력이 인정받고 있다고 느끼면 더 열심히 일하고, 감사를 표현하면 직원들의 사기를 높이고 조직의 성과를 높일 수 있습니다.

7장 행복 파워 : 행복한 리더는 직원들에게 긍정적인 에너지를 전달하고, 조직의 분위기를 좋게 만들고, 동기를 부여하고 조직의 성과를 높일 수 있습니다.

이 책은 리더십에 관심이 있는 모든 분에게 도움이 될 것입니다. 특히, 기업의 CEO, 임원, 관리자, 그리고 조직의 성과를 높이고 싶은 분들에게 이 책을 추천합니다.

월간 현대경영 이사장, 감사나눔연구원 이사장 제갈정웅

리더의 역할이 점점 중요해 지고 있는데 환경변화에 따른 대응이 늦어 기존의 방식대로 고수하다가 회사를 위기에 빠뜨리는 경우가 허다합니다. 21세기에 필요한 리더십 7가지 파워에 대해 사례도 많이 넣어서 이해하기 쉽게 잘 표현한 책입니다. 특히 행복을 찾지 못해서 조직을 불행하게 만들지 않도록 실제적인 성공사례가 있어 도움이 되었습니다.

행복의 실체에 대해서 명확하게 이해하는 가정교사 같은 책입니다. 행복을 선물하는 리더의 7가지 비밀을 가슴에 품고 실천하겠습니다. 본서에 제시된 방향을 따라가면 행복의 샘물을 찾게 될 것입니다. 행복 리더로 변신하는 실천적인 내용이 한국 기업을 크게 혁신시키리라 확신합니다.

한국마케팅협회 이사장 김길환

올해도 어김없이 책을 출간해 주신 저자의 의지와 끈기에 존경과 감사의 말씀을 드립니다.

저를 돌아보면 어쩌다 리더가 되어 좌충우돌하며 어떻게 시간을 보냈는지 모르게 9년의 시간을 보내고 나서야 과연 그 기간 동안 제 역할을 제대로 한 것인가? 질문을 해보게 되었습니다. 좀 더 일찍이 이 책이 출간되었더라면 저의 좌충우돌하는 시간을 없애고 회사와 후배들에게 더 많은 도움이 되었겠다는 아쉬움이 생깁니다.

그 바쁘신 와중에도 다행히 후배들에게 많은 도움이 될 수 있는 책을 출간해 주신 저자에게 감사의 말씀을 드립니다.

전. KPX케미칼 사장 김문영

CEO들이 꿈꾸는 것은 지속적으로 성장하는 기업과 행복하게 일하는 직원들이 아닐까. 이 책에는 감사를 기반으로 직원들과 리더들이 함께 성장하도록 하는 지혜가 가득하다. 이 책과 함께 꿈을 이루는 행복한 리더로 거듭나기를 바란다.

미 조지타운대학교 경영대학 교수 김서연

소설가는 첫 문장을 쓰기 위해 밤잠을 지새우고, 독자는 첫 문장을 읽는 순간 밤잠을 설친다고 합니다.

평소 저자의 삶의 모습과 방식이 그대로 닮아있는 주옥같은 내용이 가득 담겨있어 선물인 듯 귀한 마음입니다. 저자는 행복을 선물하는 리더의 7가지 비밀이라고 했지만 이 책은 70가지의 영감과 지침을 일깨워주고 있습니다.

첨단혁신기술기업의 CEO, 단체의 수장을 역임하며 고군분투하던 때가 생각납니다. 좀 더 일찍 '드러내기 경영 시스템'을 만났다면 하는 아쉬움이 남습니다. 기업 경영에서 모든 임직원들이 감사하는 마음 기르기를 통해 행복지수를 높여간다면 기업 성장은 자연스럽게 이루어진다는 믿음을 주는 책입니다.

디지털혁신포럼 의장, 전 여성벤처협회장 배희숙

행복을 선물하는 리더의 7가지 비밀에 대해서 잘 정리되고 표현되어 있는, 리더에게 꼭 필요한 값진 책입니다.

특히 7장의 행복한 리더가 되기 위해 본질에 접근하여 생각을 매니지먼트 하는 방법론이 감동적입니다.

적게 투자하여 최고의 가치를 찾게 하는 드러내기의 지혜를 나누어 주신 것 감사드립니다.

연산메탈 사장 안재혁

21세기 최고의 경영학자 피터 드러커는 "경영은 인간에 관한 일이다."라고 말했다. 경영은 원칙적으로 인간의 가치와 기업의 사회적 가치를 위해 어떻게 리더는 실행에 옮길 것인가로 해석할 수 있다. 이런 면에서 '행복을 선물하는 리더의 7가지 비밀'은 리더가 기업과 직원을 위해 고민해야 할 실행(Execution)에 대해 체계적으로 잘 정리해 놓았다.

이 책의 최종 목표는 기업과 그 속의 모든 직원을 위해 어떻게 행복한 회사를 만들 것인가이다. 얼핏 보면 누구나 다 생각하는 목표일 수 있다. 하지만 누구나 쉽게 하지 못하는 목표임에 틀림 없다. 왜냐하면 리더부터 시작하고 리더부터 실행에 옮겨야 하기 때문이다. 급변하는 변화 속에서도 굳건히 헤쳐 나가는 당신과 당신의 조직을 위해 이 책을 추천한다.

바로 AI 대표이사, 전 엔비디아 사장 이용덕

인간이 다른 동물과 다른 점은 자기의 언행에 의미를 부여하기 때문이다. 의미를 부여하는 것의 핵심은 행복추구 욕구다. 산업혁명 이후 인류는 대부분 기업 등 조직에 속해 있고 조직의 리더십에 따라 행복의 척도가 달라졌다. 저자가 보내 온 초고를 휴가지에서 단숨에 읽었다.

드러내기 경영학의 대가인 정철화 박사와 전문 벤처기업을 이끌어 온 최정숙 전 여성벤처협회 회장의 모든 지적 혜안을 한 권의 지침서로 완성 시켰다. 유능한 리더가 목표라면 꼭 읽기 바란다. 항상 곁에 두고 고민이 생길 때마다 지침서로 활용해야 할 리더십의 [教本]이다.

수산그룹 회장 정석현

21세기 어떤 기업이든 Tech라는 태풍 변화와 글로벌화 영향으로 기존 방식의 리더십이나 조직문화로는 생존해가기 어렵게 되었다. 과거 IMF 때나 금융위기 시기에도 많은 기업이 사라졌다.

그 본질을 보면 역시 그 기업을 책임진 리더의 선견력과 조직운영능력 부족이었다. 즉 리더의 셀프 리더십 파워이다. 리더는 새로운 변화에 대한 많은 공부가 필요하다. 미래 지향적이고 도전적인 리더는 새롭게 많이 알아야 조직을 탄탄하고 안정적으로 이끌어 성장하는 우량기업으로 만들 수 있다고 본다. 이 책은 보다 자세하게 그 내용과 방법을 제시하고 있다. 특히 공감경영, 감사경영, 행복경영이 눈에 띈다.

전. CJ홈쇼핑 사장 조영철

"왜 일하느냐?" 라고 물으면 "행복해지려고" 라고 누구나 쉽게 답합니다. 그러나 간절히 원하는 행복의 실체에 대해서는 잘 알지 못합니다. 특히 직장인들이 열심히 일하지만 행복을 찾지 못해서 여기 저기 직장을 옮겨 다니다가 좌절하는 경우가 많이 있습니다.

본서는 일하면서 행복해지는 7가지 비밀을 명확하게 제시해 주고 있습니다. 당사에서도 그 방법론인 드러내기 경영 VM을 도입하여 행복문화를 만들어 가고 있습니다.

본서가 행복기업으로 가는 이정표입니다. 본서에 제시된 이정표를 따라가면 수고와 노력의 낭비를 줄게 됩니다. 저자의 배려와 열정에 박수를 보내 드립니다.

진양폴리우레탄, 진양산업 대표이사 조영태

'행복을 선물하는 리더의 7가지 비밀'은 팬데믹을 지나고 모든 것이 불확실한 국내외의 상황을 돌파해야 하는 현대의 리더들이 반드시 읽어야 할 귀중한 지침서이다.

드러내기 경영 VM의 Founder로서 혁신적인 이념과 감사나눔의 정신으로 행복경영을 선도하셨던 저자의 지성과 경영 전문지식이 그동안의 연구와 경험을 통해 함축되어진 보석 같은 책이다. 이 책은 리더들에게 진정한 성공과 행복을 이끌어내는 7가지 비밀을 소개함으로서 행복한 리더십을 구현하는 법을 가르쳐준다. 뛰어난 지성과 사랑으로 가득한 리더십의 새로운 시대를 열고 조직과 개인의 행복과 성공을 위한 필독서가 될 것이다.

한국피에스 대표이사 한재필

'드러내기 경영(VM)'으로 오랫동안 많은 회사에 목표 달성의 기쁨과 조직원의 발전 그리고 공동체의 감사문화 정착에 노하우와 경험을 전파해 오고 계신 저자의 '행복한 조직 만들기'를 위한 분명하고 명쾌한 해법이 담겨있다.

우리는 누구나 행복해지기 원한다. 개인의 삶 속에서나 가정에서도 그리고 많은 사람들이 시간을 가장 많이 할애하고 있는 일터에서도 궁극적으로는 모두 행복을 추구하려는 목표를 갖고 노력하며 살아간다. 이 책은 조직의 리더가 그 행복의 선물을 만들고 나눠주는 능력자로 변신하는데 디딤돌이 되어주고 그 길의 방향을 알려주는 훌륭한 나침판이 되어 줄 것이라 확신한다.

제이미크론 대표이사 황성민

수신제가는 치국평천하라고 하듯이 리더는 먼저 자신을 알고 솔선수범해야 합니다. 긍정마인드로 일상에 감사하고 이타적인 삶으로 귀감이 되어야 본인도 행복하고 주위에 선한 영향력을 미치는 것이 리더이고 리더십이라고 봅니다. 알고는 있지만 실천이 어려운데 이 책이 주는 선물을 받고 공명이 일어나길 기대합니다.

리더는 공감하고 경청하며 질문하는 역량을 배양함으로써 신뢰를 조성하여 성과도 내고 직원들의 성장도 도모할 수 있습니다. 그 바탕에는 일을 드러내고 공유하여야만 더욱 시너지가 날 수 있습니다.

저자는 이 분야에서 독보적인 전문성으로 많은 기업을 지도하며 경험한 성공사례를 발췌하고 핵심을 정리하였기에 모든 리더들에게 일독을 권하며, 자신의 변화로 조직에서의 선한 영향력으로 확산되기를 기대합니다.

전. 포스코 ICT 대표이사 허남석

How to become a happy leader!

행복을 선물하는

리더의 7가지 비밀

프롤로그

유사 이래 가장 많은 위기와 변화가 한꺼번에 다가오는 4차 산업 혁명 시대에 '죽느냐, 사느냐'의 기로에서 생존과 지속 성장 문제로 리더들은 밤잠을 이루지 못하고 있다. 어려운 경제 환경이 도래하기 전에 미리 준비해 놓았다면 좋겠지만 이미 위기는 시작되었으니, 이제 하루라도 빨리 제대로 된 리더십을 발휘해야 앞길이 밝을 것으로 생각된다. 당면한 위기를 극복하기 위해 우선적으로 해야 할 것은 리더십의 실체가 무엇인지 알고 리더에게 필요한 능력과 자질을 갖추는 것이다.

리더는 행복을 파는 능력이 있어야 한다. 행복을 선물할 수 있는 리더가 되어야 한다. 실리콘밸리에서 잘나가는 기업 리더들이 구성원에게 가장 많이 하는 질문이 "Are You Happy?"라고 한다. 왜 "업무를 잘하고 있느냐?"고 묻지 않고 직장에서 행복에 대해 물을까? 공적인 일과 사적인 일이 구분되는 기업에서 개인의 행복에 대해 질문하는 이유가 무엇일까? 기업의 본질은 사람이므로 직원이 행복해야 좋은 조직 문화가 구축되고 기업의 지속 성장이 가능하기 때문이다. 행복 리더십을 잘 구현하는 리더가 되기 위해서는 행복의 실체를 알고, 마음속에 도사리고 있는 부정적이고 소극적인 자세를 깨부수고, 마음을 드러내고, 긍정적이고 적극적인 에너지를 충전할 줄 알아야 한다.

위기 속에서도 당당하게 기회를 찾아가는 기업들을 살펴보면 위기를 기회로 만드는 파워 리더가 있다. 반면 고금리, 고물가, 원자재 가격 인상, 근로시간 단축 등 외부 환경 탓만 하고 다시 경기가 좋아지길 가만히 앉아서 기다리는 리더도 있다. 그러나 저 성장기에도 채용을 늘리고 성장하는 기업들은 행복 리더십을 발휘하여서 미래를 미리 준비한 기업들이다. 리더들은 미래의 변화에 대해 언제까지 무엇을 어떻게 미리 준비할 지 심각하게 고민해 볼 때다.

미국은 20년 이상 지속된 베트남 전쟁에서 대부분 전투를 이겼고, 전사자는 약 22만 5,000명(추정)이었다. 반면 북베트남의 전사자는 97만 6,700명(추정)으로 미국 측의 4배가 넘었고 대부분의 전투를 졌다. 미국은 이렇게 대부분의 전투에서 압도적인 승리를 거뒀는데도 왜 베트남 전쟁에서 패했을까 ? 그 이유는 의외로 간단하다! 리더십의 철학과 비전이 자주 바뀌었기 때문이다.

베트남에게는 '독립'이라는 '무한 비전'과 리더십이 있었고 이것은 끝까지 지속되었다. 반면 미국에게 베트남 전쟁은 명분도 없었고 대통령 당선과 유지를 위한 '유한 비전'이었고 제대로 된 리더십도 없었다.

기업도 마찬가지로 임기가 끝나면 최고 경영자가 바뀌는 경우가 많다. 위기와 변화 속에서 지속적인 혁신의 길을 가기 위해서는 행복 리더십의 확실한 바이블과 플랫폼을 가지고 있어야 하며 지속적인 실천과 반복 훈련이 필요하다.

행복 리더십이 제대로 발휘된다면 조직원들은 행복하고 기업은 지속 성장의 기반을 굳건히 다질 수 있을 것이다. 어떻게 행복 리더십을 발휘하여 위기를 기회로 선제 대응할 수 있을까? 이 책에서 '행복을 선물하는 리더의 7가지 비밀'이라는 테마로 그 해결책을 제시하고자 한다.

강소기업들과 존경받는 리더들이 위기 속에서, 어떤 리더십을 발휘하여 어떻게 회사의 체질을 개선하고, 어떤 낡은 가치를 새로운 가치로 바꾸어 성장을 이루었는지 많은 성공 사례들을 담았다. 리더는 타고나는 게 아니라 만들어지는 것이다. 존경받는 행복 파워 리더가 되고 싶으면 행복을 선물할 수 있는 리더의 7가지 비밀을 배우고 실행하는 방법을 알아야 한다.

오랜 경영 컨설팅과 코칭 경험으로 얻은 행복 리더십 노하우를 1권의 책으로 정리해 나눌 수 있어서 참 감사하다. **21C의 급변하는 경쟁 시대에서 행복기업으로 재탄생하기 위해 리더가 가져야할 역량을 7가지로 제시하였다. 셀프리더십 파워, 솔선 파워, 경청 파워, 질문 파워, 공감 파워, 감사 파워, 행복 파워가 그것이다.**

특히 7장 행복 파워 리더십에서는 그동안 개발하여 전파해 오고 있는 드러내기 경영(Visual Management, 약어:VM) 시스템에 대하여 설명하고, 이미 이 시스템을 도입하여 성공적으로 실행하고 있는 성공기업 11곳의 사례를 실어놓았다. 잘 벤치마킹 한다면 구성원들이 행복하고 기업은 지속적으로 성장할 수 있는 좋은 기회가 될 것이다.

드러내기 경영(VM)은 구성원의 생각을 감사하는 마음을 바탕으로 긍정적이고 적극적인 마음으로 바꾸는 등 기업의 조직문화를 바꾸어 구성원들이 주인정신으로 자율적으로 행복하게 일하면서 성취감을 느끼고, 기업은 지속 성장하게 하는 경영 시스템이다.

즉 기업의 미션과 비전 등 경영 가치관 달성을 위하여 해야 할 일을 드러내고, 감사와 칭찬 등 내적 동기부여와 다양한 보상과 인센티브 등 외적 동기부여를 통해 스스로 하고 싶어 하게 하고, 팀장의 코칭과 자기 혁신으로 지력과 핵심 역량을 올려서 할 수 있게 함으로써 나와 직원과 가족과 기업이 행복하게 성공할 수 있도록 만드는 행복경영 기법이다. 드러내기 경영 시스템은 행복과 성공의 지름길이다.

리더들은 바쁘다. 그래서 리더십을 배울 시간이 없으니 본인은 빼고 임원과 팀장 등 중간 관리자에게만 리더십 교육을 받으라고 권하는 경우가 많다. 그러나 최고 의사결정자인 최고경영자부터 리더십을 배우고 변화해야 기업 문화가 바뀌고 초격차 기업으로 탄생하는 것이다.

본서는 주 1회, 1년 52주를 매주 30분 정도 투자하여 다양한 리더십을 배울 수 있도록 구성했다. 또한 읽는데 그치지 않고 실천할 내용과 느낀 점을 정리하고 성찰할 수 있도록 했다. 따라서 본서에서 안내하는 대로 매주 1테마씩 잘 새기고 실행해보면 존경받고 사랑받는 리더로 탈바꿈하여 조직원들에게 행복을 선물하는 리더가 되고 기업은 초격차 행복기업이 되리라 생각된다.

정철화, 최정숙

CONTENTS

제1장 셀프 파워 (Power of Self-Leadership)
자신을 먼저 리드하는 리더가 되자.

제2장 솔선 파워 (Power of Leading by Example)
몸과 핵심역량으로 리더십을 파는 리더가 되자.

제3장 질문 파워 (Power of Questioning)
질문을 잘하는 리더가 되자.

제4장 경청 파워 (Power of Listening)
경청을 잘하는 리더가 되자.

제5장 공감 파워 (Power of Empathizing)
공감 경영 능력을 키우고 피드백을 잘하는 리더가 되자.

제6장 감사 파워 (Power of Appreciation)
감사로 긍정 자본을 늘리는 리더가 되자.

행복 파워 (Power of Happiness)
드러내기 경영 VM으로 행복문화를 정착시키는 리더가 되자.

How to become
a happy leader!

제 1 장

셀프 파워

Power of Self-Leadership

자신을 먼저 리드하는 리더가 되자.

01
변화에 대한 저항에서 벗어나서
혁신의 선두에 서자.

리더는 기업을 생존시키고 번영하도록 해야 하며 어떠한 위기가 오더라도 지속생존을 위해 혁신의 선두에 서야 한다. 럭비공처럼 어디로 튈지 모르고 점점 빨라지는 미래의 변화를 상대해야 하므로 리더 자신이 먼저 깨어 있어야 하며, 미리미리 준비해야 한다.

마이클 해머는 "개혁과 혁신에 대한 저항은 언제나 있게 마련이다. 혁신이 실패로 끝나는 진정한 이유는 저항 자체 때문이 아니라 바로 저항의 관리에 실패했기 때문이다."라며 저항에 두려워하지 말고 창조적으로 틀을 새롭게 구축해야 한다고 했다.

변화하려면 리더가 먼저 움켜잡은 것을 놓아야 새로운 것을 잡을 수 있다.

변화의 시기에는 누구나 걱정하고 근심한다. 대부분의 직장인은 변화를 두려워하고 바뀌는 것에 저항하게 되고 변화로 인하여 나에게 미치는 손실에 대한 두려움 때문에 쥐고 있는 것을 놓기 싫어하며 시야를 넓게 보지 못한다. 마치 원숭이가 나무구멍 속에 있는 먹이를 한번 잡으면 꼭 쥐고 놓지 않다가 손이 빠지지 않아서 포획되는 것과 같다.

변화는 움켜잡는 것이 아니며 가진 것을 놓아야 새로운 것을 잡을 수 있는 것이다. 변화가 오면 가만히 있는 것이 아니라 변화를 이용하여 미래를 위해 미리 움직여야 한다. 변화 속에는 기존의 현상에서 벗어나고 미래를 향해 움직이는 좋은 찬스가 숨어 있기에 변화를 기회로 삼아야 한다. 그리고 변화를 방해하는 여러 가지 마찰은 내면에 있는 방어기제에서 나오므로 먼저 리더 자신과의 싸움에서 이겨야 한다.

뉴턴의 운동 제3법칙인 '작용 반작용의 법칙'은 주로 경영혁신 운동 초기에 변화의 움직임에 대한 저항 작용으로 나타난다. 행동과학적 의미에서 잘 살펴보면 혁신한다는 것은 변화의 반작용으로 나타나는 저항과의 싸움이라고도 할 수 있다. 혁신에 대한 저항을 극복하면 성공하고, 저항에 밀려 물러나면 지게 되므로 혁신 리더는 저항의 실체를 알고 저항을 관리하는 방법을 먼저 배워야 한다.

혁신을 할 때 만일 저항이 없다면 2가지 이유 중 하나에 해당되는 것이다.

첫 번째는 요구되는 변화 그 자체가 본질이 변하지 않아도 되기 때문에 껍데기 포장만 잘하면 되는 혁신이다. 따라서 바뀐 것처럼 보이게 하여 임시로 혁신의 울타리에 들어와 있는 경우이다.

두 번째는 사람들이 저항을 숨기는 기술이 매우 뛰어난 경우이다. 따라서 저항 그 자체가 밖으로 드러나지 않기에 잘 수용하는 것처럼 보인다. 그러나 기회가 되면 저항 세력에 줄을 설 준비가 되어 있는데 당장은 보이지 않는 경우이다.

변화의 주도자가 되는 리더는 '모든 변화에는 저항이 따른다.'는 간단한 사실을 인정해야한다. 그리고 리더 자신부터 먼저 타성에 젖은 고정관념을 내려놓고 새로운 변화와 혁신을 받아들이는 노력을 끈질기게 해야 한다.

먼저 나서서 혁신해야 할 리더인 내가 변화에 저항하는 이유는 무엇일까?

첫 번째 이유는 기득권 상실에 대한 두려움이 있기 때문이다.

변화는 현재의 상태를 건설적으로 파괴하는 것이고 활동의 장소를 새로운 곳으로 이동하는 것이다. 따라서 기존에 활동하던 내 운동장에서의 유리한 기득권을 그대로 보장 받지 못할 수도 있다. 그리고 기존에 익숙했던 것과 헤어져야 하므로, 불확실성과 불편함 때문에 두려워하는 것이다.

두 번째 이유는 변화에 대해 나 자신이 공감대를 형성하지 못하는 경우이다.

변화가 왜 필요한지 생각해 보지 않고 나 자신의 것을 빼앗으려 한다는 피해의식이 있는 경우이다. 따라서 변화해야 한다는 명확한 이유와 명분을 내가 먼저 정리하고 이해하여야 내가 맡은 부서도 혁신시킬 수 있는 것이다.

그러면 변화에 대한 저항을 해결하는 방법은 무엇인가?

필자가 그동안 혁신을 추진하여 리더들의 변화에 성공한 경험을 정리해 보면 4가지로 요약할 수 있다.

첫째, 혁신활동으로 이루어낼 비전을 드러내어 보이게 하고 리더 스스로 혁신의지를 선언하게 하는 것이다.

혁신을 시작할 때 혁신해야 할 내용이 심플해야 하는데 사람마다 해석이 다르면 의심부터 하게 된다. 심플해지려면 어디로 가는 지에 대한 방향을 명확하게 드러내야 한다. 변화의 필요성과 변화 했을 때의 결과를 드러서 보이게 하고 회의나 조회 등을 통해서 분명하게, 그리고 반복해서 전달해야 한다.

둘째, 변화의 준비 과정부터 가장 반대하는 리더를 추진담당으로 참여 시 키는 것이다.

반대하는 리더들의 대부분이 현재 주도성을 가지고 일하는 사람들이지만 자신이 소외될 때 소외감을 이기지 못하고 반발하는 경우가 많다. 그러나 막상 자기 자신이 변화의 주도자가 되면 반대자의 입장에 서 보았기 때문에 오히려 반대자들을 잘 설득하고 협력을 잘 이끌어 낸다.

셋째, 부정적인 정보를 긍정 정보로 바꾸는 감사쓰기를 매일하는 것이다.

혁신은 가지 않던 길을 만들면서 가야 하므로 불편함과 두려움이 자연히 따라온다. 인간의 두뇌는 익숙하지 않는 불편함에 대해서는 바로 부정적인 정보로 바꾸어서 불평하며 투덜거리기를 좋아한다. 불편함에 대해서는 왜 곡된 부정적인 정보를 여기저기 퍼트려 증폭시키는 습관이 있다. 부정적인 정 보를 긍정으로 바꾸는 작업이 매일 5감사 쓰기이다. 감사가 습관화 되면 새로운 시도를 하는 것들을 긍정적인 눈으로 바라보게 된다.

넷째, 리더가 먼저 나서서 변화가 정착될 때까지 포기하지 않고 혁신 활 동을 계속 한다는 것을 보여주는 것이다.

저항을 하는 이유 중의 하나는 전에도 해 보았지만 실패한 것을 알고 있 다거나 대부분 처음에는 뭔가 새롭게 한다고 했다가 나중에는 슬그머니 사라져버릴 것이라고 예측하고 있기 때문이다. 이번에는 될 때까지 혁신활 동을 지속적으로 한다는 의지가 보이면 저항은 사라져 버리고 '매도 먼저 맞겠다.'는 생각으로 스스로 참여하겠다는 사람들이 늘어나는 것이다.

지속성이 없으면 혁신활동은 변화의 저항에 대한 면역만 키우게 되어 다음의 변화를 시도할 때는 더 큰 저항의 힘을 제공한다. 철저한 준비와 공감대를 형성하고 일단 시작했으면 지속적으로 변화의 비전을 향해 달음질해야 한다. 결국 혁신은 저항이 있어야 진정한 혁신이라고 말할 수 있다. 그러므로 혁신에 성공하기 위해서는 저항하는 리더 자신의 마음을 낚을 바늘과 미끼를 잘 준비해야 한다. 그리고 리더 자신 만이 아니라 밤에 자지 않고 밤 낚시하는 사람들처럼 집요하고 끈질기게 혁신에 동참하지 않는 사람들을 끌어들이는 노력이 필요하다. 아무리 좋은 먹이가 오더라도 나는 먹지 않을 것이라고 시작도 하기 전에 미리부터 혁신을 싫어하는 사람이 있기 때문이다.

1주차 리더십 향상 질문과 실천할 내용

(작성일 :   년   월   일)

본문 내용에서 느낀 것과 실천할 내용을 적어 보세요.

아래 문장의 (   )를 채워 주세요.

변화의 주도자가 되는 리더는 '모든 변화에는 (   )이 따른다.'는 간단한 사실을 인정하고 (   )부터 먼저 타성에 젖은 (   )을 내려놓고 새로운 변화와 혁신을 받아들이는 노력을 하고 끈질기게 추진해야 한다.

02

존재 간의 정보와
마음의 나눔으로 소통의 프로가 되자.

기업 외부 환경도 어려워졌지만 기업 내부 환경도 불안정한 고용과 직원들의 탈 조직화 경향으로 어려워지고 있다. 그리고 MZ세대의 등장과 직장 내 괴롭힘 방지법 출현 등으로 과거와 같은 권위를 이용한 리더십에 의존하는 조직문화도 새롭게 방향 전환을 요구하고 있다.

이 세상에서 누구나 잘 아는 3대 거짓말은 "처녀가 시집가기 싫다, 상인이 밑지고 판다, 노인이 늙으면 죽어야 된다."라는 말이다. 시집가기 싫다는 처녀에게 "시집 가지마."라고 하거나 노인에게 빨리 죽는 방법을 알려 드리면 노발대발한다.

상대의 입장을 잘 이해하고 말하려면 상대가 하는 말의 이면에 무슨 의미가 있는지도 이해해야 소통을 잘 할 수 있다.

소통(疏通)이라는 의미는 막힘없이 서로 통하는 것이며 둘 이상의 존재 사이에 오고 가는 정보의 흐름을 말한다.

영어로는 Communication이라고 하며 라틴어의 '나누다'를 의미하는 Communicare에서 유래한 것으로 '나누고 공유하고 함께한다.'는 뜻이 있으며 존재 간의 정보와 마음의 나눔을 의미한다. 소통을 잘하면 만사형

통이요 불통이면 만사고통이다.

필자가 서울대 경영자과정에서 강의할 때에 경영자들이 가지고 있는 최우선 과제에 대해서 1기에서 12기까지 설문조사를 했다. 그 결과 가장 비율이 높은 것이 '소통 활성화'에 대한 과제였다. 한국능률협회에서 경영자 500명에게 '위기 극복을 위한 가장 시급한 대책'에 대해 설문조사를 한 결과도 가장 비율이 높은 것이 소통 문제이며 두 번째가 비전 제시였다. 정치권은 물론이고 기업에서도 소통이 잘 안되고 개선이 필요하다는 목소리는 점점 커지고 있다. 그에 대한 대책방안으로 호프 데이, 정기 간담회, 신문고 제도, 블라인드 건의 제도 등을 운영해서 새로운 판을 벌려보지만 묵언수행을 하며 자신의 생각을 잘 드러내지 않는 실정이다.

이와 같이 기업마다 여러 가지 대책을 실시해 보지만 호응도가 낮고 근본문제가 해결되지 않고 있기에 소통은 리더가 해결해야 할 영원한 숙제로 남아 있다. 기업의 본질은 사람이며 사람의 본질은 생각인데 생각을 바꾸게 하는 본질이 정보의 인풋이다.

기업의 본질인 사람들과 소통을 잘하는 좋은 방법은 무엇일까?

첫째, 리더 자신과의 소통의 문을 먼저 열어야 한다.

내가 왜 이 일을 해야 하는지에 대해 질문하고 내가 먼저 답을 찾아야 한다. 그 일의 가치도 잘 알지 못하면서 다만 권위만 내세워서 구성원이 행동하도록 무리하게 몰아붙이면 일이 제대로 될까?

구성원도 일의 가치를 알지 못하고 건성으로 일하게 되므로 제대로 결과가 나오지 않는다.

알지 못하는 사람이 봐도 알 수 있게 보고서를 쓰라고 지시하면서 리더 자신은 모르는 사람이 듣더라도 이해할 수 있도록 업무 지시를 하고 있는지를 체크해 보자. 즉흥적으로 지시만 남발하고 지시한 것도 잊어버리고 또 다른 지시를 하고 있지 않은지에 대해서도 살펴보아야 한다.

둘째, 우월성을 버리고 상대의 입장에서 같이 느끼는 공감 능력이 필요하다.

자존심을 내세워서 '상대가 먼저 말하면 나도 하겠는데'라고 하거나 '나는 소통하려고 하는데 상대가 마음을 열지 않는다.' 등으로 대부분 소통문제가 상대에게 있다고 생각하는 경우가 많아서 문제가 풀리지 않는다. 소통은 "내 성격에 이만큼 하면 된 거 아니야?"라고 타인과의 관계에서 상대보다 우월하다고 생각하며 소통하다 보면 상대 또한 우월하다고 생각하므로 대화의 문이 열리지 않는다. 그러므로 소통이 잘 되기 위해서는 리더가 먼저 자신의 우월성을 내려놓아야 불통의 문제를 해결할 수 있다.

셋째, 극한 상황 속에서도 나를 내어 줄 수 있는 마음가짐인 배려를 소홀히 하지 말아야 한다.

배려 속에는 공감한다는 것과 동정한다는 의미가 함께 들어가 있다. 소통에 필요한 것은 동정이 아니라 다른 사람이 다쳤을 때 마치 자신이 다친 것처럼 느끼고 아파하는 마음인 것이다. "저 리더는 참 무서워. 그러나 존경해!"라는 말을 들을 때가 있다. 무서운 리더를 왜 존경하는 것일까? 카리스마 속에 인간적인 매력이 있고 일할 때는 엄격하지만 개인적으로 만날 때는 부하 사랑이 들어 있기 때문이다. 자녀의 이름을 기억해 주고 함께 고객을 방문할 때에도 차 운전을 본인이 직접하며 쉬게 하는 것 등이 부하에 대한 사랑의 표시이다. 즉 상대의 입장에서 같이 느낄 수 있는 리더의 공감하는 능력 속에는 사랑이라는 단어가 포함되어 있다.

넷째, 다름을 인정해주어야 한다.

프랑스 말인 똘레랑스(tolerance)라는 의미를 아는가? 똘레랑스는 관용의 정신을 의미하는데 타인과의 다른 점에 대해서 인정하고 너그러운 마음을 가지는 것을 말한다. 피부 색깔이나 종교, 사상, 등 여러 차이에 대해서 서로 다른 점을 인정하고 받아들이는 정신이다.

똘레랑스가 강조되는 사회에선 상대를 강요하기 전에 충분한 토론과 질문을 한다.

토론을 할 때도 나와 다른 점을 인정하고 상대를 이해시키기 위해 솔직하게 드러내어 소통하는 것이다. 현악기의 소리는 전부 다르지만 소리의 다름을 인정하고 들어보면 음의 색깔의 차이가 조화를 이루고 멋진 화음이 되는 것을 알게 된다. 따라서 조직 속에서나 가족끼리도 화나는 일이 있으면 먼저 나와 다른 점이 무엇인지를 살펴보는 알아차림이 필요하다.

인간은 같은 것을 보고도 자신의 머리에 어떤 정보가 있느냐에 따라서 판단하고 해석하는 것이 서로 다르다는 것이다. 그것을 선입견, 편견이라고 한다. 다름을 인정해 주지 않고 내 방식을 고집하고 "다른 사람의 방식은 틀렸다."라고 말하면 갈등이 생기고 오해가 생긴다. 기질의 다름을 인정하면 오해나 편견도 줄고, 갈등도 줄고 미움과 원망도 줄어든다. '맞다 틀리다'를 따지기 전에 다르다는 것을 먼저 인정하고 공감하는 자세가 필요하다.

(작성일 :   년   월   일)

본문 내용에서 느낀 것과 실천할 내용을 적어 보세요.

아래 문장의 (   )를 채워 주세요.

기업의 사람이며 사람의 본질은 생각인데 생각을 바꾸게 하는 본질이 정보의 (   )이다. (   )을 인정해주지 않고 내 방식을 고집하고 "다른 사람의 방식은 틀렸다."라고 말하면 (   )이 생기고 오해가 생긴다.

03
가치가 있고 소중한 존재라는
자존감을 가지자.

리더들과 조직의 문화를 바꾸는 방법에 대해 서로 소통을 해보면 리더 자신이 자신감도 없고 자존감이 낮은 것에 고민하는 경우가 많이 있다. 어떻게 하면 리더가 자존심 상하지 않고 높은 자존감을 가지고 자신감 있게 살아갈 수 있을까?

자신감과 자존감과 자존심의 차이는 무엇인가?

자신감은 영어로는 'Self-confidence'이며 어떠한 것을 할 수 있다는 것에 대한 자신의 느낌이다. 어떤 결과를 이루기 위해 잘 해 낼 수 있다는 자기 확신이라고 말할 수 있다.

자존감은 미국의 의사이자 철학자인 윌리엄 제임스가 1890년대에 처음 사용했다. 자존감은 자아 존중감의 준말이다. 영어로는 Self-esteem이라고 하는데 자신이 사랑받을 만한 가치가 있는 소중한 존재로 여기고 자기 자신을 부정적으로 바라보지 않는 마음이다. 그리고 오늘보다 더 나은 내일을 이루어낼 만한 유능한 사람이라고 믿는 마음이다.

그러면 자존감과 자존심은 어떻게 구분할 수 있을까?

자존감이라는 개념은 자존심과 혼동되어 쓰이는 경우가 많이 있다. 자존감과 자존심은 자기 자신에 대해서 긍정적으로 바라보며 좋게 평가한다는 것은 공통점이다. 자존감은 '나의 있는 그대로의 모습 자체에 대한 긍정'을 뜻한다. 그러나 자존심은 '타인과의 경쟁 속에서의 존재하는 긍정'을 뜻하는 것이므로 근본적인 차이가 있는 것이다. 자존심은 패배할 경우 아래로 곤두박질치지만 자존감은 자신에 대한 확고한 사랑과 믿음이 있기에 다시 일어서는 용기를 가지며 외부 환경에 따라서 일희일비(一喜一悲) 하지 않는다.

직업을 선택할 때도 자신이 하고 싶은 일보다 사람들의 시선을 생각해 선택하는 것은 자존감이 낮은 사람이다.

예를 들어 자신이 좋아하는 미용학과를 선택해서 미용사가 되려고 했는데, 친구가 행정학과 졸업 후에 경찰이 된다는 이야기를 듣고 자존심이 상해서 미용학과에 다니면서 뜬금없이 공무원이 되기 위해 행정학 공부를 하는 것도 자존심은 있지만 자존감은 낮아서 나타나는 현상이다. 대개 이런 사람들은 자신이 하는 일에는 자부심이 없고, 남과 비교하여 멋이 있느냐 없느냐에 엄청 집착한다.

인본주의 심리학자 칼 로저스(Carl Rogers, 1902 - 1987)는 "모든 인간은 예외 없이 인간이라는 사실만으로도 다른 모든 사람들에게서 무조건적 존중을 받아야 마땅하고 그리고 자기 자신으로부터도 존중을 받아야 마땅하다."고 했다.

리더인 나 자신을 스스로 존중하고 나는 나에게 존중을 받고 있다고 생각하는가? 자존감이란 자신에 대한 존엄성이 자신 내부에 있는 가치와 결합되어 얻어지는 개인의 의식을 말한다.

자존감이 낮은 리더들은 어떤 특징이 있을까?

첫째, 자존감이 낮아지는 말을 무의식적으로 사용한다.

자존감이 낮을 때에 잘 사용하는 말이 있을까?

"할 만큼 했는데" "나름대로" "이만하면" "그럼 그렇지'라는 말을 많이 사용한다. 예를 들면 '나는 잠도 줄이고 할 만큼 했는데 성적이 이 모양이야, 나는 나름대로 이름이 있는 대학을 졸업했는데 중소기업에서 왜 이 모양으로 일하고 있을까?, 나는 이만하면 잘 산다고 생각했는데 동기들 바라보면 형편이 없어, 그럼 그렇지 내가 잘 할리가 없어' 등의 말을 자주 사용하는 사람이 자존감이 낮은 리더이다. 특히 자존감이 낮은 리더의 말은 구성원들에도 크게 영향을 미치므로 자존감이 낮은 말의 사용을 주의해야 한다.

둘째, 인정과 칭찬에 굶주려 있다.

여자보다 남자는 경쟁사회에 더 노출되어 있기에 인정과 칭찬에 더 굶주려 있다. 그래서 인정과 칭찬이 있는 곳이라면 어디라도 찾아가려는 심리가 있다. 남자들 세계에선 웬만한 성공에 대해서는 박수를 보내지 않으려고 하므로 사회생활을 오래 한 남자일수록 인정과 칭찬에 더 목말라 한다.

"언제 죽고 싶다는 생각이 드나요?"라고 질문하면 대부분 자신이 무능하고 가치 없는 존재라고 생각할 때라고 말한다. 특히 스스로 뭔가 할 일이 없어서 자신을 필요로 하는 곳이 없다는 느낌이 들 때이다. 그러므로 리더들은 자기 자신 뿐만 아니라 구성원들이 하는 일의 의미와 가치를 바라보게 하여 자존감의 연료 탱크가 바닥이 나지 않도록 해야 한다.

셋째, 비교의식으로 열등감에 자주 빠진다.

지나치게 외모나 옷차림, 명품 등에 관심이 많고 남과 비교를 하여 초라하다고 느끼고 열등감에 자주 빠진다. 실존주의 철학자 키에르케고르(S. Kierkegaard)는 "비교는 행복의 끝이요, 교만해지고 비참해지는 시작점이다."라고 했다. 자신보다 못한 사람에게는 폼 내며 상처를 주고 더 나은 사람을 보면 위축되어 열등감에 빠진다는 것이다.

넷째, 남이 나를 어떻게 생각할까? 라는 염려가 많다.

"남들이 나를 어떻게 생각할까?"라고 고민하는 사람들이 나중에 알게 되는 사실은 남들이 내가 생각하고 있는 것만큼 나에게 관심을 가지고 있지 않다는 것이다. 독일 시인 빌헬름 부쉬는 "남의 발자국을 따라가다 보면 아무 발자국도 남기지 못한다."고 했다. 밖을 향한 눈을 안으로 돌려서 남들이 가진 장점이 내 속에 숨어있다는 것을 알아차려야 한다. '내가 잘하는 것이 무엇인가?'에 대해 자신에게 지속적으로 물어보고 장점을 찾아내어 내가 나를 인정하고 칭찬하는 것이 습관화되면 열등감에서 벗어나게 된다.

다섯째, 부모나 가족에게 충분한 사랑을 받지 못해 애정 결핍 증상이 있다.

어린 나이에 겪은 가족이나 부모로부터의 학대는 자존감 형성에 치명적 손상을 주게 된다. 뭔가 잘못되면 대부분 내가 모자란 사람이기 때문에 이러한 일을 당했다고 자기 비하를 많이 한다. 리더의 애정 결핍을 해소하려면 먼저 구성원에게 베푸는 넉넉한 마음을 가져야 한다. 먼저 뭔가 받아야 하겠다는 결핍에서 벗어나기 위해서는 나로 인해 즐거워하는 사람들이 주위에 있다는 것을 인식해야 한다.

빅터 프랭클은 아우슈비츠라는 최악의 환경 속에서도 어려움을 견디고 살아남았다. 무엇이 그 어려움을 견디어 내게 했을까? 건강, 활기, 지능, 생존기술이 아니었다. '미래에 대한 확고한 비전'을 가지고 삶의 의미를 가지는 것이 생존자의 가장 중요한 요인이라는 것이다. 이와 같이 내 안에 잠재된 무한한 힘을 믿고 내가 가진 확고한 미션과 비전을 드러내고 내재화한다면 어떠한 어려움이 오더라도 이겨낼 수 있다. 삶에서 의미를 주는 미션과 비전은 우리를 가로막고 있는 장애물을 훌쩍 뛰어넘을 수 있는 강력한 힘을 주는 것이다.

3주차 리더십 향상 질문과 실천할 내용

(작성일 :   년   월   일)

본문 내용에서 느낀 것과 실천할 내용을 적어 보세요.

아래 문장의 (   )를 채워 주세요.

자존감이 낮은 리더들의 특징이 있을까?
첫째, 자존감이 낮아지는 (   )을 무의식적으로 사용한다.
둘째, 인정과 (   )에 굶주려 있다.
셋째, 비교의식으로 (   )에 자주 빠진다.
넷째, 남이 어떻게 나를 생각할까? 라는 염려가 많다.
다섯째, 부모나 가족에게 충분한 (   )을 받지 못해 애정 결핍 증상이 있다.

04
미래의 절박함을 미리 가져 와서
위기를 극복하는 산소 같은 리더가 되자.

한국직업능력개발원이 초등학생의 희망 직업을 조사한 결과 1위는 운동선수(9.8%), 2위는 교사(8.7%)로 나타났고 그 다음은 의사, 요리사, 인터넷방송진행자(유튜버), 경찰, 법률전문가, 가수, 프로게이머, 제과·제빵사 순으로 나타났다. 초등생 학생들의 희망 직업이 유튜버 사업(5위)이라고 답하는 것을 볼 때 변화하는 환경을 초등학생들도 잘 받아들이고 있는 것 같아 긍정적으로 생각된다.

창조적 혁신의 정의는 "미래의 절박함을 미리 가져와서 새로운 틀이나 습관을 만들어 미래의 여유를 만들어 놓는 것이다."

그래서 창조적 혁신은 여행이 아니다. 여행은 '원래 있던 곳으로 돌아옴을 전제로 한 떠남'이기 때문이다. 창조적 혁신은 미래의 꿈을 미리 준비하고 실현하기 위한 것이기에 과거에서 미래로 확실하게 떠나야 한다. 따라서 창조적 혁신의 키워드는 미리미리이다. 미리 준비하면 여유가 있고, 미리 준비하면 싸게 살 수 있고, 미리 준비하면 확실하게 이길 수 있다.

위기와 미리 만나서 미리미리 대응하면 위기가 두렵지 않다.

위기가 크면 기회가 크므로 큰 준비와 큰 지력이 필요하다. 미리 준비하지 못해서 다가온 기회에 대응하지 못하는 것은 기회라는 친구와 미리 만나는 약속 시간을 잡지 못했기 때문이다.

기업도 개인도 미래의 변화에 대해 지금 내가 무엇을 어떻게 언제까지 미리 미리 준비하고 있는지에 대해 심각하게 생각해 볼 때이다. 미래가 확실하게 '위기' 상황인 것은 분명하지만, 깨어있는 개인에게는 '위'험한 만큼 '기'회이기도 하다. 이러한 위기를 선두에 서서 극복하기 위해 리더의 역할을 잘한다는 리더는 많지 않다. '우리 팀장을 리더로 존경하고 따르고 있나요?'라고 질문을 해보면 70% 이상이 고개를 좌우로 흔든다.

진정한 리더는 행복 공급자가 되어 멤버들이 산소를 마음껏 마시며 호흡이 편안하게 해야 한다.

그러나 오히려 이산화탄소의 공급자가 되어서 멤버들을 질식하게 하는 리더가 되어있는 경우가 많이 있다. 구글에서는 "산소 같은 리더가 어떤 사람일까?"에 대해 1년간에 걸쳐 조사했더니 아래의 3가지를 잘하면 탁월한 리더라는 결론을 얻었다. 3가지를 요약하면 다음과 같다.

첫 번째는 리더의 생각을 팀 멤버들과 잘 공유하고 팀 멤버의 생각을 리더가 아는 것이다.

두 번째는 내 외부 고객을 만족시켜서 원하는 것을 이루어 내는 것이다.

세 번째는 팀 멤버들이 하는 일의 가치를 알고 감사하는 마음으로 행복하게 일하게 하는 것이다.

산소 같은 리더가 되기 위한 첫 번째 과제를 잘 하는 리더를 소통 왕이라 부르고, 두 번째 과제를 잘 하는 사람을 서비스 왕이라 부른다. 그리고 세 번째 과제를 잘하는 사람을 감사 왕이라고 부른다.

구글이 가지고 있는 리더의 어려운 세 가지 과제를 한 방에 해결하여 유능한 리더가 되는 방법은 없을까?

첫 번째 과제를 잘하지 못하는 리더는 무엇이 부족하기 때문일까?

기업의 본질인 사람의 생각을 잘 알지 못하기 때문이며 팀원의 업무와 마음이 드러나도록 매니지먼트하지 못하기 때문이다. 따라서 매일 해야 할 일을 명확히 드러내게 하고, 마음과 몸 상태도 드러내게 하면 쉽게 해결되는 과제이다. 해야 할 일을 매일 아침 업무시작 전에 드러내게 하면 리더의 암묵지를 잘 가르칠 수 있기 때문이다. 그리고 마음 날씨도로 마음 상태를 드러내면 공감, 지지, 격려, 피드백을 자유롭게 할 수 있게 되어 소통 왕이 되는 것이다.

두 번째 과제를 잘하지 못하는 리더는 무엇이 부족하기 때문일까?

두 번째 과제를 어려워하는 리더는 엉덩이가 무거워서 바로 옆 부서와의 일도 책상에 앉아서 메일이나 SNS로 일하고 현장을 잘 모르기 때문이다.

내부고객이나 외부고객을 만족시키려면 발로 뛰어야한다. 직접 만나면 고객이 원하는 것을 알게 되고 만족하는 서비스를 할 수 있다. 두 번째 과제를 잘 해결하기 위해서는 힘력(力)자가 붙는 지력, 청력, 시력을 잘 활용할 수 있도록 자율 신경 조직이 잘 작동되도록 해야 한다. 그리고 고객을 직접 만나서 눈을 바라보며 잘 경청하고, 모르는 것은 질문하여 편견이나 선입견에서 벗어나야 한다.

직접 만나보면 사실에 입각해서 판단하고 피드 포워드 코칭도 가능하며 신속한 판단과 대응이 가능하다. 임원실에서 결재하지 말고 해당 부서에 가서 결재하며, 클레임이 걸리면 보고서를 기다리지 말고 현장에 직접 가서 현물을 보고 현상을 파악하는 행동력 있는 리더가 되어야 서비스 왕이 되는 것이다.

세 번째 어려운 과제를 잘하지 못하는 리더는 무엇이 부족하기 때문일까?

작고 확실한 행복을 추구하는 소확행을 일상 업무 속에서 이루어 낼 수 있도록 가치를 바라보게 하고, 감사하게 하는 능력이 부족하기 때문이다. "초격차"라는 책을 쓴 권오현 전 삼성전자 회장도 좋은 조직의 조건에 대해 언급했는데 삼성도 3번째 과제는 잘 되지 않는다고 고백했다. 모든 일에는 가치가 있으므로 팀원들이 가치를 바라보고 자존심과 긍지를 가지게 하며 매일 5감사 이상 적는 것이 습관화 되도록 하면 감사왕이 되는 것이다. 아무리 유능한 팀장도 3가지 과제를 스스로 노력하여 3관왕이 되기는 참으로 어려운 과제이다.

일상 속에서 해야 할 일을, 하고 싶어 하고, 할 수 있게 하고, 일 속에서 행복의 3요소인 자율, 성취, 좋은 관계가 연결되도록 해야 3가지 과제가 저절로 해결되고 산소같은 리더로 탄생되는 것이다. 산소같은 리더가 되는 방법이 7장에 상세히 설명되어 있으므로 참고하길 바란다.

4주차 리더십 향상 질문과 실천할 내용

(작성일 :   년   월   일)

본문 내용에서 느낀 것과 실천할 내용을 적어 보세요.

아래 문장의 (   )를 채워 주세요.

구글에서 생각하는 산소 같은 리더는 아래의 3가지 과제를 잘 하면 탁월한 리더가 된다는 결론을 얻었다.

첫 번째는 리더의 생각을 팀 멤버들과 잘 (   )하는 것과 팀 멤버의 생각을 리더가 알고 동료들도 아는 것이다. 두 번째는 내 외부 고객을 만족시켜서 원하는 것을 이루어 내는 것이다. 세 번째는 팀 멤버들이 스스로 자신이 하는 일의 (   )를 알고 감사하는 마음으로 행복하게 일하게 하는 것이다.

05
실패를 드러내어
실패비용을 재투자하는 조직문화를 만들자.

'**경**궁지조(驚弓之鳥)'라는 말은 "한 번 화살에 맞은 새는 구부러진 나무만 보아도 놀란다는 뜻으로 한번 놀란 사람은 조그마한 일에도 겁을 내어 위축된다."는 것을 비유하는 말이다. 실패를 하고 나면 실패를 디딤돌로 삼지 못하고 회복탄력성이 없어서 다시 도전하지 못하는 사람을 뜻한다.

KPX케미칼 김문영 전임 사장은 "실패의 책임은 사장에게 있지만 은폐의 책임은 개인이 져야한다"라고 팀 활동 보드판에 크게 적어 놓으라고 지시하며 실패가 두려워서 도전조차 하지 않는 것이 제일 나쁜 책임회피라고 언급했다.
던 & 브래드스트리트라는 미국의 신용보증 회사는 실패 드러내기 활동을 하고 있다. 자신이 시도했던 것 중에 실패한 것을 유리 보드판으로 된 실패의 벽에 3가지를 적게 하고 있다. 하지만 그냥 기록하는 것이 아니라 3가지 원칙에 따라 기록해야 한다.

실패의 벽에 기록하는 3가지 원칙은 "첫째, 실패한 순간을 자세히 기록한다. 둘째, 그것을 통해 무엇을 배웠는지 쓴다. 셋째, 이름을 적고 서명한다."이다. 사람은 자기가 실패한 것은 인정하고 싶어 하지 않고 그 실패를 분석하는 것은 더더욱 잘 하지 않는다.

'나 같이 경험 많고 팀장 직책을 가지고 있는 사람들은 실패를 하지 않아. 실패는 신입이나 하수들이나 하는 거야.'라는 말도 되지 않는 생각을 하는 사람들이 은근히 많기 때문이다. 이것은 자기 착각이나 권위의식이 팽배하기 때문이다.

H사는 한 쪽 벽면에 '실패의 벽'을 만들어 모든 사람들이 지나갈 때마다 그것을 보게 한다. 그것도 가장 잘 보이는 곳에 위치하게 하고 맨 먼저 '회장님의 실패 사례'라고 크게 적어 놓았다. 회장부터 실패를 부끄러워하지 않고 드러냄으로써 실패를 교훈으로 삼아 재발하지 않게 하기 위함이다.

처음 실패한 것에는 관용의 눈길을 주지만 똑같은 실수를 반복하면 바보 취급을 받는다. 화이자의 '비아그라'나 3M의 '포스트잇'도 실패에서 새롭게 탄생한 히트 상품의 예이다.

KPX케미칼의 대표는 "한 번도 실패하지 않는다는 것은 새로운 일을 전혀 시도 하지 않고 있다."는 것이며, "새로운 일을 하지 않고 하던 일만 반복하며 만족하는 것이 실패"라며 실패하는 것을 전혀 두려워하지 않는 문화를 만들었다. "실패는 가장 좋은 교재이며 우리는 이를 통해 배움을 얻을 수 있다"를 강조하며 실패 노트를 만들 것을 제안했다. 그리고 "만드는 것에서 끝이 아니라 노트를 서로 공유하고 학습하는 시간을 가지라."고 강조한다.

불안에 빠져 있는 대표적인 사람이 완벽주의자들이다. 이들은 항상 실패에 대한 두려움 때문에 새로운 시도조차 하지 않는다. 그리고 시도했던 작은 일이 일부만 잘못되어도 자신감을 잃어버리고 자괴감에 빠지는 경향이 있다.

완벽주의자들은 실패와 비난에 대한 두려움 때문에 새로운 도전의 싹 자체를 미리 잘라 버리는 잘못을 저지르기도 한다. 이 지구촌의 환경은 파도가 몰아치며 혼돈과 변화로 미래가 불투명한데 무엇이든지 완벽해지려고 하는 마음을 내려놓지 못하면 매일 매일 두려움에서 벗어날 수 없다. 지나치게 기대감을 높이는 완벽주의에 빠지지 말아야 한다.

5주차 리더십 향상 질문과 실천할 내용

(작성일 :   년   월   일)

본문 내용에서 느낀 것과 실천할 내용을 적어 보세요.

아래 문장의 (   )를 채워 주세요.

던 & 브래드스트리트(Dun & Bradstreet Credibility Corp.)라는 미국의 신용보증 회사는 실패 드러내기 활동을 하고 있다. 자신이 시도했던 것 중에 실패한 것을 유리 보드판으로 된 실패의 벽(The Failure Wall)에 3가지를 적게 하고 있다.

1. 실패한 (   )을 자세히 기록하세요.
2. 그것을 통해 무엇을 (   ) 쓰세요.
3. 이름을 적고 서명하세요.

06

나부터 변화하여
내 안에 있는 사나운 개를 몰아내자.

중국 송(宋)나라에 장 씨(莊氏)라는 사람이 살았다. 술을 만드는 재주가 뛰어 났던 장 씨는 실력을 직접 보여 주기 위해서 주막집을 차렸다. 장 씨는 중국 최고의 술에 대한 장인이라는 간판을 걸고 직접 손님들에게 술을 따르기도 하고 정성스럽게 만들어 서비스에 최선을 다했다. 술의 향기도 좋고 술의 재료도 고급 정품을 사용해서 맛에 대해 소문이 나기 시작했다. 그러나 그의 주막에 개업 때부터 찾아오던 손님들이 시간이 지날수록 점점 발길을 끊기 시작했다.

이유를 알 수 없어서 현자로 소문난 양천 선생을 찾아가서 손님이 오지 않는 이유를 묻자 양천의 답은 매우 간단했다. 당신 집에서 키우는 '사나운 개'를 없애라는 것이다. 개가 주인에게는 꼬리도 흔들고 말도 잘 듣고 귀여운 행동을 하지만, 손님만 오면 짖거나 물어서 손님들이 주막에 오고 싶어도 발길을 돌린다는 사실을 알게 된 것이다.

장씨의 이야기를 잘 나타내는 사자성어가 '구맹주산'이다. 구맹주산의 의미는 "사나운 개가 주막집의 술을 시게 만든다."는 의미이다.

그러면 어떤 것이 사나운 개에 해당 되는 것일까?
첫째, '내로남불' 행위를 하는 리더가 사나운 개에 해당된다.

'내로남불'이라는 의미는 사자성어도 아니고 순수한 우리말도 아닌 '내가 하면 로맨스 남이 하면 불륜'을 줄인 말이다. 똑같은 상황에 처했을 때 이중 잣대를 가지고 남은 비난하지만 자기 자신에게는 너그럽고 자비로워서 모든 것을 자기중심으로만 말하고 행동하는 리더를 말한다.

인간은 사회적 동물로서 사회 속에서 살아가기 위해 법전에 기록되어 있지는 않지만 함께 살아가기 위해서 오랜 시간 동안 진화해서 발전시켜온 관계유지 장치가 있는데, 그 장치를 단어로 표현하면 '윤리, 도덕, 예의'이다.
'내로남불'이 습관화된 리더들은 사회적인 윤리, 도덕, 예의의 장치를 무시하고 상식에 벗어나서 살고있다. 평상시에 남의 잘못된 것들을 지적하고 간섭하고 참견하는 것에는 달인이 되어 있는 리더이다. '갑질'이란 강자가 약자에게 하는 몰상식한 행위를 말하는데 '내로남불' 하는 리더는 갑질 중의 제일 나쁜 갑질을 하는 사람이다.

둘째, 옛 방식으로 그대로 하고 싶어 하는 리더의 생각이 사나운 개에 해당된다.

사나운 개가 밖에만 있는 것이 아니다. 뛰어난 능력이 있는데도 자신에게 행운이나 기회가 오지 않는다면 행운과 기회를 막고 있는 사나운 개가 내 안에 있지 않은지 살펴보아야 한다. 운과 기회가 나 자신에게 다가오다가도 내 안에 있는 사나운 개를 보고 떠나가고 있는 지도 모르기 때문이다.

타성에 젖어 변화를 싫어하고 고정관념에 빠져서 옛 방식으로 그대로 하고 싶어 하는 내 생각이 사나운 개이다. 적극적으로 살아가는 다른 사람들은 칭찬과 감사의 물결이 넘치는데 칭찬과 감사할 줄도 모르고 찡그린 얼굴로 살아가는 나의 모습이 바로 사나운 개이다. 내 경력만 믿고 고집만 피우고 소통할 줄 모르고 모나고 날카로운 성격 또한 내 안에 키우고 있는 사나운 개이다.

내 맘 속에 있는 사나운 개를 바깥으로 드러내어 내 스스로 잘못된 것을 인정하는 것이 필요하다. 나 자신의 잘못을 드러내면 불평불만이 없어지고 더 나은 길을 선택하게 되고 주위에서도 응원하고 지지해 준다.

6주차 리더십 향상 질문과 실천할 내용

(작성일 :   년   월   일)

본문 내용에서 느낀 것과 실천할 내용을 적어 보세요.

아래 문장의 ( )를 채워 주세요.

구맹주산의 의미는 "(   ) 개가 주막집의 술을 시게 만든다."는 의미이다. 개가 (   )에게는 꼬리도 흔들고 말도 잘 듣고 귀여운 행동을 하지만, (   )만 오면 짖거나 물어서 (   )들이 주막에 오고 싶어도 발길을 돌린다는 사실을 알게 된 것이다.

07
리더가 받은 소명대로 사명을 잘 수행하자.

주말에 쉬고 나서 월요일 출근할 때에 나타나는 현상은 각각 다르다. 일하기 싫어서 다리가 떨리는 사람이 있고 한 주의 새로운 출발을 앞두고 호기심과 희망으로 가슴이 떨리는 사람도 있다. 똑같은 시간에 출근해서 하루를 보내는데 사람마다 떨리는 부위가 다른 이유는 무엇일까? 소명은 똑 같이 받았는데 사명의식이 다르기 때문일 것이다.

소명과 사명의 차이를 아는 가요!

소명(召命)은 영어로 'Calling'이라고 하며 임금이 신하를 부르는 명령이나 회사나 단체가 이루어야 할 목적을 수행하기 위해 채용하는 일이다. 직장인이면 대표이사가 입사를 허락하여 근무하도록 부른 것을 소명 받았다고 할 수 있다. 소명의식은 부른 사람의 뜻을 잘 따르는 의식을 말한다.

사명(使命)은 무엇인가?

영어로는 'Mission'이라고 하며 소명을 받은 곳에서 맡겨진 임무 또는 받은 명령 또는 책임을 말한다. 사명의식은 맡겨진 임무를 책임지고 해내는 의식이다.

직장인은 누구나 소명의식과 사명의식을 가지고 근무를 시작하지만 그 의식의 강도는 사람마다 다르다. 자신의 존재가치는 소명 받은 곳에서 원하는 임무를 바라보며 책임지고 해낼 때에 비로소 그 조직에서 인정을 받게 되는 것이다. 소명을 받아서 회사에 출근했는데 사명감을 가지고 내가 경험하고 이루어 낸 것은 없고 남의 성공 스토리 덕분에 곁다리로 살고 있다면 다리 떨리는 지겨운 하루가 될 것이다. 소명과 사명에 충실하지 못하고 개인의 이익을 위해 목숨 거는 행위를 바라보고 우리는 사명감이 투철하다고는 말하지 않는다.

리더가 받은 소명대로 사명을 잘 수행하려면 어떻게 해야 할까?

첫째, 내 직업에 대한 네이밍(Naming)을 명확히 해야 한다.

네이밍을 명확히 한다는 것은 소명의식을 재 정의해 보는 것이다. 동네 미장원에서 일하시는 분에게 "직업이 무엇입니까?"라고 물으면 대부분 미용사라고 한다. 체인점 미용실에 가서 직업이 무엇이냐고 물으면 헤어 디자이너, 또는 헤어 아티스트라고 한다. 누구에게 가서 머리 손질을 맡기고 싶은가? 미용사인가? 헤어 아티스트인가?

사람은 이상하게도 불러주는 소명을 이루기 위해 사명을 가지고 일하고 싶어 한다. 그래서 직책이 없는 직원들을 '프로' '챔피언' 또는 '스타'라고 부르는 회사가 늘어나고 있다. 프로 의식, 스타 의식, 챔피언 의식 등 소명의식을 갖고, 불러주는 호칭에 맞게 할 일을 잘 해 내기 때문이다.

둘째, 자신이 하는 일에 대한 의미를 부여해야 한다.

벽돌로 멋지게 성당을 짓고 있는 2명의 벽돌공에게 무엇을 하고 있느냐고 물었다. 그러자 한 사람은 "벽돌을 쌓고 있소." 라고 답했고 다른 한 사람은 "거룩한 하나님의 성전을 짓고 있소." 라고 답했다. 두 사람 모두 똑같은 일을 하고 있었으나 자신의 일에 대한 의미를 다르게 해석한 것이다. 2사람 중에서 '누가 성당에 벽돌을 더 튼튼하고 아름답게 붙이며 행복하게 일을 할까?' 답을 들을 필요도 없다.

세계적인 향수디자이너 크리스토프 로다미엘(Christophe Laudamiel)에게 "당신은 무슨 일을 하고 있습니까?" 질문하자 조향사라고 이야기 하지 않고 "공기 입자에 감정을 넣어서 재 조각하는 일을 하고 있다."고 했다.

사람에게도 향기가 있는데 영혼이 맑으면 많은 사람들이 만나고 싶어 하는 향기가 나오듯이 사람도 저마다 가지고 있는 향기가 다르다는 것을 강조한 사람이다.

그래서 꽃만이 향기로운 것이 아니라 나무, 식물, 빌딩, 사람, 심지어는 물이나 공기에도 나름의 향기가 있다는 개념이다. 최근에는 향기 마케팅을 하는 기업들이 늘어나고 있다.

벤츠 자동차 딜러인 한성자동차는 빠씨옹 미스띠끄(Passion Mystique)라는 향수로 향기 마케팅을 하고 있다. 승용차만 파는 것이 아니라 향기도 함께 파는 차별화한 영업을 하고 있다.

거룩한 성전을 짓는 사람에게 또 다른 큰일을 맡기고 싶고, 단순히 향수를 만드는 사람보다 공기 입자에 감정을 입히는 사람에게 자사의 향수 디자인을 맡기고 싶어할 것이다.

셋째, 나의 일은 내가 책임진다는 의식을 가지고 일을 해야 한다.

"The Buck Stops Here." 라는 말의 유래에 대해 아는가? "The Buck Stops Here."라는 문장의 뜻은 "내가 모든 책임을 지고 결정 한다."는 의미이다. 미국 제33대 대통령 해리 트루먼이 백악관 집무실 책상 위의 명패에 새겨 두고 좌우명으로 삼은 말이다. 최근에 조 바이든 미국 대통령이 윤석열 대통령에게 "The Buck Stops Here."라는 문구가 새겨진 책상 명패를 선물로 줬다는 소식이 들리면서 이 영어의 의미에 많은 관심을 갖게 되었다.

포커 게임에서 손잡이가 사슴뿔로 된 칼을 다음 딜러에게 넘겨주는 것을 영어로 'Passing the buck'이라고 한다. 이 말이 '책임과 의무를 다 한다'는 관용어로 굳어졌고, 이에 따라 수사슴 혹은 1달러를 의미했던 Buck에 '책임'이라는 뜻이 더해졌다는 것이다. 그 후에 Buck은 '달러'라는 뜻으로도 사용되었다.

소명의식과 사명의식을 가진 리더는 책임을 남에게 전가하지 않고 책임의식을 가지고 일하는 사람이다.

넷째, 해야 할 일을 할 수 있는 습관을 만들어야 한다.

변화는 무엇이라고 생각하는가? 필자가 정의하는 변화는 간절히 원하는 이되하(이루고 싶은 것, 되고 싶은 것, 하고 싶은 것)를 이루기 위하여 고통과 고난을 감내하고 새로운 습관을 만드는 것이다.

필자는 건강관리를 위해서 매일 만보를 걷기로 결심하고 실행하고 있다. '내 몸은 만보 걷는 것을 좋아할까? 힘들다고 걷지 않는 것을 좋아할까?' 그 답은 만보 걷기가 '습관화되어 있느냐? 그렇지 않느냐?'에 따라 답이 달라진다.

의지에 계속 의존하면 어떤 것을 지속하는 데에 실패한다. 왜냐하면 의지는 배터리와 같아서 시간이 지나면 소진되기 때문이다. 그래서 작심을 3일마다 계속 하라는 권유도 사실은 실행해보면 불가능한 말이다. 의지가 필요 없게 만들어야 변화에 성공할 수 있다. 의지를 불필요하게 만드는 방법이 내 몸이 저절로 하고 싶어 하도록 습관을 만드는 것이다.

다섯째, 오늘보다 더 나은 내일을 만들기 위해 시간을 잘 활용해야 한다.

"뭐 벌어 놓았나요?"라고 물으면 쉽게 답을 못한다. 왜냐하면 "집이나 저축 등 재테크를 제대로 해서 돈을 벌어 놓았느냐?"에 대한 질문으로 생각하기 때문이다. 그래서 "종자돈이 없어서 번 것이 없어요!"라고 답하는 사람들이 대부분이다.

이어서 "시간을 무엇이라고 생각하나요?"라고 질문하면 시간은 돈이라고 쉽게 말한다. 내 시간 통장에는 하루에 86,400초가 매일 공평하게 입금이 되고 있다. 하루에 나에게 주어진 24시간이 곧 '종자돈'인 자본인 것이다. 시간을 잘 활용하면 친구도 벌고, 고객도 벌고, 돈도 벌 수 있다. "시간을 어떻게 보냈나요?"라고 질문하면 답을 어떤 답이 주로 나올까? 대부분 하루를 보낸 시간 스케줄을 말한다. 질문을 달리 해서 "시간과 뭘 바꾸었나요?"라고 물으면 답이 달라진다. 운동한 사람은 건강, 독서한 사람은 지식, 여행한 사람은 경험을 시간과 바꾸었다고 이야기한다. 결국은 시간이라는 돈을 투자하여 건강 자본, 지식 자본, 경험 자본을 축적한 것이다.

리더가 소명 받은 대로 사명을 잘 수행하는 5가지 방법을 잘 실천하여 행복 자본을 만들어 내고 소명과 사명을 충실하게 해내는 선구자가 되길 기대한다.

7주차 리더십 향상 질문과 실천할 내용

(작성일 : 년   월   일)

본문 내용에서 느낀 것과 실천할 내용을 적어 보세요.

아래 문장의 (   )를 채워 주세요.

리더가 소명 받은 대로 사명을 잘 수행하려면 어떻게 해야 할까?

첫째, 내 직업에 대한 네이밍(Naming)을 명확히 해야 한다.

둘째, 자신이 하는 일에 대한 (   )를 부여해야 한다.

셋째, 나의 일은 내가 책임진다는 의식을 가지고 일을 해야 한다.

넷째, 해야 할 일을 할 수 있는 (   )을 만들어야 한다.

다섯째, 오늘보다 더 나은 내일을 만들기 위해 시간을 잘 활용해야 한다.

08
정직이 습관화 되어
분수처럼 솟아오르게 하자.

누구나 훌륭한 리더가 되고 싶어 하지만 훌륭한 리더는 태어나는 것이 아니라 조직과 사회생활 속에서 후천적으로 만들어지는 것이다.

미국의 경영자연합회에서 26,000여명의 최고경영자들을 대상으로 리더의 덕목에 대한 우선순위를 조사했는데 일반적으로 생각하고 있는 것과는 차이가 많이 있었다. 리더의 덕목 중 일반적으로 중요하다고 생각하는 항목 중 결단력은 17위, 용기는 12위였다. 과연 리더가 가져야 할 덕목의 순위 1위는 무엇이었을까? 정직이었다.

함께 가고자 한다면 서로가 신뢰해야 하므로 응답자의 80% 이상이 리더의 정직성이 리더십에서 절대적으로 중요하다고 답했다. 구글에서도 정직하게 일하는 것을 핵심가치에 넣고 '악해지지 말자.(Don't be evil.)'라고 강조하고 있다.

정직하다는 것은 말한 대로 행동하는 솔선수범과 언행일치를 의미한다. 정직함은 영어로는 Honesty로 표현하는데 마음에 거짓이나 꾸밈이 없이 바르고 곧게 살아가는 것을 말한다. 거짓말은 곧게 가지 않고 상황에 따라 변하며 구불구불하게 간다고 할 수 있다. 약속하고 늦어지면 길이 막혀서 늦었다고 거짓말을 하게 되는데 원래 길이 잘 막히니 통하는 거짓말이다. 물론 자기 자신도 가끔 그렇게 사용하니 그냥 인정하고 넘어가게 된다.

거짓말은 일시적으로 숨길 수 있어도 그 거짓은 드러나기 마련이다. 또 그 거짓을 숨기기 위해 또 다른 거짓말을 만들어 내야하고, 그 거짓말은 또 다른 거짓말을 만들어내야 하므로, 결국은 탄로가 나는 것이다.

그러면 어떤 리더가 정직한 리더인가?

첫째, 정직한 리더는 언행일치(言行一致)를 실천하는 사람이다.

말 따로 행동 따로 해서는 안 된다는 것이다. 순간을 모면하기 위해 먼저 말부터 해놓고 나중에 실천하지 않는 사람은 정직하지 못한 리더이다. 말부터 저질러 놓고 그 말에 책임을 지지 않으면 안 된다는 것이다. 정리정돈이 중요하다고 말하면서 리더 자신의 책상은 지저분하다면 언행이 일치되지 못한 사람이다.

둘째, 정직한 리더는 솔선수범(率先垂範)하는 사람이다.

몸으로 가르치니 따르고 말로 가르치니 따진다는 "이신교자종, 이언교자송(以身敎者從, 以言敎者訟)"이라는 말처럼 리더를 신뢰하도록 하기 위해서는 몸으로 솔선하는 모습을 드러내어야 한다. 솔선해서 행동으로 보여 준다는 것은 "눈에 보이는 매뉴얼"을 구성원에게 제공하는 것과 같은 것이다.

셋째, 정직한 리더는 편견에서 벗어나 Fact에 근거해서 의사 결정을 하는 사람이다.

구글은 철저하게 Fact 중심으로 토의하기 위해 회의할 때는 반드시 두 개의 빔 프로젝트를 사용한다. 한쪽은 회의에 관련된 내용이 나타나 있고 다른 한쪽에는 논의 과제의 Data가 나타나 있다.

지식은 힘이다. 그러나 단순한 의견은 지식이 아니다. 드러낸 팩트가 의사

결정의 기준이 되어야 한다. 구성원들을 움직이기 위해서는 Fact에 의해 판단하고 있다는 것을 드러내어 보여주어야 하며 편견과 선입견으로 판단하거나 정(情)에 끌려서 결정하면 정직하지 못한 리더로 인식된다.

넷째, 정직한 리더는 Visual하게 Management하는 사람이다.

리더를 신뢰하도록 하기 위해서는 모든 것을 드러나게 해야 한다. 드러내면 눈속임이 없어진다. 드러내어 행동으로 보이게 하지 않으면 인간의 뇌는 상대를 먼저 의심하라고 지시한다. 드러내어 보이게 하면 신뢰의 출발점이 되고 상대가 인정하는 정직한 리더가 되는 것이다.

8주차 리더십 향상 질문과 실천할 내용

(작성일 :   년   월   일)

본문 내용에서 느낀 것과 실천할 내용을 적어 보세요.

아래 문장의 (   )를 채워 주세요.

첫째, 정직한 리더는 (   )를 잘 실천하는 사람이다.
둘째, 정직한 리더는 (   )을 잘 하는 사람이다.
셋째, 정직한 리더는 (   )에 근거해서 의사결정을 잘하는 사람이다.
넷째, 정직한 리더는 (   )하게 Management하는 사람이다.

09
일상의, 일상에 의한, 일상을 위한 행복을 실현하는 리더가 되자.

행복과 불행에 대한 이야기는 너무나 많다. 불행했다가 행복해지는 영화나 드라마도 많은데 나에게는 먼 나라 이야기처럼 들리는 이유는 무엇일까? 돈이 행복의 기준이라면 부유해지거나 선진국으로 갈수록 행복해야 하는데 잘 살수록 자살률이 더 늘어나는 이유는 무엇일까? 직장인들에게도 "왜 열심히 일을 하는가?"라고 질문하면 "행복해지기 위해서"라고 쉽게 답을 한다. 가끔은 "돈 벌기 위해서"라고 답하는 사람이 있는데 "돈은 왜 버느냐?"고 물으면 "행복해지기 위해서"라며 결국 같은 답을 한다. 그러면 "당신은 행복하신가요? 행복해지는 방법은 아시나요?"라고 질문을 하면 선뜻 "예"라고 답하는 직장인은 많지 않다.

21세기 행복시대를 잘 적응하며 행복해지려면 어떻게 일하면 좋은가? JOB코리아에서 실시한 조사 결과를 보면 급여를 많이 준다는 S사의 평균 퇴직률은 5% 정도이다. 반면 중소기업 중에서 평균 퇴직률이 5% 미만인 기업들이 있다. 평균 연봉이 대기업의 반도 되지 않는 중소기업에서 대기업보다 더 행복하게 일하는 사람들이 많이 있다. 왜 이런 현상이 나타나는가?

작지만 행복하게 일하는 기업의 비밀은 무엇인가? 그들은 물질적 이익보다 더 소중한 5가지 비밀의 열쇠를 가지고 있다.

첫 번째 Key : 구성원들에게 기업과 개인의 사명과 비전, 일의 가치를 먼저 알게 한다.

이런 기업들은 일을 시키기 전에 기업의 경영 가치관과 개인의 가치관을 먼저 세우고 하고 일의 본질적인 가치에 대해서 알게 해준다.

생텍쥐페리의 소설 어린왕자에서는 "배를 만들게 하려면 목재를 가져오게 하고, 작업을 지시하고, 일감을 나누어 주어 일을 지시하기 전에 먼저 저 넓고 끝없는 바다에 대한 동경심을 먼저 키워주어라."고 강조하고 있다. VM 활동의 10단계 중 1단계인 '가치관 드러내기'에서는 기업의 사명과 비전을 함께 만들고, 개인의 가치관을 세울 수 있도록 돕고, 일의 가치를 가르치고 드러내며 날마다 가슴에 새기게 한다.

두 번째 Key : 구성원들 간에 좋은 관계가 되도록 한다.

인간은 사회적인 동물이므로 좋은 관계가 되기 위해서는 관계가 좋은 친구가 있어야 한다. 친구의 수가 아니라 공감을 잘 해주는 친구여야 한다.

그래서 VM 활동에서는 업무를 시작하기 전에 몸과 마음 상태를 드러내고 공감하는 훈련을 하는 것이다. 그리고 DISC로 성격진단 테스트를 실시하여 성격 드러내기를 한다. 주도형, 사교형, 안정형, 신중형 등 서로의 성격 차이를 파악하고 다른 점을 인정하게 한다. 잠자는 시간을 빼고 하루 50% 이상의 시간을 보내는 회사에서 좋은 관계가 형성되지 못하면 50%가 불행하다는 말이다. 관계가 좋은 동료를 많게 하는 것이 최고의 복지이다.

세 번째 Key : 오늘보다 내일 더 나은 성장을 하게 합니다.

성장 속에는 행복의 3요소인 성취가 가득 들어 있다. VM 활동에서는 비

가치를 개선하고 무질서를 개선하여 성장하게 한다. 구성원 개개인의 멀티 스킬 계획표를 만들고 신호등 관리로 드러내면서 핵심역량을 키우게 한다. 아는 것만큼 보이고 보이는 것만큼 할 수 있으므로 주간, 월간 경영서신 등으로 지력을 올려 할 수 있는 일이 늘어나게 한다.

네 번째 Key : 자율적으로 일을 찾아서 하게 한다.

노예처럼 억지로 시켜서 하면 행복하지 못한다. 독일의 철학자 칸트는 "자율이란 감성이 아니라 의지에 의한 이성의 명령에 의한 행동"이라고 했다. 타율에 의해 행동하는 것은 스스로라는 의지가 들어가지 않기 때문에 일을 해도 건성으로 한다. 자율적인 일이 아니면 행동을 자극하는 힘이 약해져서 중간에 어려움에 부딪치면 쉽게 포기하게 된다.

VM 활동에서는 목적과 목표를 명확히 하고, 나아가야 할 방향에 대해 전 직원이 한 마음으로 잘 정렬되어 있기 때문에 자율적으로 스스로 일을 찾아서 한다. 또한 자신의 일의 가치를 알기에 해야 할 일을 스스로 보드판에 적고 드러내어 공유한다. VM 활동에서는 업무 보고라고 하지 않고 업무를 공유한다고 말한다. 왜냐하면 시켜서 하는 것이 아니라 자율적으로 드러내기 때문이다.

다섯 번째 Key : 감사 쓰기로 부정적인 마음을 씻어내게 한다.

부족하고 아쉬울 때 감사하면 채워지고, 난관에 부딪쳤을 때 감사하면 해결이 되고, 작은 것에 감사하면 더 큰 것을 얻게 된다. 내 삶이 행복하여 부족함이 없더라도 감사하면 더 풍성한 행복을 누리게 되는 것이 감사의 힘이다. 감사의 힘은 타인에게서 감사하다고 듣는 것보다 타인에게 감사를 표현할 때 에너지가 더 증폭된다고 한다. VM 활동에서는 매일 5감사를 적는 것이 습관화 되도록 한다. 매달 사내 감사 왕과 칭찬 왕을 선정하여 인정과 지지를 해준다.

행복한 사람은 자신이 하는 일의 가치를 알고, 즐기면서 성장하고 행복을 느끼는 것이다. 돈은 있다가도 없어지는 것이므로 돈 중심으로 사는 사람은 돈이 사라지면 긍정적인 마음도 함께 사라져서 삶도 함께 포기하기 쉽다. 앞에서 제시한 5가지를 잘 실천한 사람은 돈이나 외부 환경에 흔들림이 없이 그 가치관을 이루기 위해 끈질기게 긍정적인 마인드를 붙들고 나아간다.

좋은 대학에 입학하고 좋은 직장에 다니고 부자가 되면 행복이 보장될까?

공부해서 좋은 대학 나왔다고 해서, 또 좋은 직장을 다닌다고 행복이 보장되는 것이 아니다. 공부보다도 노래 부르는 것만 좋아하던 셋째 여동생이 성악을 전공하고 노래를 좋아하는 남편을 만나 결혼했는데 남편이 L그룹 인도 사업장 대표가 되었다. 밥하는 가정부, 청소 가정부, 전속 기사도 있고 평일에도 골프를 즐기는 것을 보면 공부 잘한다고 더 행복해진다는 것도 일부에만 적용되는 이야기이다. 부자들 중에서도 가난한 사람들보다 더 가슴 졸이며 사고 싶은 물건을 못 사는 사람도 있지만, 비교적 자유롭게 살 수 있는 경제적인 자유가 있는 것 외에는 더 행복하다는 증거는 찾을 수 없다.

돈 때문에 꼭 해야 할 일을 하지 못하는 경우가 발생하는데 그때는 일시적으로 행복도가 떨어지는 것이 사실이다. 그러나 그 부족한 부분은 미래에 성취해야 할 목표로 변화되어 성취감이라는 행복 요소의 건수를 늘리는 역할을 하게 되므로 길게 보면 "부족하다"는 것이 행복도 향상을 위한 좋은 재료가 되기도 한다.

'행복한 감정이 수명과 관계가 있다.' 는 것이 미국의 타임지가 『the Nun Study (수녀 연구)』라는 표지로 부각시키면서 기사화 됐다. 우리나라에서는 대부분 건강해야 행복하다고 하지만 "건강해서 행복한 것이 아니라 행복한 감정이 건강을 지킨다."는 것을 스노든 박사의 연구팀이 증명하게 된 것이다. "행복의 문의 자물쇠는 안쪽에 달려있어서 내가 열고 나오지 않으면 바깥에서 열어 줄 수 없는 문"이라고 하버드 대학 행복학자인 탈벤 샤하르 교수는 강조했다. 인생은 작은 선택들이 모여서 큰 결실을 이루게 되는데 일상 속에서 일어나는 일들 속에서 일의 가치를 찾아서 그 가치를 높이는 것이 습관화 되면 행복해지게 된다.

행복한 생각은 비가시적이지만, 가시적인 현실은 비가시적인 생각이 모여서 이루어진 결정체라고 할 수 있다. 행복은 추구하는 것이 아니라 일상의 삶 속에서 선택하는 것이다. 지금 내가 하는 일이 불만으로 가득하면 행복은 다가오지 않는다. 나와 가장 가까이 있는 사람들과 일상의, 일상에 의한, 일상을 위한 행복을 추구해야 한다. 어떻게 하면 주위사람들과 좋은 관계로 살아갈 것인가 행복의 길을 찾을 수 있도록 노력을 기울여야 한다.

(작성일 :　　　년　　월　　일)

본문 내용에서 느낀 것과 실천할 내용을 적어 보세요.

아래 문장의 (　)를 채워 주세요.

행복의 문의 자물쇠는 안쪽에 달려있어서 "내가 열고 나오지 않으면 (　　　)에서 열어 줄 수 없는 문"이라고 하버드 대학 행복학자인 탈벤 샤하르 교수는 강조했다.

인생은 작은 선택들이 모여서 큰 결실을 이루게 되는데 일상 속에서 일어나는 일들 속에서 일의 가치를 찾아서 그 가치를 높이는 것이 (　　　)되면 행복해지게 된다.

10
일의 가치를 바라보고
손가락 리더십을 배워보자.

오늘은 가장 쉽게 배울 수 있는 손가락 리더십에 대해 생각해 보려고 한다.

리더십의 정의가 무엇일까? '지피지기 백전불태(知彼知己 百戰不殆)'라는 말처럼 나에 대해 먼저 알고 그 이해를 바탕으로 상대도 제대로 알아 원하는 목표를 향해 한 방향으로 함께 가는 영향력을 발휘하는 것을 말한다. 구성원들에게 바람직한 영향력을 행사해서 성과를 창출해 내는 역량이나 능력을 말한다. 리더는 자기 자신과 타인을 움직여서 조직의 목표를 달성하고 성과를 창출해 내는 역량이 있어야 한다.

미국 갤럽 조사에 의하면 리더가 되고 나서 40% 이상이 1년 6개월 만에 실패한다고 하는데 그 이유는 무엇일까? 실패하는 주요 원인은 일에만 초점을 맞추고 사람을 이해하고 관리하는 능력, 즉 사람을 움직이게 하는 능력이 부족했기 때문이다. 함께 가기 위해서는 일을 가르쳐주기 전에 해야 할 일의 가치를 알게 하고 그 일의 가치에 몰입하게 안내해야 한다.

자기가 하고 있는 '일'의 가치를 알아야 자신이 담당한 일의 주인이 되고 주인처럼 일할 수 있게 되는 것이다.

리더로서 조직을 잘 이끌려면 리더 자신이 먼저 일의 가치를 알고 각자의 해야 할 역할을 제대로 수행해야 한다.

각 손가락의 역할과 각 직급별 역할을 비교해보면 리더십을 어떻게 발휘하고 행동할 것인가를 잘 알게 된다.

첫째, 엄지손가락은 누구를 의미할까? 최고경영자다.

엄지는 어느 손가락과도 자유롭게 쉽게 만날 수 있다. 누구와도 잘 만날 수 있기에 소통을 잘 할 수 있는 권한을 가지고 있는 것이다. 그리고 주먹을 쥐면 엄지만 우뚝 세울 수 있다. 다른 손가락이 힘들어 할 때에 리더는 우뚝 서서 비전을 제시해 주어야 한다. 위기가 오면 가보지 않던 길로 가야 하므로 선두에 우뚝 서서 방향을 제시하고 함께 가야 한다. 최고경영자인 엄지가 직원들을 의미하는 손가락 밑으로 숨어 버리면 주먹의 파괴력이 반으로 줄어들어 경쟁에서 이길 수 없다.

끊임없이 조직원들의 장점을 발견하여 엄지를 들어서 칭찬해 주는 것이 중요하다. 결과가 나빠서 실의에 빠져있는 직원에게 그 일을 해오는 과정에서 잘한 점을 엄지를 들어서 칭찬해 주면 다시 한번 도전하는 힘을 가지게 된다.

둘째, 검지는 누구를 의미할까? 임원을 의미 한다.

엄지와 검지 끝을 붙이면 돈을 상징하게 된다. 임원과 CEO는 돈을 책임지고 돈 문제를 해결해야 한다는 의미이다. 아무리 어렵더라도 최고경영자와 임원이 책임지고 조직원의 급여는 제때에 지급해야 한다. 그리고 성과를 내도록 리더십을 발휘해서 성과급도 받을 수 있도록 전략과 전술을 잘 수립해야 한다.

또한 검지는 방향을 가리킬 때에 사용하는 손가락이다. 리더십에서 가장 중요한 것이 방향을 제시하는 것인데 임원은 나아가야 할 방향을 분명하게 제대로 제시해야 한다. 직원과 같은 눈높이를 가지고 바라봐 주면 직원이 바라보는 방향을 잘 이해할 수 있다. 임원 실에 앉아서 결재하지 말고 팀장 자리에 가서 결재해 보는 것도 현장을 중시하는 리더의 좋은 사례가 된다.

셋째, 중지는 누구를 의미할까? 관리자를 의미한다.

손가락 중에서 가장 긴 손가락이다. 가장 길다는 것은 조직 내에서 그 역할이 크다는 의미이다. 그러나 자신이 제일 길다고 혼자서만 하려고 하면 조직에 마이너스가 되는 것이다. 그리고 승리를 표시할 때에는 어떤 손가락을 사용하는가? 검지와 중지를 펴서 V자로 표시한다. 임원과 잘 소통하고 협력해야 시도하는 일들이 승리하게 된다는 의미이다. 그리고 조직에 실이 되게 하는 일이 없도록 일 시작하기 전에 함께 공유하고, 관리자만이 가진 업무의 스킬을 암묵지로 가지고 있지 말고 형식지로 바꾸어 잘 가르쳐야 한다.

넷째, 약지는 누구를 의미할까? 실무자를 의미한다.

혼자시는 잘 펴시 못한다. 어느 손가락과 함께하면 잘 펴질까? 관리자를 상징하는 중지와 함께 펴면 잘 펴진다. 실무자는 자신의 업무를 잘 드러내고 관리자와 소통을 잘해가면서 일을 해야 한다는 의미이다.

혼자 판단으로 일하다 보면 하지 말아야 할 일을 하게 되어 일의 성과와 연결되지 못하므로 보람을 찾지 못하게 된다. 관리자와 잘 상의해서 일을 추진해야 조직에 공헌할 수 있다. 약지는 결혼반지를 끼는 손가락이다. 미국사람들은 왼손 약지를 Wedding Finger라고 부른다.

고대 이집트인들은 왼손 약지의 핏줄이 심장에 바로 연결이 되어 있다고 믿었다. 그래서 서로 간에 왼손 약지에 반지를 끼우는 의미는 생명처럼 서로를 아끼고 사랑하겠다는 아주 중요한 약속이라는 의미가 담겨져 있는 것이다. 실무자는 상사와 고객과 정한 약속을 생명처럼 잘 지키라는 의미도 포함되어 있다.

다섯째, 새끼손가락은 누구를 의미할까?

신입사원을 의미한다. 왜 "엄지, 중지"처럼 "지"자를 붙이지 않고 새끼손가락이라고 했을까? 아직 존재성이 미비하므로 있는 그대로 불러 주는 것이다. 그리고 새끼손가락은 검지, 중지, 약지와는 만나기가 힘들다. 그러나 엄지와는 쉽게 만날 수 있다.

최고경영자의 중요한 역할 중의 하나가 신입사원이 잘 정착하도록 자주 만나서 소통해야 한다는 것을 알려주는 것이다. 그리고 손가락 크기도 제일 짧기에 잘 성장하도록 도와주어야 한다. 본인 스스로도 끊임없이 모르는 것 묻고 배워야 한다.

리더가 경영목표를 달성하고 경영 가치관을 실현하기 위해서는 다섯 손가락처럼 자신들이 가진 역할을 제대로 해내도록 리더십을 발휘해야 한다. 무엇보다도 나를 먼저 리드하고 세상을 리드하는 고 품격 리더로 손가락 리더십을 잘 활용하길 바란다.

(작성일 :   년   월   일)

본문 내용에서 느낀 것과 실천할 내용을 적어 보세요.

아래 문장의 (   )를 채워 주세요.

엄지는 어느 손가락과도 자유롭게 쉽게 만날 수 있다. 누구와
도 잘 만날 수 있기에 (   )을 잘 할 수 있는 권한을 가지고 있는
것이다.

그리고 주먹을 쥐면 엄지만 우뚝 세울 수 있다. 다른 손가락이
힘들어 할 때에 리더는 우뚝 서서 (   )을 제시해 주어야 한다. 위
기가 오면 가보지 않던 길로 가야 하는데 선두에 우뚝 서서 방향
을 제시하고 함께 가야한다.

How to become
a happy leader!

제 **2** 장

솔선 파워

Power of Leading by Example

몸과 핵심역량으로 리더십을 파는 리더가 되자.

01
몸으로 보여주는
행동 리더십의 코치가 되자.

당면한 위기를 극복하기 위해 리더는 우선적으로 구성원들을 한 방향으로 가도록 이끄는 능력이 있어야 한다. 왜냐하면 기업의 본질인 사람은 물건처럼 관리하는 대상이 아니라 생각을 바꾸어서 행동하게 하도록 해야 하기 때문이다. 스스로 목표를 명확히 하고 그 목표를 달성하기 위해 행동하게 하는 리더십의 발휘가 매우 중요하다.

솔선수범이라는 것은 먼저 나서서 행동하기 전에 조직구성원들의 어려움을 헤아리고 그들이 가지고 있는 아픔을 공감하고 기꺼이 나눈다는 것이다. 조직구성원들의 어려움을 자신의 어려움으로 느끼고 그 아픔을 나누어서 반으로 줄이는 것부터 할 수 있는 리더가 진정한 솔선수범의 리더이다.

손님이나 구성원을 물건처럼 취급하는 리더 아래서는 구성원도 똑같이 리더를 물건처럼 생각한다. 직원이 변화가 되지 않는 것은 사장이나 임원이 변화되지 않고 있기 때문이다. 구성원들은 리더가 하는 대로 따라 하는 것이 업무 매뉴얼이라고 생각하고 매뉴얼대로 하면 문제가 없다고 생각하는데 그 매뉴얼이 철이 지난 것이어서 가치를 발휘 못하는 것이다.

리더십 교육 분야에서 세계적 명성을 얻고 있는 하버드대 로럴드 하이페츠

(Ronald Heifetz) 교수는 "리더십이란 자기 자신을 죽음으로 던질 정도의 헌신을 바탕으로 행해지는 것이다."고 했다. 리더 자신이 먼저 자기 혁신하는 모습을 보이지 못하고 구성원들에게 먼저 변화하기를 요구하는 것은 자신이 먹지 않는 영양제를 직원들에게 먹이려고 하는 것과 같다. 가장 빨리 효과를 볼 수 있는 리더십이 말보다 몸으로 보여주는 솔선수범이다. 몸으로 솔선해서 보여 주는 리더십을 5가지 형태로 나누어 정리해 보았다.

솔선하는 열정 리더들의 5가지 모범 사례를 알아보자.

첫째, 구성원들의 입장에 서서 그 마음을 헤아려보고 몸으로 공감하고 함께한다.

루이스 마운트배튼(Louis Mountbatten)은 빅토리아 여왕의 증손자이다. 해군에 입대해서 1943~1946년에 동남아시아의 연합군 최고 사령관으로서 일본군에 점령되었던 미얀마 탈환작전을 성공시키는 중요한 역할을 해냈다. 중장으로 진급한 후 어느 비 내리는 날 루이스 마운트배튼 최고사령관의 사열을 기다리며 1개 대대가 정렬해 있었다. 사병들은 장교들과는 달리 레인코트를 입지 않았기 때문에 비에 흠뻑 젖어 있었다. 마운트배튼은 다른 장교들과 마찬가지로 레인코트를 입고 차에서 내렸다. 그러나 사열대 앞으로 가다가 주위를 둘러보더니 다시 차로 돌아가서 레인코트를 벗고 돌아와 사열을 했다. 그 모습을 본 병사들은 환호하며 저 장군을 위해서라면 목숨도 기꺼이 바치겠다는 각오로 난공불락의 미얀마 탈환 작전을 성공시켰다. 구성원들의 마음을 헤아려서 함께하는 리더의 모습이 구성원들을 감동시킨 것이다.

둘째, 구성원이 나와 같다고 생각하지 말고 다른 점을 인정하고 칭찬한다.

몽골제국 창시자이며 이름은 테무진(Temujin)이었던 칭기즈 칸에게 무예가 출중하고 아무리 싸워도 지치지 않고 피곤한 줄 모르는 예순베이라는 훌륭한 장수가 있었다.

예순베이는 전쟁에 나가면 선두에 서서 잘 싸우지만 구성원들이 함께 동참해 주지 않아서 번번이 승리를 놓치는 경우가 많았다. 예순베이는 참으로 싸움에 능한 용사이었지만 그는 모든 구성원들이 자기와 같은 줄 알고 자기만큼 해내지 못하면 화를 내고 영창도 보내고 참지 못하는 성격이었다.

구성원들이 예순베이의 부대에 들어가는 것을 싫어하는 이유를 칭기즈 칸이 알게 되었다. "군대를 통솔하려면 사병들과 똑같이 갈증을 느끼고 똑같이 허기를 느끼며 똑같이 피곤해야 한다." "아무리 전투에 능해도 구성원을 인정하지 않고 공을 나누지 못하는 사람은 절대 지휘관이 될 수 없다."고 강조하며 예순베이를 부대 지휘관에서 내려오게 하고 칭기즈 칸의 호위병 역할만 하게 했다.

셋째, 구성원들을 바꾸려고 하기 전에 내 수준만큼 바뀐다고 생각하고 내가 먼저 혁신한다.

중소기업 사장님들을 만나면 가끔 구성원들에 대한 불만족스런 말을 듣게 된다. "생각 없이 일하고, 아무리 말해도 못 알아듣고, 핑계만 대고 무책임하게 일해요."라는 말이다. 필자가 그 말을 들으면 "사장님, 과연 그럴까요? 다시 한번 생각해 보세요!"라고 말하며 그런 말은 다시는 하지 않도록 부탁한다.

사람은 생각하는 동물이기 때문이기에 아무 생각이 없이 일하는 직원도 없고, 귀가 있는데 알아듣지 못하는 직원도 없다. 지시하는 사람이 알아듣게 말하지 못했기 때문이다.

넷째, 입으로만 외치지 말고 리더 스스로 모범을 보여준다.

구성원이 아무 생각 없이 일하고 구성원이 변화되지 않았다는 것은 리더가 아무 생각이 없이 일한다는 것을 보여 주었기 때문이다. "손님이 오면 눈을 바라보고 인사해야 돼."라고 지시하면서 사장은 인사도 안하고 카운터에 앉아서 "손님 왔다."라고 하면 직원들도 배워서 "손님 오셨다."라고도 하지 않고 "손님 왔다."라고 말하며 정중하게 인사도 하지 않는다.

음식점 사장은 카운터 앉아서 손님을 보지도 않고 "어서 오세요."라고 하면서 직원에게는 달려가서 눈 마주치고 "어서 오세요."라고 인사하기를 원하는 것은 지나친 기대인 것이다.

사장이 하는 대로 따라서 했는데 시키는 대로 하지 않았다고 매니저를 불러서 혼낸다. "야 교육 좀 제대로 시켜봐. 왜 저러고 있어? 머리에 뭐가 들었어? 내 보내고 사람을 바꾸든지!" 변화하지 않는 직원을 내 보내기 전에 리더의 잘못된 생각을 먼저 내 보내야 직원들을 변화시킬 수 있다.

다섯째, 하기 싫어하는 일을 먼저 나서서 실천한다.

사마천 사기에 나오는 오기 장군은 구성원과 함께 입고, 같이 먹고, 같이 걷고, 말도 타지 않았다. 한 병사의 몸에 종기가 나자 종기의 고름을 입으로 빨아서 제거해 주었는데 장군의 헌신적인 소식을 들은 그 병사의 어머니가 슬피 울었다. 왜 어머니가 좋아하지 않고 울었을까? "남편도 오기 장군이 고름을 빨아주어서 그 은혜를 보답하려고 최전선에서 앞장서서 싸우다 전사한 사실이 있기에 이제 아들까지 전쟁에서 잃으면 어쩌나!"라고 하며 울었다는 것이다.

"뭘 도와 드릴까요?" 이 얼마나 모든 리더가 듣고 싶어하는 말인가? 솔선수범하는 리더에 대한 존경과 신뢰가 쌓이면 리더가 목표를 달성할 수 있도록 구성원들이 먼저 당신에게 뭘 도와줄지 물어볼 것이다.

솔선하는 열정 리더들의 5가지 모범 사례에서 배운 내용을 매월 1가지씩 적용하며 솔선하는 리더가 되어보자.

11주차 리더십 향상 질문과 실천할 내용

(작성일: 년 월 일)

본문 내용에서 느낀 것과 실천할 내용을 적어 보세요.

아래 문장의 ( )를 채워 주세요.

기업의 본질인 사람은 물건처럼 관리하는 대상이 아니라 긍정 정보를 입력시켜 ( )을 바꾸어서 행동하게 하도록 리드해야 하므로, 스스로 목표를 명확히 하고 ( )하게 하는 리더십의 발휘가 매우 중요하다.

02
부자가 되는 습관을
먼저 실천하고 가르치자.

미국작가 토마스 C. 콜리는 5년간 부자 223명과 극히 가난한 사람 128명에 대해서 연구하여 「습관을 바꾸면 인생이 바뀐다」라는 책을 출간하였다. 우선 부자가 된 사람들에 대해서 환경적인 공통점을 찾기 위해서 조사를 해보았다.

세계에서 가장 이름 있는 부자 중의 한 사람인 빌 게이츠는 변호사 아버지와 교사인 어머니 밑에서 유복하게 자랐다. 함께 식사하는 데 수십억 원을 내야 하는 투자의 귀재 워렌 버핏은 아버지가 증권 세일즈맨으로 평범한 중산층 가정에서 성장했다.

오프라 윈프리는 "상처를 지혜의 초석으로 삼으라."는 명언을 남기며 20년 넘게 낮 시간대 TV 토크쇼 시청률 1위를 고수한 방송인이다. 그녀는 여성들 중에 부자로 소문난 사람이지만 미시시피주 외곽의 시골 마을에서 사생아로 태어났다. 감자 포대로 옷을 만들어 입어야 할 만큼 가난한 할머니 밑에서 유년기를 보내며 극심한 빈곤 속에서 불우한 어린 시절을 보냈다. 어릴 때의 환경을 무시할 수는 없지만 이들처럼 부자가 되기 위해서는 꼭 좋은 환경에서 태어나야 한다는 공통된 점은 발견할 수 없었다. 좋은 운으로 태어났기에 부자가 되었다기보다는 좋은 습관 때문에 부자가 된 것을 확인한 토마스 C. 콜리는 부자들의 습관에 대해 연구하여 책으로 출간하였다.

조사대상의 부자들은 연간 16만 달러 이상을 벌고 순자산이 320만 달러가 넘는 사람들이었으며, 가난한 사람들은 연간 소득이 3만 달러 이하이고 순자산이 5,000달러 미만인 사람들을 대상을 선정해서 연구했다.

결과적으로 부자와 가난한 사람의 차이는 운칠기삼(運七氣三)이 아니라 습칠기삼(習七氣三)이었다. 즉 좋은 운명은 좋은 습관을 통해서 만들어지고 좋은 습관은 좋은 운을 부르기 때문에 부자들과 가난한 사람들은 일상의 습관이 아주 다르다는 것을 발견하였다.

간사하고 거짓말하는 것이 습관인 사람에겐 친구가 따르지 않는다. 항상 비교하면서 불평하는 사람에게는 만족이 따르지 않고, 비교의식에 사는 사람은 자신을 스스로 비하 시키면서 자존감이 부족한 사람이다. 게으르고 미루는 습관을 가진 사람에겐 돈이 따르지 않고, 나쁜 습관을 이기지 못하는 사람에겐 행운이 왔다가도 도망간다. 부유함의 정도는 내 습관에 기인한다는 사실을 기억하고 습관 바꾸기를 소홀하지 말아야 한다.

그러면 부자가 되기 위해서는 어떤 습관을 가져야할까?

첫 번째, 부자의 습관 중에서 가난한 사람과 가장 차이가 많은 것이 '독서' 였다.

부자들은 매일 30분 이상 책을 읽는다고 답한 사람이 88% 이상인 반면 가난한 사람은 2%에 그쳤다. 그리고 책 읽는 것을 좋아한다는 대답도 부자는 86%였으나 가난한 사람들은 26%에 그쳤다.

오프라 윈프리에게 결정적인 터닝 포인트가 찾아온 것은 고등학교 때에 마야 안젤루의 「새장에 갇힌 새가 왜 노래하는지 나는 아네!」라는 책을 읽게 된 것이 계기가 되었다. 안젤루의 자서전에 나온 이야기가 자신의 불운한 삶과 비슷하다고 생각하게 된 윈프리는 그동안 자기 자신을 학대하며 나는 안 된다는 생각을 버려버렸다. 본인의 존재가치를 인정하고 매일 감사를 쓰는 것이 습관화 되자 미국에서 가장 존경받고 영향력 있는 여성으로 인정받게 되었다. 빌게이츠는 1년에 50권의 책을 읽는 습관이 있고, 워렌 버핏은 하루에 600~1,000페이지 분량의 책을 읽는다.

소프트뱅크 손정의는 사업이 한창 성장하던 시기에 급성간염으로 3년간 병원에 입원해야 하는 위기에 처하였다. 그는 병원에 있어야 하는 것은 어쩔 수 없는 일임을 스스로 인정하고 이 기간을 자신의 수련기간으로 정하고, 마음의 양식이 될 수 있는 책을 읽기 시작했다. 그는 3년 동안의 병원 생활에서 거의 모든 분야를 망라한 3천 권의 책을 읽었다. 그 결과 병을 이겨내는 방법도 발견하게 되고, 3천 권의 책 속에 있는 지혜들이 융합되어 미래를 미리 예견할 수 있는 능력도 생기게 되었다. 특히 투자와 M&A를 잘하는 냉철한 승부사로 거듭나는데 꼭 필요한 자양분이 되었다.

손정의 회장이 중국 마윈이 제안하는 전자상거래 사업의 미래전망에 대해 듣고 5분 만에 투자를 결정한 것도 병원생활을 하는 동안 읽은 책을 통해 얻은 지식이 풍부해서 투자에 대한 미래 수익을 미리 예측할 수 있었기 때문이다. 마윈의 알리바바가 미국 증시에 상장하게 되면서 그가 투자한 200억 원은 14년 만에 65조 원으로 불어나게 되었다.

두 번째, 부자들은 매일 해야 할 일을 미리 메모해둔다는 대답이 86%였다.

반면 가난한 사람들은 9%만이 해야 할 일을 기록했다. 잘 되는 회사에서는 어제 한 일을 반성하고 오늘 해야 할 일을 업무 보드판에 적고 드러내어 멤버들에게 공유한다. 적자생존(適者生存)이라는 말은 '환경에 적응하는 사람이 살아남는다.'는 의미이지만 요즘은 '적어야 산다.'는 의미로 강조되기도 한다.

세 번째, 부자들은 86%가 나이와 무관하게 평생 동안 교육을 받으며 자기계발에 힘써왔다.

그러나 가난한 사람들은 5%만이 자기계발의 필요성을 인정했다. 잘나가는 직장인들은 인터넷 교육을 잘 활용하여 자격증을 따고 주말에는 연구회 동아리에 참가하여 지력을 높인다.

행복한 회사의 리더는 팀 멤버들에게 매일 해야 할 일과 자기계발 항목을 드러내어 선언하게 한다. 그리고 부족한 스킬에 대해서는 사외 교육이나 인터넷으로 교육을 받아서 계획적으로 스킬향상을 하게 한다. 진행 결과를 공유하고 드러내어 잘 실천하게 하므로 멤버들의 개인 역량이 높아지면서 부자가 되는 길에 더 가깝게 다가설 수 있게 된다.

네 번째, 부자들은 80%가 목표를 글로 적고 널리 알리고 구체적인 목표 달성에 초점을 맞추었다.

가난한 사람들은 목표세우기를 소홀히 하며, 목표를 글로 적고 알리는 비율이 12%로 낮았다. 잘나가는 회사는 드러내기 경영 혁신활동을 한다. 이 활동이 시작되면 연간 목표를 KPI로 드러내고, 분기 목표를 팀 구호로 드러내며, 개인

월간 목표를 개인 구호로 드러내어 글로 적고 매일매일 선언하게 하여 분명한 목표달성에 초점을 맞춘다. 특히 가정에서도 목표를 정하여 가족들이 함께 목표달성의 진행 상태를 체크하면서 소통한다. 초등학교 자녀들도 스스로 목표를 정하고 실천하는 것이 습관화되어 1년이 지나면 받아오는 상장이 많아진다.

다섯 번째, 부자들의 76%가 '일주일에 4번 이상 운동한다.' 는 응답을 했다. 그러나 가난한 사람들은 23% 이하였다.

행복한 회사들은 직원들의 건강관리를 위해 실천항목을 정하고 매일매일 멤버들 앞에서 실행 여부를 드러내 체크하게 한다. 매일 팀원들과 체크하고 공유하므로 습관화가 되고 이전의 상태보다 확실하게 건강해질 수 있다.

여섯 번째, 성공하는 사람들은 44%가 별을 보고 일어나며 출근 3시간 전에 일어나서 미리 하루를 준비한다.

가난한 사람들은 일찍 일어나는 비율이 3%에 그쳤다. 반면에 부자들은 행운의 에너지를 주는 태양이 뜨기 전에 일어나서 행운을 맞이하는 습관을 가지고 있다.

위의 여섯 가지 외에도 습관의 중요성에 대해 큰 차이가 있었다. 성공자들은 84%가 좋은 습관이 좋은 기회를 만든다고 생각했으나 가난한 사람들은 이 비율이 4%에 불과했다. 부자들은 76%가 나쁜 습관이 인생에 부정적인 영향을 미친다고 밝혔으나 가난한 사람들은 9%만 그렇다고 대답해 나쁜 습관에 대해 대수롭지 않게 생각하는 경향을 보였다.

위의 통계에 따른 부자들의 공통된 습관을 정리해 보면 다음과 같다.

매일 책을 읽고, 매일 할 일을 메모해서 드러내고, 평생 자기계발에 힘쓰며, 구체적인 목표를 글로 적어 보이게 하고, 건강관리를 하며, 일찍 일어나서 하루를 준비한다. 좋은 습관을 따라 한다고 반드시 성공하고 부자가 되는 것은 아니지만, 이처럼 부자들과 가난한 사람들 사이에 뚜렷하게 습관의 차이가 존재한다는 것은 부자가 되는 습관이 부자가 될 확률을 높일 수 있다는 것이다.

12주차 리더십 향상 질문과 실천할 내용

(작성일 :   년   월   일)

본문 내용에서 느낀 것과 실천할 내용을 적어 보세요.

아래 문장의 (   )를 채워 주세요.

운칠기삼이 아니라 습칠기삼이었다. 즉 좋은 운명은 좋은 습관을 통해서 만들어지고 좋은 습관이 (   )을 부르기 때문에 부자들과 가난한 사람들은 일상의 (   )이 아주 다르다는 것을 발견하였다.

03
열정과 기백을 살리는
3가지 영양소를 잘 공급하자.

기업가들은 기업가 정신을 잃어가고, 직장인들은 스스로 자발적으로 일하기 보다는 오직 살아남기 위해 가면을 쓰고 노예처럼 시키는 일만 하다가 탈진되어 활력을 잃어가고 있다.

효율과 숫자를 강조하는 실적사회에서 좋은 평가를 받기 위해서 겉으론 웃지만 속은 썩어가고 있고 '가만히 있으면 50점은 받는다.'는 생각으로 있는 듯 없는 듯 유령처럼 살아가는 처세술이 유행하고 있다. 해야 할 일을 해내는 주체는 사람이기 때문에 사람이 신나게 일할 수 있는 신바람나는 새 판을 만들어 주어야 한다. 그러나 리더는 온통 일에만 관심이 있기에 일의 성과는 사람을 통해서 이루어진다는 사실을 머리로만 알고 실천하는 것을 놓쳐버린다. 결국 일 중심으로 리더십을 발휘하다 보면 일을 해내는 사람들은 일에 치여서 피곤해 하며 행복을 느끼지 못하는 것이다.

더 나은 미래를 위해 개선하고 준비하는 활동은 아예 흐릿해지고 도전과 열정과 기백이라는 단어도 점점 사라져 간다.

우리 몸에서 열정, 용기, 기백을 생산해내는 발전소는 어디이며 그 발전소를 가동시키는 연료는 무엇일까?

외부의 나쁜 바이러스 공격에 내 건강을 지키고 싸우는 역할을 하는 면역기관은 어디에 있을까? 머리일까? 머리는 차가운 이성이 있는 곳이니까 열정이라는 단어와 거리가 멀다. 일반적으로 열정을 생각하면 떠오르는 단어가 있다. '가슴'이라는 단어이다. 그래서 우리가 열정적인 사람을 보면 '뜨거운 가슴'을 가졌다고 말한다. 답답하고 일이 잘 풀리지 않으면 가슴을 치는 것도 에너지 발전소가 가슴에 있기에 발전소의 역할을 제대로 하도록 자극을 주는 것이다.

그리스에서는 전쟁에 나가서 조국을 위해 적을 무찌르고 싶어 타오르는 애국심의 불기운을 '티모스'라고 한다. 티모스는 사람의 가슴 중앙 뼈 안쪽에 있는 면역기관을 말한다. 흔히 가슴 샘, 흉선이라고 하는데 티모스는 열정과 기백이 넘치게 하는 에너지 발전소의 역할을 하는 곳이다. 면역세포가 골수에서 만들어져서 티모스에 도착하면 티모신이라는 호르몬이 분비되어서 면역세포를 활성화시켜 용기와 기백으로 외부 침입세력에 대항할 전투력을 높인다.

위기의 시대에 기업의 혁신활동이 성공하려면 퇴화하고 있는 직원들의 열정을 살리는 작업이 선행되어야 한다. 직장인들의 가슴 속에 말라서 비틀어져 있는 티모스에 자극을 주어서 열정과 기백을 끌어 올리고 다시 살려야 한다. 리더의 에너지 발전소가 활발하게 작동하게 하기 위해서는 발전소를 가동시키는 연료를 찾아서 공급해야 한다. 나의 가슴속 복장뼈 5cm아래에 있는 20~30g의 티모스를 자극하여 열정과 기백을 살리고 열정을 활성화시키기 위해서는 3가지 영양소를 잘 공급해야 된다.

첫 번째 영양소는 '인정' 이다.

인정의 욕구가 충족되면 불굴의 도전 정신과 용기와 기백이 살아난다. 헤밍웨이는 "내가 가지지 못한 것에 집중하지 말고 내가 현재 가진 것으로 무엇을 할 수 있는지를 생각하라"고 했다. 남이 가진 것을 바라보지 말고 내가 가진 것 중에서 가치 있는 것을 발견해 내고 내 자신을 먼저 인정하는 작업이 매우 중요하다.

두 번째 영양소는 '감사와 칭찬' 이다.

"물어뜯기기 전에 먼저 물어뜯어야 한다."는 적자생존의 시대에 가족 외에는 누구도 내 편이 되어 주지 않을 거라는 잘못된 생각이 칭찬활동과 감사활동의 활성화를 막아서 열정의 부활을 제약한다.

팀원들의 잠자는 열정을 깨우는 '칭찬과 감사' 라는 명약이 있다. 감사와 칭찬을 한다고 해서 모든 것이 바뀌지는 않지만 감사와 칭찬을 하지 않으면 지속적으로 사람을 열정 속에 있게 할 수 없다. 화를 내거나 꾸짖어서 바꾸려고 해보지만 그때 뿐이고 오히려 열정의 불씨를 꺼버려서 근본적인 변화를 일으키지 못한다. 감사와 칭찬은 원가가 들지 않는 열정발전소의 최고 연료이다.

세 번째 영양소는 '공감' 이다.

승자가 되기 위해 이기적으로 혼자 달리는 금메달리스트에게 박수를 치는 시대가 아니다. '빨리 가려면 혼자 가고 멀리 가려면 함께 가라.' 는 속담처럼 혼자는 빨리 가지만 원 플레이가 아니라 팀 플레이로 서로 공감하면서 단체 금메달을 받는 활동이 필요한 시기이다.

왜냐하면 융합시대가 도래하였기 때문이다. 융합시대에 협력하는 에너지가 나오기 위해서는 공감이 있어야 한다. 공감 속에서 용서와 화해, 행복과 기쁨을 채우는 공간이 생긴다. 쓰러진 소를 일어서게 하는 낙지와 같은 역할을 하는 것이 공감이다. 주위 사람들의 공감이 없으면 열정 발전소가 제대로 가동되지 못한다.

'21C의 융합'이라는 새로운 키워드를 잘 소화하고 인정, 감사와 칭찬, 공감의 3대 영양소가 풍성해져야 티모스의 열정 발전소가 제대로 작동되는 것이다.

13주차 리더십 향상 질문과 실천할 내용

(작성일 :   년   월   일)

본문 내용에서 느낀 것과 실천할 내용을 적어 보세요.

아래 문장의 (   )를 채워 주세요.

"빨리 가려면 혼자 가고 멀리 가려면 (   ) 가라."는 속담처럼 혼자는 빨리 가지만 원 플레이가 아니라 (   )로 서로 공감하면서 단체 금메달을 받는 사람들이 더 행복해 하게 되는 시스템이 필요한 시기이다. 왜냐하면 융합시대가 도래하였기 때문이다.

04

'지금(只金)'이라는
금을 잘 사는 방법을 배우자.

개인이든 조직이든 미래에 성공하기 위해서는 '금'을 잘 사야 한다. 황금보다 더 귀중한 금이 있는데 '지금(只今)'이라는 금을 사는 것을 말한다. '지금'이라는 단어를 사전에서 찾아보면 영어로는 "Just now, Right now"이며 "말하는 바로 이때"라는 의미이다. 지금 바로 이때에 미리 준비하면 미래의 여유를 미리 만들어 낼 수 있고 여유 속에서 금이 굴러들어 오기 때문이다.

일반적으로 사람들이 후회하는 것은 2가지 종류로 나누어진다.

첫째, 이미 한 것이 잘못되거나 완벽하지 않은 것에 대한 후회와 둘째, 했으면 좋았을 텐데 하지 못한 것에 대한 후회가 있다.

현재와 가까운 과거인 어제나 그저께 또는 이번 주에 후회하는 내용은 "하지 못한 것에 대한 후회"보다 "했던 것에 내한 후회"가 많다. 즉 이미 한 것이 잘못되었거나 충분하게 만족할 정도로 하지 못한 것에 대해서 후회를 하는 것이다.

그러나 먼 과거인 5년 전 10년 전 20년 전을 회상하며 후회하는 것들을 글로 적어보면 "부모님 말씀대로 잘 따랐어야 했는데, 고등학교 때 더 열심히 공부해서 좋은 대학에 갔어야 했는데" 등의 대부분은 '하지 못한 것에 대한 후회'이다.

영어의 단어 중에서 같은 단어이지만 의미가 다른 단어가 있다. 'Present'라는 단어는 '현재'라는 의미도 있지만 '선물'이라는 의미도 있다. '현재'는 신이 내려 주신 귀한 선물이므로 이 선물을 잘 활용하면 미래에 큰 선물로 다시 보답을 받고 미래의 황금을 사게 된다는 의미가 들어 있는 것이다.

"지금(只金)"이라는 금을 잘 살 수 있는 방법은 무엇일까?

첫째, 해야 할 일을 가로막고 있는 방해물을 제거하자.

꼭 해야 할 일을 하나라도 이뤄내기 위해서는 그 일을 가로막고 있는 방해물을 제거해야 한다. 제일 하고 싶은 것이 취직이었지만 취직하고 나면 출근하는 것이 싫어서 이불을 박차고 일어나기 싫어한다.

아침에 눈을 뜨자마자 일어나기 싫지만 털고 일어나야 출근할 수 있다. 세수하기 싫지만 깨끗한 모습으로 출근해야 하고, 출근시간에 만원 지하철을 타기 싫지만 타야 출근시간에 맞출 수 있다. 해야 할 일을 해내기 위해서는 하기 싫은 일도 해내야 한다. 해야 할 일을 미루거나 해야 할 일이 많다고 불평으로 가득 채우면 내 삶이 힘들고 불행해 진다.

누가 해도 해야 할 일이라면 내가 먼저 하고, 언제 해도 해야 할 일이라면 바로 지금 하고, 지금 내가 해야 할 일이면 최선을 다해보자.

남들이 싫어하는 일을 솔선수범을 한다는 생각으로 즐겁게 해보면 결과가 좋아서 성취감도 만끽할 수 있다. 내가 싫다고 미루었던 일들이 지나고 나면 결국은 나에게 다시 다가와 내가 해내야 할 일들임을 나중에 알게 된다. 싫은 일을 해야 할 일이라고 생각을 바꾸면 일이 즐거워지며 즐겁게 일하면 행복해지고 내가 행복해지면 또 다른 행복이 나에게 찾아오므로 지속적으로 행복하게 잘 살 수 있다.

싫은 일을 하지 않으려면 아무 일도 하지 않으면 되지만 이 세상에서 제일 힘든 일이 아무 일도 하지 않는 것이다. 그리고 제일 절망적인 불행은 할 일이 없어서 성취감을 맛보지 못하는 것이다.

둘째, 현재하는 일의 가치를 재 정의하고 가치를 제대로 발견하자.

스티브 잡스는 17살 때 읽던 책의 문장 중 '하루하루를 인생의 마지막 날처럼 산다면, 언젠가는 바른 길에 서 있을 것이다.'라는 글에 감명 받고 매일 실천하는 것이 있었다.

스티브 잡스는 "지금 하는 일이 새롭고 우주를 바꾸는 일인가"에 대해 끊임없이 자문자답을 해보라고 강조하고 본인 스스로도 실천하였다. 인생은 분명 유한하고 마감시간이 있는데 리허설이 있는 것처럼 목표와 방향 없이 정신없이 하루하루를 되는대로 살아가는 애플 직원들에게 현재하는 일의 진정한 가치를 찾아보고 반성해보라고 강조한 말이다. 그 결과 세상에 없었던 '아이폰', '아이패드'라는 제품을 만들어 핸드폰 시장에서 후발 주자이었지만 세계 최고가 되게 하는 원동력을 마련하게 된 것이다.

셋째, '아직' 이라는 단어를 버리고 '행즉가' 를 실천하자.

우리나라에 260개 매장이 있는 다비치안경체인의 김인규 회장의 철학은 행동해야 가능하다는 행즉가(行即可)이다. 김인규 회장은 행즉가를 잘 실천하기 위해 글로 적고 해야 할 일을 드러내는 '드러내기 경영'을 하고 있다. 시각과 청각을 활용해서 실행력을 높이는 방법인 드러내기 보드판 앞에서 '목표 드러내기', '업무 드러내기', '역량 드러내기', '마음 드러내기' 등을 매일 아침 10시에 전국 매장에서 실시하고 있다.

NATO(No Action Talking Only) 대신 오늘 내가 해야 할 일을 업무 시작 전에 적고 드러내어 선언한다. 드러내면 책임감이 높아지고 함께 해야할 일을 멤버들과 공유하여 실행력을 높인 결과 매년 10~20%씩 성장하고 있다. 드러내어 선언하고 공유하면 책임감이 생기고 주위에서도 도와주므로 나의 오늘 해야할 일을 보람 있게 마무리할 수 있다.

넷째, 미래의 위기를 현재로 가져와서 자주 만나라.

과거는 지나간 것이며 미래는 신의 영역이라고 하지만 미래의 위기를 현재로 가져와서 미리 준비하면 예측이 가능하므로 위기 대응은 느끼는 순간 지금 즉시 해야 하는 노력의 영역이라고 할 수 있다. 인간은 오늘을 통해서 미래에 갈 수 있고 오늘 준비한 것이 있어야만 미래를 살 수 있는 존재라고 할 수 있다. 내일의 계획을 미리 세워서 내일이 오늘이 되었을 때 오늘 계획에 충실하고 바로 지금의 좋은 생각이 내일로 연결되어서 미래를 밝게 열도록 해야 한다.

오늘 하는 긍정적이고 좋은 생각은 미래를 위해 합리적이고 건설적인 계획을 세우도록 하지만, 부정적이고 나쁜 생각은 미래에 긴장과 두려움을 가져다 줄 뿐 아무 도움이 되지 않는 것이다.

오늘에 전념하는 사람은 당연히 미래도 활짝 열려있다. 오늘이 다가오는 미래의 위기를 사전에 대응하게 하는 튼튼한 토대가 되기 때문이다. 지금 잘하기 위해서는 매일 아침 집에서 나올 때 지금이라는 금을 살 준비가 되었는가에 대해 자신에게 질문해 보는 것도 좋은 방법이다.

사람의 생각은 살아 있는 자석이므로 나의 현재의 삶은 과거에 드러내어 선언한 내 생각이 끌어당긴 결과물이다. 그리고 나의 미래의 삶은 현재에 내가 드러내어 선언한 내 생각이 끌어 당겨올 것이다. 안 된다고 생각하고 기다리며 내일로 미루다가는 되는 일이 하나도 없게 된다. 지금, 하고자 하는 일이 꼭 이루어진다고 생각하고 미래의 금을 캐기 위해서 오늘의 생각을 바로 행동으로 옮겨보자!

다섯째, 배운 이력인 학력(學歷)을 키우는 노력보다 배우는 힘을 실천으로 늘리는 힘력(力)자 학력(學力)을 높이자.

요즘 웬만한 문제는 쳇GPT나 네이버에서 검색하면 바로 해결책을 찾을 수 있다. 아이가 기침하는 문제를 해결하려면 인터넷을 검색하면 약사나 의사보다 더 나은 여러 가지 해결방안을 찾을수도 있다. 21세기 리더는 배운 것을 실천하는 능력인, 힘력(力)자 학력(學力)으로 얻어진 지력을 키워서 선도해야 한다.

전 LG전자 조성진 부회장은 대졸이 아닌 용산공업고등학교 출신이다. 대표이사가 되자 신문과 방송에서는 기적이라고 표현했다. 고등학교를 졸업하고 그냥 적당히 근무하다가 갑자기 부회장이 되었다면 기적이라고 할 수 있지만 조 부회장은 연구원 시절에 10여 년 동안 150차례나 일본 기업들을 찾아다니며 밑바닥부터 기술을 배웠다.

지금 맡은 부분에 최선을 다해 몰입하고 선진 일본기술을 철저하게 벤치마킹하였고, 배운 기술을 응용하고 융합해서 박사 이상으로 체험을 많이

해서 대표이사 자리에 오른 것이다. 기적이 아니라 노력의 결과이다. 야간대학 가는 것도 포기하고 졸업장이나 주는 학력(學歷)이 아니라, 현장에서 배우는 학력(學力)에 초점을 맞추어 살아왔다. 조 부회장은 40년 직장생활에서 박사 학위를 받은 사람 이상으로 많이 경험하고 체험하여 지력을 높였기에 LG전자 내에서는 고졸이지만 세탁기 박사로도 불려졌다.

지금 시작하고, 지금 준비하면 미래가 나의 금(金)으로 바뀔 수 있다. '지금'은 미래를 금으로 바꿀 수 있는 유일한 선물이다.

14주차 리더십 향상 질문과 실천할 내용

(작성일 :   년   월   일)

본문 내용에서 느낀 것과 실천할 내용을 적어 보세요.

아래 문장의 (   )를 채워 주세요.

해야 할 일을 해내기 위해서는 하기 싫은 일도 해내야 한다. 미루거나 (   )으로 가득 채우면 내 삶이 힘들고 불행해 진다.

누가 해도 해야 할 일이라면 내가 (   )하고, 언제 해도 해야 할 일이라면 바로 (   ) 하고, 지금 내가 해야 할 일이면 최선을 다하여 일을 한다는 생각으로 즐겁게 일을 하면 결과가 좋아서 성취감도 만끽할 수 있다.

05
한번 결심한 것을
지속화하는 기술을 배우자.

1월, 2월, 3월에는 온통 새해 시작할 때에 마음 먹었던 의지의 송장들이 여기 저기 많이 굴러다닌다. 새해에 작심한 것들이 3일도 되지 않아서 의지가 죽어버리거나 좀 의지가 강한 사람도 3개월을 지속하지 못해서 결심의 시체들이 즐비하게 산처럼 쌓인다.

예를 들면 금연하겠다는 마음은 하루에도 수십 번 들지만 쉽게 도전하지 않는 것은 자기 나름의 이유가 있다. 금연을 못하는 이유는 과거의 실패한 경험 때문에 두려움이 있기 때문이다. 그리고 이번에도 금연을 계속하지 못하면 의지가 약하다거나 끈기가 없다고 핀잔 받는 것이 염려되기 때문이다. 내가 제대로 실천 못하는 것이 과연 내 의지 때문일까?

결심한대로 지속하지 못하는 이유를 흔히들 의지가 약해서라고 합리화시키지만 의지 문제가 아니다. 그것은 호르몬 문제이며 그리고 계속하는 기술을 알지 못하기 때문이다.

계속하는 기술만 습득하면 그런 염려는 없어지고 계속하는 기술은 의지나 연령에 관계없이 습득할 수 있다. 사람이 결심을 하게 되면 몸에서는 아드레날린과 코르티솔(Cortisol)이 분비된다. 이 호르몬들은 어떤 일이든 할 수 있다는 자신감이 들게 하는 호르몬인데 아쉽게도 72시간 즉 3일이 지나면 사라져 버려서 의지가 약해진다. 그래서 '작심삼일(作心三日)'이라는 말이 존재하는 것이다.

지속이 어려운 이유는 크게 두 가지로 나눌 수 있다.

첫째, 호르몬이 계속 분비되는 방법을 모를 때이다.

지속하는 호르몬 문제 해결법은 무엇일까? 해야 할 건강관리나 자기계발의 실천 항목을 체크리스트로 드러내어 공유하고 매일 시행 여부를 팀원이나 가족 또는 카톡 방 멤버들에게 알리는 것이다. 함께할 사람들과 같이 시행 여부의 결과를 드러내면 호르몬이 지속적으로 분비되고, 여러 사람 앞에서 드러내면 책임감이 생긴다. 혼자 하면 빨리 가지만 함께 가면 멀리 간다는 원리를 이용하는 것이다.

둘째, 지속하도록 행동을 컨트롤 하는 기술을 알지 못할 때이다.

행동을 컨트롤 하는 기술은 무엇일까? 행동과학적인 측면에서 잘 살펴보면 어떤 행동이든 이유가 있다고 한다. 추우면 난방 스위치에 손이 저절로 가게 되고, 스위치를 켜면 방이 따뜻해진다. 이와 같이 어떤 행동이 일어날 때는 행동 전에 나타나는 조건과 행동한 후에 나타나는 현상이 있다. 따라서 나의 행동을 컨트롤 하려면 행동 전후의 조건과 현상을 디테일하게 분석해야 한다.

'그 행동은 언제 일어나기 쉬운지, 어디서 일어나기 쉬운지, 무엇이 원인이 되어 일어나는지?'에 대하여 행동 조건과 현상을 분석하고 그 행동이 일어나는 원인을 파악해야 한다.

금연의 경우를 예로 들면 우선 담배를 피우고 싶을 때가 언제인가에 대한 행동 조건을 분석한다. 대개 밥 먹은 후에, 술 마실 때, 화장실에서, 남이 옆에서 담배 피울 때 등을 열거할 수 있다. 그리고 피우고 싶지 않을 때가 언제인가도 조사한다.

이렇게 행동 유발 요인이 조사되었으면 담배 피우고 싶을 때의 요인은 줄이고, 피우고 싶지 않을 때의 요인은 늘리는 방법을 연구하면 된다. 해야 할 행동을 잘 하도록 하는 첫 번째 방법은 무엇일까? 먼저 해야 할 부족한 행동을 증가시키고 하지 말아야 할 과잉 행동을 줄이는 것이다.

지속화를 위해서 먼저 해야 할 일은 목표를 명확히 하는 것이다. 무엇을 지속화 할 것이라는 목표가 없으면 지속하려는 대상이 없는 것과 같다. 목표가 명확하게 설정되었으면 그 목표를 달성하기 위해 내가 하는 행동 중 과잉행동과 부족한 행동이 무엇인지를 파악하고 구분해 내야 한다.

부족한 행동이라는 것은 무엇일까?

나에게 도움이 되고 미래의 삶에 긍정적인 것으로 작용하는 행동이며 하고 싶어 하지만 하지 못하는 행동이다. 부족한 행동의 예를 들면 다이어트를 위해 하루 만보를 걸어야 하는데 여러 가지 이유로 걷지 못하는 것 등이 부족한 행동이다.

부족 행농은 그 성과가 바로 나타나지 않으므로 두뇌가 지루하게 인식하므로 계속하기가 힘이 드는 것이다. 부족한 행동을 채워 넣기 위해서는 새 습관에 대한 강한 에너지가 필요한데 과거의 습관화된 나쁜 습관의 에너지가 더 강해서 과거의 나로 쉽게 돌아가게 하므로 부족한 행동을 채워 넣지 못한다.

과잉 행동이라는 것은 무엇일까?

흡연이나 음주, 도박, 늦잠 등이 자신에게 마이너스를 주는 고쳐야 할 과잉행동이다. 그 대책은 간단하다. 과잉 행동을 유발하지 못하는 원인을 찾아내어 그 원인을 제거하면 된다.

왜 과잉행동이 일어나는 것일까? 과잉행동은 그 행위를 하면 그 행위를 한 효과가 바로 나타나므로 과잉 행동은 쉽게 하게 된다. 담배나 마약은 피우는 순간 니코틴이나 마약 성분이 신경을 자극해서 흥분하게 되고 술도 한 잔 하면 바로 기분이 좋아진다. 이와 같이 과잉 행동에 대해서는 쾌감이나 감성적인 느낌이 빨리 나타나니까 우리 두뇌는 좋았던 것을 기억하고 계속 더 하고 싶어지게 되는 것이다.

이렇게 행동유발 요인이 조사되었으면 과잉요인은 줄이고, 부족요인은 늘리는 방법을 연구하면 된다.

부족한 행동을 늘리기 위해서는 행동 후에 일어나는 좋은 현상들을 그림이나 숫자로 정리해서 보이게 해야 한다. 예를 들어 만보걷기를 계속하기로 했다면 벽에 만보를 걸어야하는 이유의 글이나 사진을 붙여놓고 보이게 해야 한다.

옷장 안에 내 양복을 걸어 두는 옷걸이에 운동복을 미리 걸어 놓자. 집에 돌아와서 양복을 옷장에 걸 때 운동복을 꺼내야 양복을 걸 수 있으므로 만보걷기가 생각나 바로 운동복으로 갈아입도록 자극을 주게 된다. 일단 운동복으로 갈아입는 것에 성공하면 만보걷기의 좋은 점에 대해서 잘 보이도록 벽에 붙여놓았기 때문에 부족한 행동을 촉발시키게 하는 자극을 주게 된다.

벽에 붙이는 글이나 사진은 벽에 잘 보이게 붙여 놓고 자신의 성향에 맞게 강도를 조절하는 것도 중요하다. 예를 들어 부족 행동을 늘리고 과잉행동을 줄이기 위한 강한 자극이 필요하다면 운동하지 않아서 당뇨병에 걸려 죽은 유명한 사람 사진을 걸어 놓아 '내가 하지 않으면 죽을 수도 있겠구나.'라고 느끼게 해야 한다.

담배를 피우고 싶은 생각이 들면 폐암 사진이나 동영상을 클릭하여 보도록 하면 좋다. 담배를 많이 피워서 폐암으로 죽은 사람을 문상 갔을 때, 아내와 키스하려고 하면 냄새 난다고 거부할 때, 담배 피운 사람의 폐 사진을 보았을 때, 자녀들의 담배 연기를 싫어하는 얼굴을 볼 때, 계단 오를 때 숨이 가빠서 힘들어 할 때 등을 이미지로 그려서 보이는데 붙여 놓으면 과잉 행동을 절제할 수 있다. 그리고 되도록 담배를 피우지 않는 사람과 친하게 지내고 사무실이 고층이면 걸어서 올라가도록 하는 것이다.

나쁜 점만 보이게 해서는 곤란하고 금연하면 좋아지는 장점에 대한 그림이나 글도 붙여놓아야 과잉 행동을 줄이고 부족한 행동을 늘릴 수 있다. 금연이라는 행동으로 얻을 수 있는 좋은 결과를 정리하고 매일 바라보는 자극이 필요하다. 좋아지는 것이 무엇일까? 무엇이 바뀔까? 주변 사람들은 어떤 태도를 취할까?

이를 정리해 보면 내 몸이 건강해지고, 아내가 기뻐하고, 주변 사람들의 냄새에 대한 불만이 없어지고, 계단 오르기가 쉬워지는 등의 상황을 그림으로 표현해서 붙여 놓고 보는 것이다.

이와 같이 행동 후에 일어나는 좋은 현상들을 그림이나 숫자로 정리해서 보이게 해야 한다. 우리 두뇌는 좋은 정보를 자주 보고 인풋을 시키면 무의식 중에서도 목표를 향해 가게 하는 망상체활성계(RAS) 시스템이 작동한다. 따라서 항상 바라보고 더 좋아지는 모습을 상상하게 하는 드러내어 보이게 하는 시스템을 가동하면 습관이 고쳐지는 것이다.

미국의 맥스웰 몰츠 의학박사는 "어떤 행동을 습관으로 만들기 위해 3주 동안 반복하면 행동이 대뇌피질과 대뇌변연계를 거쳐 습관을 관장하는 뇌간에 자리를 잡게 되고, 하려는 행동이 습관화 된다."는 과학적 근거를 제시하였다. 그러나 21일이라는 기간은 새로운 습관 형성을 위한 최소한의 시간이므로 매일 결심의 호르몬이 분비되도록 잘했으면 자기 자신을 칭찬하고 매일 시행 여부를 체크할 수 있는 체크리스트를 활용하면 좋다.

(작성일 :   년   월   일)

본문 내용에서 느낀 것과 실천할 내용을 적어 보세요.

아래 문장의 (   )를 채워 주세요.

부족한 행동을 채워 넣기 위해서는 행동을 컨트롤하지 못하는 원인을 찾아내어 그 원인을 제거해야 한다.

따라서 행동을 컨트롤 하려면 행동 전후의 (   )을 분석해야 한다. '그 행동은 언제 일어나기 쉬운지, 어디서 일어나기 쉬운지, 무엇이 원인이 되어 일어나는지?' 에 대하여 행동 조건을 분석하고 그 행동이 일어나는 (   )을 알아야 한다.

06
미래 성장의
견인차가 되는 핵심역량을 높이자.

우리는 세상살이에 지쳐 나의 가치를 제대로 바라보지 못하고 비교의식에 젖어 항상 부족하고 모자란다는 자기 비하 의식 속에 살고 있는 경우가 많다. 모자라고 부족하다는 생각에서 벗어나지 못하면 만족이 없는 불행한 삶을 살게 된다. 자기 자신을 잘 아는 사람이야말로 모든 것을 이길 수 있는 사람이라고 손자병법에서도 강조했다.

그릇에 매달리지 말고 그릇에 담기는 내용물의 질을 올리자.

그릇의 종류나 모양에 매달리다 보니 그릇에 담긴 내용물이 껍데기보다 중요하다는 생각을 잊고 있다. 비록 그릇을 금으로 멋지게 만들었더라도 오물을 담으면 쓰레기 그릇이 되고 국을 담으면 국그릇이 되기 때문이다. 그릇의 외관을 꾸미는 데에 시간을 보낼 것이 아니라 질그릇이라도 그 속에 알찬 것을 채우려는 과정 속에서 보람과 행복을 느낄 수 있고, 그릇 속에 가치 있는 것이 지속적으로 채워지면 삶의 질을 높여 갈 수 있다.

영국의 극작가 버나드 쇼(Bernard Shaw)의 묘비에 보면 이렇게 적혀 있다. "오래 살다 보면 이런 일(죽음)이 생길 줄 알았지." 우물쭈물 살다 내 이렇게 죽을 줄 알았지 라는 말이다. 내 삶의 기반이 되는 핵심역량 없이 어영부영 사는 것을 경고하는 말이다.

삶에서 중요한 것은 포장이 아니라 그 속에 들어있는 내용물이다. 그 내용물에 따라서 삶의 가치가 차이가 나게 되는데, 그 내용물을 경영학에서는 '핵심역량' 이라고 한다.

리더는 우선 자기 자신의 핵심역량을 잘 알고 구성원들의 역량도 제대로 알아야 한다. 리더가 먼저 보완이 필요한 핵심역량을 솔직하게 드러내어 보이게 하고 습득 계획표를 작성하여 오늘보다 더 나은 나와 팀을 만들어 가는 노력을 해야 한다. 아는 것도 없는데 아는 척하며 리더 역할을 수행하다 보면 스트레스만 쌓인다. 그리고 리더의 역량을 드러내어 공유하면 구성원들이 역량을 알게 되므로 제대로 지원을 요청할 수 있다.

여의도에 LG그룹 회장단이 자주 가는 '다미' 라는 생선구이집이 있다. 그 주방장이 29세인데 월급을 얼마나 받을까? 700만원이나 받는다. 아무리 일류대학을 나온 사람이라도 29세에 700만원 받는 사람은 흔치 않을 것이다. 왜 이렇게 대우를 받는 것일까? 생선을 굽는 핵심역량이 매우 탁월해서 미리 예약하지 않으면 가지 못할 정도로 손님이 모여 들기 때문이다.

당신은 누구십니까? 라고 물으면 무엇이라 답 하나요?

용인에 있는 엠케이전자에서 1박2일 동안 경영 가치관 정립을 위해 워크숍을 진행하였다. 그 때 품질관리 김부장에게 "당신은 누구십니까?"라고 물었다. 묻자마자 바로 김영수라고 자신의 이름을 말했다. 그럼 그 이름 빼고 누구세요?"라고 다시 물으니 M전자 품질관리 부장이라고 했다.

"김영수라는 이름도 재판하면 바꿀 수도 있고 현재 사용하고 있는 회사의 직위도 퇴직하면 사용할 수 없으니 그것이 진정한 당신이라고 할 수 있나요?"라고 질문을 하자, 머뭇거리며 대답을 못하고 생각하는 시간이 길어졌다.

이름이나 회사의 소속과 직위는 나의 포장지에 불과하다. 회사를 옮기면 포장지가 바뀌는데 그것이 지속적으로 나라고 할 수 없는 것이다. 그래서 다시 질문했다. "왜 회사에서는 정해진 날에 나에게 월급을 주는가?" 이름 때문에 급여를 주는 것이 아닌 것은 확실하다. 경쟁회사에서 스카웃 제의가 오는 이유도 내가 가진 능력을 사고 싶어 하는 것이지 나의 포장지에 돈을 지불하려고 하는 것은 아니다.

그러면 나의 급여 수준이 무엇으로 결정되는가를 잘 생각해 보면 그것은 내가 가진 역량에 좌우된다는 것이다. 그래서 다시 김부장에게 이렇게 질문했다. "김 부장은 어떤 역량을 가졌기에 그렇게 높은 연봉을 받나요?"라고 질문하니 품질관리, 데이터 처리, 크레임 처리, 문제 해결 역량이 남보다 탁월하기에 부장으로 진급하였고 그 결과로 연봉을 받는다고 했다. 김영수라는 이름이 아니라 내가 가진 핵심역량 때문에 나의 가치가 결정되므로 그것이 진정한 나를 대표하는 것이라고 김 부장이 정정해서 말해 주었다.

핵심역량의 정의는 무엇일까?

경영학에서는 지금까지 나를 이끌어왔으며 미래 성장의 견인차 역할을 할 수 있는 경쟁력의 원천이 되는 내가 가진 총체적인 능력, 지식, 기술을 핵심 역량이라고 한다. 따라서 내 봉급이 적다고 불평하기 전에 내가 가진 핵심 역량이 어느 정도 인정받을 가치인가를 따져 볼 필요가 있다. 내 몸값인 봉급을 높이려면 우선 나의 핵심 역량을 높여야 한다.

어떻게 하면 나의 가치를 높일 수 있을까?

첫째, 나의 핵심역량이 무엇인지를 명확하게 인식해야 한다.

바람의 파이터(Fighter)라는 별명을 가진 일본 최고의 가라데 고수였던 최배달의 핵심역량은 '정권치기'로 유명했다. 아무리 강한 상대와 싸우더라도 정권치기 기술이 들어가면 쓰러지기 때문에 관객들은 언제 정권치기 기술이 나오는가를 기대하며 경기를 관람했다. 손흥민은 왼발, 오른발을 자유롭게 사용하는 양발 사용 핵심역량을 가지고 있기에 인정을 받는 것이다.

시장에서 나를 존재하게 하는 나만의 무기인 핵심역량을 명사나 형용사로 표현할 수 있어야 한다. 명사나 형용사로 사용할 수 있는 나의 핵심역량은 무엇인가?

둘째, 나의 핵심역량의 수준을 평가해서 인식해야 한다.

핵심역량은 고객가치 기여도, 시장 확대 가능성, 독창성이라는 3가지 관점에서 가중치를 두어서 점수로 평가해 보는 것이 중요하다. 나의 역량을 숫자로 나타내 보면 나의 현주소를 인식하게 되고, 나의 낮은 가치에 대해서는 계획을 세워서 보완해 갈 수 있게 된다.

셋째, 핵심역량 강화 대책을 세워 성장 프로세스를 관리하며 역량을 높여가야 한다.

내가 내세울 수 있는 보유 중인 핵심역량도 시간이 지남에 따라 보완이 필요하다. 현재 가진 나의 핵심역량의 강화대책을 세우고 끊임없이 시장 환경을 반영하며 프로세스를 관리해 나가야 핵심역량으로서의 가치를 지속적으로 인정받을 수 있다.

넷째, 변화하는 기술의 트렌드를 관찰하여 미래를 위해 필요로 하는 역량은 새롭게 확보해 가야한다.

내가 가진 현재의 핵심역량이 영원히 가치를 발휘할 수는 없다. 인공지능 AI, 로봇기술, 센서기술이 발달되면 쓸모없게 되는 역량일 수도 있기 때문이다. 암산으로 계산을 잘하는 경리 담당이 인정받는 때도 있었지만 이제는 쓸모없는 핵심역량이 되어버렸다. 나의 핵심 역량이 언제까지 유효하며 미래에도 계속 인정받는 사람이 될 수 있는 것인가에 대해 심각하게 고민하고 새롭게 핵심역량을 개발해 나가야 한다.

다섯째, 업무스킬을 올리는 역량뿐만 아니라 인문학적인 관점에서 필요한 역량도 확보해 나가야 한다.

인문학은 인간과 인간의 문화, 예술, 역사, 사상 등을 이해하는 학문 분야이다. 인문학은 인간의 삶과 사고, 감정, 문화, 가치 등을 이해하는 데에 도움을 준다. 이해력이 향상되면 다른 사람과의 관계를 더 깊게 형성하고 다양한 상황에서 효과적으로 소통할 수 있다.

인문학은 비판적 사고와 문제 해결 능력을 키우는 데에 도움을 준다. 다양한 시대와 문화를 이해하고 비교함으로써 문제에 대해 다양한 관점과 해결책을 고려할 수 있다. 문학, 미술, 음악 등 예술적인 측면을 공부하는 인문학은 창의성과 상상력을 키워준다. 새로운 아이디어와 창작물을 만들어내는 능력을 강화할 수 있다. 인문학은 다양한 인간들의 이야기와 경험을 접할 기회를 제공한다. 이를 통해 다른 사람들과의 공감 능력을 키우고 더 넓은 시야로 세상을 바라볼 수 있다.

역사적인 사건들과 인물들의 이야기를 공부함으로써 비슷한 상황에서의 성공과 실패 요인을 파악할 수 있다. 과거의 경험을 바탕으로 현재와 미래를 더 현명하게 대비할 수 있는 것이다. 인문학은 다양한 문화와 가치관을 이해하는 데에 도움을 준다. 문화적 배려와 다양성 인식은 글로벌 시대에 중요한 자질로서 상대방과의 관계를 존중하고 협력하는데 도움이 된다. 인문학은 과학과 기술뿐만 아니라 인간과 사회를 이해하고 개선하는 데에 핵심적인 역할을 함으로써 역량을 높이고 보다 온전한 인간으로 성장하는 데 매우 유용하다.

나의 핵심역량 습득을 포기하는 것은 스스로 설 수 있는데도 서는 것을 포기하는 것과 같다.

현재 부족한 역량을 드러내고 인정하면 두려움은 없어지고 스스로 부족한 핵심역량을 보완하고 싶어진다. 드러낸다는 것은 내가 잡고 놓지 못하는 것을 떠나보내고 놓아주는 것이다.

나 스스로 모든 문제를 외부 탓으로 돌리고 자신의 부족함을 숨겨놓고 놓아 주지 못하고 있는지 돌아보아야 한다. 잡고 있는 것을 놓아 주는 순간, 그 빈 공간에 나에게 유익하고 더 나은 역량의 씨앗이 자라날 수 있는 공간이 생기는 것이다. 빈칸이었던 역량들이 전부 채워질 때에 해냈다는 성취감과 자신감은 상상 그 이상이 될 것이다.

16주차 리더십 향상 질문과 실천할 내용

(작성일 :   년   월   일)

본문 내용에서 느낀 것과 실천할 내용을 적어 보세요.

아래 문장의 (   )를 채워 주세요.

자신의 부족한 역량을 남의 탓으로만 돌려버리면 나에게 있는 불안과 고통은 떠나지 않고 어떤 (   )도 이루어질 수 없다.

허리를 펴고 설 수 있는데도 허리를 구부려 받는 것에 익숙해져 시키는 일만 하고 나의 핵심역량 (   )을 포기하는 것은 스스로 설 수 있는데도 서는 것을 포기하는 것과 같다.

07

겁내지 않고
남보다 먼저 도전하는 용기를 보이자.

세상에 변화를 만들고, 성장과 성공을 하기 위해서는 모험을 해야 한다. 모험을 떠나기 위해서는 용기가 필요하다. 또한 기회는 용기를 요구한다. 사람들은 현재의 편안함을 유지하기 위해 도전하지 않으려고 한다. 하지만 우리는 기회를 놓치지 않을 용기를 가져야 한다. 용기가 없다면 새로운 경험을 할수가 없고 배움을 얻을수가 없고 자신의 잠재력을 발견할 수 없다.

토마스 헨리 헉슬리는 "용기는 두려움을 이기는 것이 아니라, 두려움과 함께 하는 것이다."고 했고 존 웨인은 "용기는 위험을 감수하는 것이 아니라 위험을 극복하는 것이다."고 일갈했다.

겁내지 아니하고 남보다 먼저 도전하는 씩씩하고 굳센 기운이 '용기' 이다.

소크라테스가 군인에게 "용기란 무엇인가?" 라고 질문하자 군인은 "불리한 싸움이라도 도망가지 않는 것이다."라고 답했다. 소크라테스는 "용감한 사례를 말하지 말고, 용기의 정의에 대해 말해 보라."고 다시 질문했다. 그러자 군인은 용기란 참는 것이라고 했다. 이어서 소크라테스는 또 질문했다. "참으면 다 용기가 되나요?" 군인이 "끝까지 싸우면서 이길 것을 생각하고 현명하게 참는 것"이라고 답하자 "끝까지 싸우면 이길 것이라고 미리 알고 싸우는 것이 용기일까요?"라고 다시 질문했다.

이와 같이 소크라테스는 질문을 통하여 군인의 생각이 통로가 없는 난관, 즉

아포리아 상태에 도달하게 해서 용기에 대해서 깊이 깨닫도록 해주었다고 한다.

그러면 일반적으로 사전에서 알려주는 용기는 무엇일까?

용기란 '위험을 받아들이는 침착한 마음 또는 모험을 남보다 먼저 수행하는 선구자가 되는 마음이다.' 라고 정의하고 있다.

독일계 신학자 폴 틸리히는 대부분 용기는 도전하여 새로운 것을 얻는 것이며 꽉 잡고 놓지 못하는 덜 중요한 것을 놓을 수 있는 것도 용기라고 했다.

케네디 대통령 취임식에서 시를 낭송했고, 퓰리처상을 4회나 수상한 미국이 낳은 시인 로버트 프로스트가 쓴 대표적인 시 '가지 않은 길'에는 다음과 같은 구절이 있다. "단풍이든 숲 속에 두 갈래 길이 있었습니다. 숲이 더 우거지고 발자취가 없는 길을 선택했습니다. 나는 사람들이 택하지 않은 길을 선택했고, 그리고 그 때문에 모든 것이 달라졌습니다." 남이 가지 않은 길을 갈수 있는 것이 용기이다.

칼잡이 고수는 2등을 두려워하지 않는다.

고수는 누구를 두려워할까? 한 번도 칼을 잡아 본 적이 없는 사람을 두려워한다. 1등 신문사나 방송사가 두려워하는 것은 2등 신문사나 방송사가 아니라 가보지 않는 길을 가고 있는 네이버, 카카오, 유튜브 등이다. 두려워하면 성공 가능성이 높아질까? 실패할 가능성만 높아지는 것이다. 랠프 왈도 에머슨은 영웅이 되려면 일반 사람보다 5분만 더 용감하면 된다고 했다. 영웅도 사람이라 일반인과 마찬가지이지만 일반인들과 차이는 결단력을 가지고 5분 더 자신의 가치관이나 소신을 실행에 옮길 수 있는 의지를 가지고 행동한다는 것이다.

성공한 사람들의 공통점은 무엇일까?

남이 하지 못하는 일을 제대로 해내는 용기가 있다는 것이다. 용기 있는 사람은 목소리가 크고 자신감이 넘친다. 용기 있는 사람은 숨기지 않고 모든 것을 드러낸다. 아리스토텔레스는 "인간의 최고의 자질은 용기"라고 했는데 새로움에 도전하겠다는 용기는 최고의 자질을 갖게 되는 출발점이라는 것이다. 장애물을 만나더라도 이 장애물을 디딤돌로 삼고 넘어가는 마음이 용기이다.

나를 최고의 자질로 이끄는 용기 십계명을 정리해 보자.

1. 가치관을 정립하고 의미 있는 삶을 살기 위해 자존감을 가지고 미래를 개척한다.

2. 남이 두려워하는 일을 먼저 나서서 길이 없는 곳에 새 길을 대범하게 만든다.

3. 나쁜 습관이나 타성에서 과감하게 벗어나고 새로운 세계를 여는 데 주저하지 않는다.

4. 해야 할 일을, 하고 싶어 하고, 할 수 있게 하여 될 때까지 도전한다.

5. 모르는 것은 모른다고 하고 알 때까지 질문하여 궁금한 것을 알아낸다.

6. 실수를 솔직하게 인정하고 먼저 사과를 한다.

7. 더 나은 것을 얻기 위해 기득권을 과감하게 내려놓는다.

8. 상대가 하는 일을 존중하고 잘 되도록 도와주고 도와 준 것을 돌려받으려고 하지 않는다.

9. 지루함을 극복해내고 계속 반복 시도하여 습관을 만든다.

10. 감사가 습관화되어 '불구함에도 감사'가 넘친다.

대체로 사람들은 사과를 잘 하지 않는다. 사과하는 것을 약점 잡히는 일로 생각한다. 하지만 사람들이 사과하지 않는 진짜 이유는 용기가 없기 때문이다. 용기가 없는 사람은 용기를 거만함으로 포장을 하고 자신의 잘못을 인정하지 않는다. 하지만 잘못을 인정하는 용기가 없으면 잘못을 만회할 기회도 잃고 무엇보다 계속적으로 잘못에 대한 죄책감 속에 살아야 한다. 또한 용기 부족으로 잘못을 드러내지 못하고 덮기 위해서 또 다시 거짓말을 하게되므로 들킬까 봐 조마조마한 마음으로 살면 인생이 얼마나 괴롭겠는가!

길 없는 길을 가면서 느끼는 즐거움을 함께 나누는 용기 실천 사례가 많이 나와 좌절해 있는 사람들을 일으켜 세우는 에너지가 되기를 간절히 바란다.

17주차 리더십 향상 질문과 실천할 내용

(작성일 :   년   월   일)

본문 내용에서 느낀 것과 실천할 내용을 적어 보세요.

아래 문장의 (   )를 채워 주세요.

용기란 "위험을 받아들이는 침착한 마음 또는 (   )을 남보다 먼저 수행하는 선구자가 되는 마음이다."라고 정의하고 있다. 사람들이 사과하지 않는 진짜 이유는 용기가 없기 때문이다. 용기가 없는 사람은 용기를 (   )으로 포장을 하고 자신의 잘못을 인정하지 않는다.

08

현장에서 현물을 보고 현상을 판단하는 리더가 되자

'**3**현주의(3現主義)'라는 말의 의미를 아는가? 회사의 중요한 과제나 발생한 문제를 책상에 앉아서 탁상공론하지 말고 '현장에 답이 있으므로 현장에 가서 현물을 확인하고 현상을 파악하라.'는 의미이다.

삼성이 초우량기업이 된 것도 3현주의를 잘 실천한 결과이다.

임원들을 독일 BMW, 미국의 마이크로소프트 등 초우량 기업을 직접 방문하게 하여 글로벌 넘버 원 회사들의 경영방식과 사고를 현장에서 확인하게 하였다. 그리고 글로벌 매장에서 삼성제품에 대한 고객들의 반응을 눈으로 확인하게 함으로써 현실을 정확하게 인식하게 하였다. 그러자 선진회사 제품과 삼성 제품의 차이를 잘 알게 되자 그 차이를 극복하기 위해 글로벌 넘버 원 제품을 먼저 선정하여 1등이 되기 위한 목표 설정과 준비를 잘했다. 그렇게 '3현주의'가 업무 속에서 정착되고 윗사람부터 생각이 바뀌니 구성원들이 바뀌고 협력회사가 바뀌는 '폭포식 사고 혁신'이 이루어져 세계 1등 제품들이 나오기 시작했다.

도요타가 세계 우수 자동차가 될 수 있었던 성공 DNA의 5개 항목(현지현물주의, 도전, 개선, 존경, 팀워크) 중에서 가장 중요하게 생각하는 것이 '현지현물주의' 이다.

아디다스는 스포츠에 대한 사람들의 생각이 달라지고 있다는 것을 각 매장 설문조사를 통하여 알게 되었다. 아디다스는 스포츠를 '경쟁, 도전, 즐거움' 으로 정의하고 축구, 농구, 테니스, 야구 운동화 등 게임 중심의 상품을 만들어 왔는데 환경이 변화함에 따라, 고객들이 운동하는 동기가 변해 게임이나 경쟁이 아니라 건강과 외모 관리라는 것을 깨닫게 되었다.

현장의 정보를 통해 이것을 알게 된 아디다스는 적극적으로 워킹, 조깅, 헬스용 운동화 등으로 제품을 다양화하여 생활 스포츠용품을 확대했다. 이렇게 전략을 수정한 이후 생활 스포츠용품 시장은 매년 두 자릿수 증가세를 보였고, 게임용 스포츠용품 시장은 크게 축소됐다. 만약 아디다스가 전략을 수정하지 않았다면 후발 기업이 되어서 1등 기업이 먹고 남은 찌꺼기 시장에 앉아 있었을 것이다.

'3현주의' 를 실천하는 포인트는 4가지로 요약할 수 있다.

첫째, 편견과 선입견을 갖지 말고 직접 발로 뛰어서 현장에서 현물을 보고 정량적으로 현상을 파악하자.

고객이 무엇을 원하는지에 대해서 고객과 만나고 말하면서 행동을 관찰하여 제대로 된 니즈를 확인하라는 것이다. 21C 초반 삼성전자의 TV 부문 연구원들은 완전히 헤매고 있었다. 최신 기술을 반영하여 기술력을 자랑하는 TV를 만들었는데 경쟁사에 비해 잘 팔리지 않았기 때문이다.

"어떤 기술이 TV를 많이 팔리게 할까?"라는 기술 추구의 생각을 잠시 내려놓고 "가정주부가 TV를 무엇으로 생각할까?"로 생각의 방향을 바꾸었다. 그리고 TV를 어떻게 생각하는지에 대해서 여러 현장에서 주부들을 만나고 관찰해보니 현장에서 얻은 답은 'TV는 가구다.'라는 거였다. 삼성전자 연구원들이 'TV는 가구라고 생각하고 어떻게 하면 좋은 가구가 될까?'로 연구방향을 바꾸어서 기술개발을 하기 시작했다.

딱딱한 상자 디자인을 버리고 유선형 디자인을 채택하고 공간을 적게 차지하도록 얇게 하여 만든 제품이 '보르도 TV'이다. 당연히 출시하자마자 히트 상품의 대열에 올랐다.

둘째, 전문가를 잘 활용하여 의사결정을 하자.

흔히 잘 모르는 것도 적당하게 생각하여 의사결정 하거나 결재를 하는 경우가 많다. 본인이 잘 모르는 부분에 대해서 그냥 결재하지 말고 사내나 국내 더 나아가서 세계에서 가장 잘 아는 전문가를 만나거나 직접 물어서 확인한 후에 의사결정을 하라는 것이다. 이렇게 하면 의사결정을 정확하게 할 수 있고, 전문가의 정보를 잘 활용하여 미래에 일어날 수 있는 문제에 대한 대응을 잘할 수 있는 것이다.

셋째, 공리공론에 시간을 낭비하지 말고 우선 실천해보고 판단하자.

경제학은 노벨상이 있어도 경영학에는 노벨상이 없는 것은 경영학이 실천학문이므로 정답이 없기 때문이다. 토론에 시간을 낭비하다가 기회손실 비용을 증대시키지 말고 신제품 개발할 때에도 작은 규모로 테스트해보고 실행해보고 장애가 발생되면 끈기 있게 수정하고, 그 결과를 분석하여 다시 실천해 보면 좋은 결과를 얻을 수 있다.

넷째, 멀리서 답을 찾으려고 하지 말고 가까이에 있는 현장을 잘 아는 리더의 리더십을 배우자.

리더십이 있는 사람과 없는 사람의 큰 차이는 얼마나 현장 감각이 있고 현장에서 솔선수범하며 성과를 내는가에 달려있다. 리더십의 사례를 학습할 때도 외국 저명인사나 대통령들의 사례를 가지고 연구하는 것은 3현주의 리더십이 아니다.

리더십 책을 10권 읽는 것보다 자사의 대표이사나 직장 선배들의 행동을 타산지석으로 삼아 배워야 할 것과 버려야 할 것을 가까이에서 직접 배우는 것이 최고이며, 이것이 '3현주의 리더십' 배우기이다. 바로 적용해서 사용할 수 있는 살아있는 생생한 리더십을 배우는 방법은 가까이 있는 직장의 리더에게 배우는 것이다. 이것이 3현주의에 근거한 리더십 배우기 속성 코스이다.

조직원들이 업무 속에서 시행착오를 줄이기 위해서는 현장에서 발생하는 문제를 실시간으로 드러나게 해서 해결하는 지혜를 잘 활용해야 한다. 그리고 오랜 경험의 암묵지를 형식지화 하여 목표를 달성해 나가는 리더십을 배우는 것이 현장 중심의 리더십 배우기이다.

(작성일 :   년   월   일)

본문 내용에서 느낀 것과 실천할 내용을 적어 보세요.

아래 문장의 (   )를 채워 주세요.

리더십의 사례를 학습 할 때도 외국 저명인사나 대통령들의 사례를 가지고 연구하는 것은 (   ) 리더십이 아니다.

자사의 대표이사나 선배들을 바라보고 배워야 할 것과 버려야 할 것을 타산지석으로 삼아서 훌륭한 리더십 사례를 가까이에서 직접 배우는 것이 (   )에 근거한 리더십 배우기 속성 코스이다.

How to become
a happy leader!

제 3 장

질문 파워
Power of Questioning

질문을 잘하는 리더가 되자.

01

열린 질문으로 생각을 자극하여 폭 넓게 드러내게 하자.

좋은 리더는 좋은 질문을 할 줄 아는 리더이다. 좋은 질문은 생각을 자극하여 스스로 답을 찾도록 안내하여 상대방을 성장시킨다. 또 좋은 질문은 상대방을 존중하고 있다는 강력한 표시도 된다. 질문을 하면 나의 의견에 귀 기울여 잘 듣고 있다는 것으로 인식하게 되므로 좋은 질문을 하는 사람에게 마음을 열게 된다. 질문할 때 실천해 볼 좋은 방법은 닫힌 질문을 하지 말고 열린 질문을 하는 것이다.

열린 질문은 사고의 폭을 확장시키고 폭넓은 대답을 하게 하는 질문이다. 남편이 퇴근하고 집에 돌아와서 육아로 힘든 아내에게 "힘들지?"라고 질문하면 어떤 답이 나올까? "힘들었다. 들지 않았다."는 단답을 듣게 된다. 반면에 "오늘 뭐가 힘이 들었어요?"라고 물으면 힘들었던 내용에 대한 폭 넓은 내용을 들을 수 있다.

닫힌 질문은 답이 "예, 아니오" 또는 "그렇다" "그렇지 않다"로 나오게 하는 질문이다. 열린 질문은 상대의 감정까지 끌어내어 많은 정보를 얻을 수 있고 자신의 생각을 보다 폭넓게 표현할 수 있게 하는 질문을 말한다. 닫힌 질문의 예를 들면 자녀에게 "오늘 선생님 말씀 잘 들었니?" "친구들과 잘 지냈니?" "오늘 급식 맛있었니?"라고 질문하면 "예, 아니오"라고 단답을 얻게 된다.

열린 질문의 예를 보면 "친구와 어떤 이야기 했니?" "선생님에게 질문한 것이 있다면 이야기 해 줄래?" "오늘 배운 것 중에 기억에 남는 것 이야기 해 줄래?" "오늘 급식에는 어떤 반찬이 맛있었니?" 라고 물어보면 학교생활에 대한 내용도 알게 되고 선생님의 말씀을 잘 들은 것에 대해서 저절로 알게 된다. 공무원이 되고 싶어 하는 아이에게 "너는 커서 어떤 직업을 가지고 싶니?" 라고 질문하면 공무원이라고 답을 하게 된다. 반면에 "크면 어떤 사람이 되고 싶니?" "무엇을 제일 하고 싶니?" 라고 질문하면 왜 공무원이 되려고 하는지, 그 직업으로 어떤 가치를 갖고 살 것인가에 대한 삶의 의미에 대해서도 이야기 하게 되므로 폭 넓게 공무원이 되려는 이유를 알게 된다.

예를 들어 영업 실적이 낮은 영업사원에게 "이번 달 고객 방문은 몇 건 했나?" 라고 물어보면 몇 건이라는 답을 하면 대화가 끝난다. 그리고 영업 실적이 낮은 직원은 '고객 방문을 잘 하지 않고 있다.' 라는 질책으로도 들을 수 있다. 이런 상황에서는 어떻게 하면 열린 질문으로 전환할 수 있을까? 질문의 목적이 영업 성과를 내기 위한 것이므로 "이번 달에 고객에게서 칭찬 받은 것 있나요?" "고객 방문을 어떤 식으로 하면 영업성과가 높아질까요?" "이번 달에 고객에게 다르게 접근한 것은 무엇인가요?" 라고 열린 질문을 하면 영업 활동 내용도 알고, 스스로 생각하는 개선 대책도 들을 수 있고 영업건수도 저절로 알 수 있다.

열린 질문은 잘하려면 육하원칙(5W1H)에 근거한 질문을 사용하면 쉽다.

즉 누가, 언제, 어디서, 무엇을, 어떻게, 왜를 사용하는 질문이다. 자녀가 축구 동아리에 갔다 오면 "잘 했니?" 라고 닫힌 질문을 하지 말고 "누가 왔었니? 몇 시에 시작해서 언제까지 했니? 시합결과는 어떻게 나왔니? 다음 모임은 언제 하기로 했니?" 등의 열린 질문을 쉽게 할 수 있다. 열린 질문을 받으면 사람들은 방어적이 되기보다는 생각이 확장되므로 상대의 솔직한 생각을 들을 수 있다. 자신이 드러내어 말한 것에 대한 실행 의지는 윗사람에게 일방적으로 지시받은 것보다 훨씬 높기에 좋은 질문은 좋은 행동을 유발하는 효과도 있다.

내가 던진 열린 질문에 상대방이 대답을 잘 하도록 하려면 상대가 답할 때에 적극적으로 반응해야 한다.

판소리에서 장단을 짚는 고수(鼓手)가 창(唱)의 사이사이에 흥을 돋우기 위하여 삽입하는 소리를 추임새라고 하는데 상대가 이야기할 때에 추임새를 넣어 주면 신나게 열린 마음으로 답한다. "잘했네! 그렇구나! 굉장하네! 와! 그렇게도 해석이 되네. 역시 달라!" 등으로 맞장구를 칠 일엔 맞장구를 치고, 감탄할 일엔 같이 감탄하는 것이다.

질문을 한 다음에는 상대가 답할 수 있도록 기다려주는 것이 매우 중요하다. 상대방이 좋은 대답을 하려고 잠시 생각하는 경우가 있다. 이때 자기도 모르게 침묵을 참지 못하고 답도 듣기 전에 다른 질문을 추가하면 질문 매너가 좋지 않은 사람으로 인식되기 쉬우니 주의해야 한다.

남에게 질문하는 것도 중요하지만 나 자신에게 질문하는 것도 매우 중요하다.

인생은 찰나(刹那)라고 한다. 눈 깜박이는 순간 지나가버리는 시간을 잘 활용하기 위해서는 불광불급[不狂不及]하는 마음으로 매일 자신에게 5가지 질문을 해보자.

1. 어제보다 오늘이 더 나은 창조적 진화를 하고 있는가?
2. 내 몸과 마음은 잘 관리하고 있는가?
3. 감사하며 평정심을 유지하고 있는가?

4. 삶의 목적과 목표를 잘 알고 목적을 향해 잘 가고 있는가?

5. 세상을 널리 이롭게 하기 위해 지금 해야 할 일은 무엇인가?

인디언 속담에 "그 사람의 신발을 신어 보기 전에는 그 사람을 쉽게 평가하지 말라"는 말이 있다. 나의 선입견, 편견, 고정관념으로 상대를 잘못 보지 않도록 제대로 된 질문으로 상대의 속마음을 들어보자. 열린 질문의 기법도 중요하지만 좋은 질문에 좋은 답을 얻기 위해서는 상호 존중하고 신뢰하는 관계가 형성되어야 한다. 좋은 관계가 되어 있으면 더 값진 결과를 얻을 수 있다.

19주차 리더십 향상 질문과 실천할 내용

(작성일 :   년   월   일)

본문 내용에서 느낀 것과 실천할 내용을 적어 보세요.

아래 문장의 (   )를 채워 주세요.

좋은 리더는 좋은 질문을 할 줄 아는 리더이다. 좋은 질문은 생각을 (   )하여 스스로 답을 찾도록 안내하여 상대방을 성장시킨다. 또 좋은 질문은 상대방을 (   )하고 있다는 강력한 표시도 된다.

02

"You Message" 에서 "I Message"로
바꾸는 대화법과 질문법을 사용하자.

가정이나 기업 경영에서 가장 잘 해결되지 않는 과제는 무엇인가? 필자가 서울대 융합기술원에서 경영자 6개월 과정에서 강의할 때 "경영자들이 개선해야 할 최우선 과제가 무엇인가?"에 대해 1기에서 12기까지 280여 명의 경영자를 대상으로 설문조사를 해 보았다.

가장 비율이 높은 과제는 소통이 잘 되지 않는다는 것이다. 소통(疏通)은 막힘없이 서로 잘 통하는 것이며 둘 이상의 존재 사이에 오고 가는 정보에 대한 공감을 의미한다. 존재 간의 나눔과 공감을 통하여 서로가 원하는 바를 일치시키고 함께하자는 마음이 되면 소통이 잘 된다고 말한다. 소통에 영향을 크게 미치는 것이 질문과 경청이다.

단어의 나열순서에 따라서 질문에 대한 답이 달라지기도 한다. 천주교 신자인 청년이 "담배를 피우면서 기도를 해도 좋은지요?"라고 신부님에게 질문하자 신부님은 기도는 때와 장소에 관계가 없다고 하며 기도해도 된다고 했다. 그러자 청년이 "기도를 하면서 담배를 피워도 되는지요?"라고 신부님에게 묻자 하나님과 성스러운 대화 중에는 담배를 피우지 말라고 답했다. 따라서 질문을 할 때에 단어 순서의 나열도 답에 영향을 미치므로 신중을 기할 필요가 있다.

대화 중에 상대가 잘못한 것을 발견하고 고쳐주려고 하면 그때부터 대화가 단절된다.

그러나 상대가 잘못한 것을 스스로 드러내어서 개선하게 하는 소통 기법을 잘 활용하면 리더십을 잘 발휘할 수 있다.

필자가 지도하는 S정보통신회사에서 일어난 이야기이다. 코로나19 사태로 재정이 어려워지자 자금 조달이 필요해서 금융회사를 퇴직한 지인에게 30억 원의 투자를 받고 주식을 50% 양도하였다. 회장이라고 방도 만들어 주고 승용차도 사주었는데 사사건건 업무에 간섭만 하고 지인들을 사무실로 불러서 폼만 잡으려고 했다.

요구사항이 하도 많아서 회장의 뒤치다꺼리하다가 영업을 할 수 없을 정도였다. 비서까지 붙여달라고 해서 중소기업에 이것은 아니라는 생각이 들어 유사장은 회장에게 솔직하게 이렇게 말했다. 여기는 중소기업이라서 회장님의 옛날 대기업 사고를 버려달라고 부탁했다. 그리고 회사를 잘 이해하려면 현장에 답이 있으므로 현장에 같이 가보자고 했다.

또 다른 문제점은 영업과 무관한 동창들과 골프한 비용을 처리해 달라고 하는 건수가 점점 늘어났다. 그래서 "우리 회사 영업과 관련된 분만 만나서 식사도 하고 골프를 치도록 하세요."라고 부탁했다. 이와 같이 고쳐야 될 점을 일일이 열거하며 말씀드렸지만 개선되지 않았다. 유사장은 회장과 주식 비율이 5:5이고 공동대표여서 경영권으로 눌러서 고칠 방법도 없었다.

유사장이 필자에게 긴급하게 해결책을 알려 달라고 부탁하였는데 'You

Message' 대화법을 알려주어 불통이었던 회장과 잘 소통해 문제가 간단하게 해결되었다.

"You Message" 에서 "I Message"로 대화법을 바꿨다.

"너는 그것 밖에 못해. 너는 맨날 그 꼬라지니? 너는 왜 그렇게 고집불통이니?" 이렇게 말하면 문제점을 개선하게 하는 동기부여가 되지 못한다. 'You Message' 즉 대화의 출발이 '너'가 되면 상대방에게 책임을 지우는 것처럼 몰아붙이는 느낌이 든다. 그리고 듣자마자 반발심이 먼저 생긴다. 반면에 'I Message' 즉 '나'라면 이렇게 하겠다고 말해주면 상대방을 직접 판단, 평가, 공격하는 것이 아니기 때문에 방어적으로 되지 않고 자기 행동에 책임을 느끼며 변하기 위해 노력한다. 그리고 상대의 잘못을 직접 지적하는 것이 아니라 그 잘못에 대해 나는 이렇게 했을 것이라고 말해 줌으로써 동지의식을 느끼게 할 수 있다.

유 사장에게 'You Message' 즉 너 전달법이 아니라 'I Message'인 나 전달법을 코칭해 주었더니 잘 활용하여 문제가 해결되었다. "회장님은 대기업 근무하던 생각으로 일 처리를 그렇게 하시면 안돼요."라고 하지 않고 "제가 회장님이라면 그 일을 이렇게 처리했을 것 같아요." "회장님, 개인적으로 사용한 골프비용은 처리해 줄 수 없어요."가 아니라 "제가 회장님이라면 개인적으로 사용한 골프비용은 개인 사비로 처리했을 거예요."라고 말하니 회장에게서 급여에서 공제해 달라는 답을 얻을 수 있었다.

이 방법은 부모를 위한 교육인 '부모 효율성 교육' 프로그램을 개발해 미국의 권위적이고 징벌적인 교육을 철폐시킨 토머스 그든 박사가 제시한 의사소통 기술이다.

사람들은 상대방이 나의 감정을 잘 알 것이라고 생각하지만 대부분 자신의 감정과 생각을 제대로 표현하지 못하는 경우가 많으므로 상대방은 내가 느끼고 생각하는 것들을 제대로 알고 이해하지 못한다. 상대방의 감정을 상하지 않게 하면서 나의 요구를 제대로 표현하지 못한다면, 상대방은 내가 느끼고 생각하는 것들을 이해할 수도 없고 따라주지도 않는다.

자녀에게 말할 때도 "너 때문에 못 살겠어. 너 어디 돌아다니다 뭐하고 이렇게 늦게 다녀!"라고 말하면 'You Message'이다. 부모가 화내는 이유는 자녀가 반성하라고 하는 것인데 'You Message'로 말하면 자녀는 늦게 들어온 이유를 찾거나 변명하기에 급급하게 된다.

그러나 "귀가 중에 무슨 일이 있었던 거야? 많이 걱정했어. 내가 너라면 엄마가 걱정하지 않게 미리 연락했을 텐데." 라고 'I Message'방식으로 말하면 변명하려 하지 않고 엄마의 마음을 헤아리며 자기 반성을 하게 되는 것이다.

'You Message'는 "너가 문제야." "너 때문에 틀어졌어."라고 '너'를 주어로 하는 대화이므로 상대의 잘못을 지적하거나 비난하는 말투가 되기 쉽고 듣는 사람도 우선 기분 나쁘게 들리므로 거부감부터 나타내게 하는 대화법이다.

'I Message'는 '나'를 주어로 '나라면', '내가 그 일을 한다면 이렇게 하겠다'고 자신의 감정을 조용하고 단호하게 전달하는 것이다. 그렇게 하면 상대방은 나의 말을 더욱 잘 경청하게 되고 상대의 사례를 자신의 거울에 비추어서 나를 고쳐보려고 하는 마음이 들게 하는 것이다.

상대방의 감정을 상하지 않게 하면서, 나의 욕구를 정확히 표현하며, 상대방 행동을 수정할 수 있도록 하는 효과적인 표현 기법이다. 'You Message'로 그동안 불통했던 자녀와 부모, 동료와 상사와의 소통의 문을 'I Message'를 사용하여 공감의 문을 활짝 열어보자.

20주차 리더십 향상 질문과 실천할 내용

(작성일 : 년 월 일)

본문 내용에서 느낀 것과 실천할 내용을 적어 보세요.

아래 문장의 ( )를 채워 주세요.

소통(疏通)은 막힘없이 서로 잘 통하는 것이며 둘 이상의 존재 사이에 오고 가는 정보에 대한 ( )을 의미한다. 즉 '나누고 공유하고 함께 한다'는 의미로 ( ) 간의 나눔과 공감을 통하여 서로가 원하는 바를 일치시키고 함께하자는 마음이 되면 소통이 잘 된다고 말한다.

03
목적 달성을 위하여
상대를 배려하는 좋은 질문을 하자.

남편이 직장에서 돌아오자 아내가 "여보, 이 세상에서 가장 뜨거운 바다는 어떤 바다야?"라고 질문했다. 갑작스런 질문에 남편이 답을 못하고 주저하자 힌트를 주었다. "여보, 당신이 나에게 자주 말하는 바다의 의미가 들어가는 말 있잖아요!"라고 하자 그 순간, 남편의 입에서 튀어나온 말은 어떤 말이었을까? "열 받아!" 즉 '열 바다'였다.

정말로 아내가 듣고 싶어 했던 바다의 의미가 들어간 말은 무엇이었을까? 열정이 가득한 사랑의 바다인 "사랑해"였다. 만약에 "여보, 당신이 나에게 자주 말하는 바다 '해' 자가 들어가는 3글자 있잖아요!" 라고 남편에게 힌트를 주며 배려하는 질문을 했다면 어떤 결과가 나왔을까요? 아마 남편은 "사랑해"라고 쉽게 말했을 것이다. 남편이 "사랑해" 라는 답을 해 준다면 아내는 "여보, 나 오늘 사랑의 바다에 푹 빠져 버리고 싶어!"라고 분위기 있는 말까지 준비했던 것이 효과를 발휘했을 것이다.

좋은 질문으로 부부관계가 회복되기도 하고 어려운 문제를 해결하기도 한다. 잘못된 질문은 관계를 악화시키므로 상대와 공감하고 좋은 결과를 얻기 위해서는 질문법에 대해서 공부할 필요가 있다.

필자는 초등학교 때에 호기심이 많아서 선생님께 질문을 많이 했다. 어느 날 "왜 하늘이 푸른가요?"라고 질문을 했는데 선생님은 "쓸데없는 질문 하지 말고 구구단이나 잘 외어!"라고 핀잔을 주었다.

좋은 질문법을 잘 알고 있는 어머니에게 같은 질문을 하면 뭐라고 답할까? 우리 아들은 "왜 푸르다고 생각해!"라고 아이의 생각에 대해서 다시 묻고 스스로 답을 찾도록 질문을 했을 것이다. 유대인의 어머니는 아이가 학교에서 돌아오면 "무슨 질문을 했느냐?"라고 묻지만 우리는 "무엇을 배웠느냐?"라고 묻기에 받아 적은 노트를 어머니에게 보여 주면서 칭찬 받는 것이 습관화되어 있다.

2010년 G20 정상회의 폐막식 연설을 마친 버락 오바마 미국 대통령이 한국 기자들에게 질문 권한을 주었다. 그리고 오바마는 통역이 있으므로 한국어로 질문해도 좋다고 친절하게 설명까지 하며 7번이나 질문하라고 했다. 그런데 몇 명이 질문을 했을까? 질문자가 없어서 질문권을 중국기자가 가져갔다. 국제부 기자들이 영어를 못하지는 않았을 것인데 입을 닫고 있었던 것은 어릴 때부터 질문에 대한 훈련이 부족했기 때문이다.

괜히 나서면 총 맞는다는 생각과 좋은 질문을 하는 방법을 배우지 못해서 잘못 질문하여 비판 받기 싫었기 때문이다.

만약 그때 한국 기자가 질문을 했다면 어떤 기사가 났을까? 아마 질문 내용보다도 영어 발음이 나쁘다느니, 문장이 문법에 맞지 않다고 하는 내용이 기사화 되었을 것이다. 질문한 당사자의 회사에서는 결재도 없이 질문을 했다고 핀잔 받을 수도 있었을 것이다.

좋은 질문으로 효과를 바로 낼 수 있는 방법이 상대의 입장에 서서 배려하

는 질문으로 바꾸는 것이다.

"언제 답신을 받을 수 있을까요?"가 아니라 "언제 답신을 보내 주실 수 있나요?"로 질문을 하면 상대가 자신을 배려한다고 생각하므로 강제로 명령받는 기분이 들지 않는다.

"보고는 내일까지 해 주나요?" 가 아니라 "보고는 내일 오전, 오후 중 언제가 좋으세요?"라고 물으면 상대가 선택할 기회를 주므로 마감 일정을 잘 지키게 된다. 상대를 배려하는 질문 방식으로 바꾸면 상대의 마음의 문을 열게 하고 리더십도 발휘될 수 있다.

"일이 밀렸는데 주말에 출근하나요?"라고 묻기 보다도 "일이 밀렸지요? 기간 안에 처리해야 되는데 어떻게 할 생각이예요?"라고 질문하면 주말에도 스스로 출근해서 일해야 한다고 말하게 된다. 좋은 개선안은 좋은 질문으로부터 나오고, 질문의 수준이 성과의 수준을 결정한다. 백화점의 의류매장이 매상을 올리기 위해 '어떻게 해야 매상이 올라갈까?' 부터 생각하는 것은 나 중심의 질문법이다. '사람들은 왜 옷을 사는 것일까?' 라고 질문하면 고객 중심의 질문이 된다. 고객 입장에서 질문하여 만들어진 상품은 고객이 사고 싶어 하는 상품이므로 매상은 저절로 올라가는 것이다.

21주차 리더십 향상 질문과 실천할 내용

(작성일 :　　년　　월　　일)

본문 내용에서 느낀 것과 실천할 내용을 적어 보세요.

아래 문장의 (　)를 채워 주세요.

좋은 질문으로 부부관계가 (　　　)되기도 하고 어려운 문제를 해결하기도 한다. 잘못된 질문은 관계를 악화시키므로 상대와 (　　　)하고 좋은 결과를 얻기 위해서는 질문법에 대해서 공부할 필요가 있다.

04

실리콘밸리에서 잘 나가는 리더가
자주하는 질문을 배우자.

"**여**러분은 질문을 잘 하시나요?" "전 세계 노벨상 수상자 가운데 22%는 유대인입니다. 유대인이 노벨상을 많이 받는 비결이 있다는 데 아시나요?" 여러 이유가 있겠지만 어릴 때부터 하브루타라는 방법으로 짝을 지어 서로 질문하면서 사고의 폭을 넓히는 훈련이 큰 영향을 미쳤다.

심리학에서 말하는 피그말리온 효과가 있는데 타인이 나를 존중하고 기대하면 그 기대에 부응하기 위해 좋은 결과가 나타나는 효과를 말한다. 대화할 때에도 피그말리온 효과가 나타나기 위해서는 상대를 존중하고 긍정 에너지를 줄 수 있는 질문을 잘 활용해야 한다.

질문을 잘하면 어떤 효과가 있을까?

세계적인 동기부여 강사인 도로시 리즈는 자신의 저서 〈질문의 7가지 힘〉에서 질문의 중요성에 대해 다음과 같이 설명하고 있다.

첫째, 질문을 하면 답이 나온다.

친구에게 "이탈리아 수도가 어디지?"라고 물어보면 "로마" 라는 답이 바로 나온다. 내가 알고 싶은 것이 있다면 질문을 던지면 된다.

둘째, 질문은 생각을 자극한다.

연인에게 "가장 가고 싶은 여행지가 어디야?"라고 물어본다. 잠시 생각을 하다가 "크로아티아 플리트비체"라고 말할 수도 있다. 질문은 사고를 자극하기 때문에 어떤 생각을 정리해 이야기할 수 있게 한다.

셋째, 질문을 하면 정보를 얻는다.

내가 필요한 정보가 있다면 질문을 하면 된다. 그것을 잘 알고 있는 사람이라면 쉽게 정보를 얻어 낼 수 있고, 잘 알지 못하더라도 연결할 수 있는 필요한 정보를 줄 수 있다.

넷째, 질문을 하면 통제가 가능하다.

대화의 주제는 질문하는 사람의 의도에 따라 방향이 전환될 수 있다. 내가 원하는 주제와 결과를 위해 질문을 하면서 내가 원하는 대로 화제를 이끌어 갈 수 있다.

다섯째, 질문은 마음을 열게 한다.

질문을 받으면 자신의 이야기를 하면서 상대방에게 마음의 문을 열 수 있다. 답하면서 자신의 생각과 관점을 이야기하기 때문에 상대방과 친밀감을 느낄 수 있다.

여섯째, 질문은 귀를 기울이게 한다.

질문을 잘하게 되면 상대의 적절한 대답을 들으면서 내 생각이 더 선명해진다. 대화가 이어지면서 상대방의 이야기에 귀를 더 기울일 수 있다.

일곱째, 질문에 답하면 스스로 설득이 된다.

내 문제에 대해 계속 파고 들어가 질문을 하다 보면 문제가 자연스럽게 해결될 때가 있다. 지속적으로 질문과 답변을 하면서 의견을 주고받다 보면 나의 생각이 정리되고 문제가 해결되기도 한다.

질문을 잘하여 공습을 방지한 사례도 있다. 2013년 9월 9일에 존 케리 미국 국무장관이 시리아 공습을 결정하고 기자회견을 하였다. 그때 대부분의 기자들이 "언제 공습할 것인지?, 그 규모와 피해가 얼마나 될 것인지?" 등의 공습하는 내용들을 집중적으로 질문을 했다. 그러나 CBS기자 마거릿 브래넌은 "시리아가 공습을 피하려면 어떻게 해야 하나요?"라고 질문했다. 그러자 존 케리 국무장관은 "아마, 살상무기를 포기하면 되지 않을까요?"라고 말했다. 이 말을 듣고 러시아의 외무장관이 중재하여 시리아가 살상무기를 단계적으로 포기한다고 발표하게 했다. 그 후 미국은 시리아 공습을 취소했다.

실리콘벨리에서 잘나가는 기업의 리더들이 구성원에게 가장 많이 하는 질문은 무엇일까? "Are You Happy?"이다. 왜 "업무를 잘하고 있느냐?"고 묻지 않고 직장에서 행복에 대해 질문할까? 공적인 일과 사적인 일을 구분해야 하는데 개인적인 행복에 대해서 질문하는 이유는 무엇일까? 기업의 본질은 사람이므로 차별화된 높은 성과를 내기 위해서는 직원이 행복해야 가능하기 때문이다.

"Are You Happy!"라는 질문을 하는 목적은 2가지가 있다.

첫째, 조직생활에서의 행복도를 알게 되기 때문이다.

1. 팀 동료와의 마찰 정도를 확인할 수 있다.

2. 리더와의 갈등 여부를 알 수 있다.

3. 업무 추진 상의 문제점을 파악할 수 있다.

4. 업무의 진행도에 대해서 확인할 수 있다.

5. 일 중심에서 사람 중심으로 사고를 전환하게 한다.

둘째, 개인의 삶에 대한 행복도를 알게 되기 때문이다.

1. 가정에서의 문제를 확인할 수 있다.

2. 마음 상태를 알 수 있다.

3. 몸 상태를 확인할 수 있다.

4. 고민 내용에 대해서 들을 수 있고 공감해 줄 수 있다.

5. 가정의 행복도에 대해서 알 수 있다.

업무는 마음먹기에 따라 수행도가 달라진다. 행복도를 물어서 상대의 몸과 마음 상태를 미리 알면 안전사고를 방지하고 정서적 소통이 되어서 업무적, 창의적 소통도 좋아진다. 하버드대학 연구소에서 건강하고 좋은 삶이 무엇일까에 대해 700여명을 대상으로 조사를 했다. 1938년부터 70년간 인생을 추적하여 매년 두뇌를 촬영하고 인터뷰하여 행복한 느낌을 주는 것이 무엇인가에 대해 조사한 결과가 나왔다.

그 결과는 부와 명예가 아니라 좋은 관계라는 답이 나왔다. 좋은 관계는 고독에서 벗어나게 하고 관계의 질이 높아지고 뇌도 보호하고 건강하게 한다. 그러나 우리는 일에만 치중하다가 옆 사람이 내 행복을 좌우한다는 것을 잊어버리고 산다. 하루 50% 이상의 시간을 보내는 회사 내에서 행복하지 않으면 50%가 불행하다는 의미이다. 내 주위 사람이 행복하도록 행복에 관심을 갖고 "Are You Happy?"라고 묻고, 나 자신도 행복한지 "Am I Happy?" 하며 자주 자문해 보자.

22주차 리더십 향상 질문과 실천할 내용

(작성일 :   년   월   일)

본문 내용에서 느낀 것과 실천할 내용을 적어 보세요.

아래 문장의 (   )를 채워 주세요.

공적인 일과 사적인 일을 구분해야 하는데 개인적인 행복에 대해서도 질문하는 이유는 무엇일까?

기업의 본질은 (   )이므로 차별화된 성과를 내기 위해서는 직원이 (   )해야 가능하기 때문이다.

05

왜(Why)를 철저하게 질문하여
근본원인을 찾아서 재발을 방지하자.

대부분 사람들은 문제가 발생하면 '왜 그 문제가 발생했는지?'를 알기도 전에 '어떤 놈이 문제를 발생시켰는지?' 사람을 먼저 찾고 싶어 한다. 발생시킨 당사자는 책임이 두려워 숨어버린다. 그리고 원인도 제대로 확인되지 않았는데 '어떻게'라는 질문으로 대책을 찾기에 급급한 경우가 많다. 우리 두뇌는 원인이 명확하지 않는데 바로 어떻게(How)라고 질문하면 생각이 방향성을 잃게 되어 올바른 대책이 잘 나오지 않는다.

왜를 추구한다는 것은 '궁금한 것을 알기 위하여 질문을 계속하여 근본원인을 찾는다.'는 것에 그 목적이 있다. 그리고 '왜'를 추구하다 보면 '분석자가 지식의 깊이를 확인할 수 있고, 관점을 바꾸고, 가치 있는 새로운 방향으로 이끄는 힘을 키우게 된다.'는 일석삼조의 효과를 얻을 수 있다.

왜를 5번 질문하라는 것은 '아르키메데스의 점을 찾자.'라는 의미도 된다. 헬라의 수학자 아르키메데스(Archimedes, B.C. 287~212)는 "움직이지 않는 한 점만 주어진다면 그 점을 받침점으로 삼아 긴 막대기를 지렛대로 이용하여 지구를 들어 올리겠다."라고 주장하였다. 문제를 해결할 수 있는 움직이지 않는 한 점을 비유하여 '아르키메데스의 점'이란 말을 쓰고 있다. 즉, 움직일 수 없는 확실한 지식의 기초, 모든 지식을 떠받치고 있는 근본적인 토대를 일컬어 '아르키메데스의 점'이라고 한다.

근대 철학의 아버지라 불리는 프랑스의 철학자 데카르트는 근본을 찾기 위하여 '방법론적 회의'를 시도하였다. 우리들이 소유한 모든 지식을 일단은 의심하여 더 이상 의심하려 해도 의심할 수 없는 명확한 진리까지 도달하려는 시도가 데카르트의 의도였다. 그는 모든 것을 의심하더라도 더 이상 의심할 수 없는 것을 찾았는데 그것은 다름 아닌 '내가 의심하고 있다는 사실' 그 자체라는 것을 확인하였다. '의심하고 있는 나 자신'과 '의심한다는 사실', 이 두 가지는 의심할 수 없는 것이기 때문이다. 그래서 그가 남긴 유명한 말이 "나는 생각한다. 고로 나는 존재한다.(Cogito ergo sum.)"이다.

문제에 대한 근본원인을 찾고 아르키메데스 점에 도달하기 위해서는 왜를 5번 이상 질문해 보는 것이 필요하다. 근본 원인을 발견해야 두뇌가 방향성을 잡고 몰입하여 해결 가능한 아이디어를 내게 되고 그것이 유용한 대책이 될 수 있기 때문이다.

5WHY 질문 기법은 근본 원인을 찾을 때도 활용하는 방법론이지만 의사 결정할 때도 대기업 총수들이 잘 활용하는 방법이다.

잭 웰치는 문제에 대한 대책을 보고받을 때 집요하게 근본 원인을 캐물었다. "문제가 발생한 원인은 뭔가?" "왜, 그것이 원인이라고 생각하는가?" "그렇게 생각하는 근거는 있는가?"라고 질문을 한다.

같은 문제가 반복적으로 발생하는 이유에는 4가지가 있다.

1. 바쁘다는 핑계로 임시방편의 해결책만 실시하고 있다.
2. 그 정도의 문제는 과거에도 나왔으니 당연하다고 생각하며 감수한다.
3. 트러블이 발생한 원인을 한두 가지로 추정해서 결정해 버리고, 근본 원인을 찾지 않는다.
4. 트러블이 발생하는 근본 원인을 찾는 방법을 알고, 대책을 세워 실시할 사람이 없다.

'왜?'를 추구하는 조직은 끊임없이 진화를 하는 회사이다. 즉, 근본적인 원인을 밝혀내고 이를 통하여 근본의 문제를 파악 할 수 있으며, 이것의 해결을 통하여 원점으로 되돌려지지 않는 개선을 할 수 있기 때문이다.

우리가 벤치마킹을 통하여 새로운 것을 습득 할 때도 무조건 받아들이는 것이 아니라 '왜?'라는 의문을 가지면서 자사에 맞는 것을 받아들여야 진정한 벤치마킹이 될 수 있다. 새로운 것은 베껴서 만들어 지는 것이 아니고 그 속에 숨어 있는 본질을 벤치마킹해야 보다 더 나은 창조로 갈 수 있기 때문이다.

(작성일 : 년 월 일)

본문 내용에서 느낀 것과 실천할 내용을 적어 보세요.

아래 문장의 (   )를 채워 주세요.

왜를 추구한다는 것은 '궁금한 것을 알기 위하여 질문을 계속 하여 (   ) 원인을 찾는다.' 라는 의미도 있지만 '왜'를 추구하 다 보면 '분석자가 지식의 (   )를 확인할 수 있고 관점을 바꾸 고 가치 있는 새로운 방향으로 이끄는 힘을 키우게 된다.' 는 일 석삼조의 효과를 얻는 의미도 있다.

06

"뭘 도와드릴까요?" 마법의 질문이
조직에 울려 퍼지도록 하자.

뛰어난 직원들이 좋은 조직을 떠나는 진짜 이유는 간단하다. 인정, 존중, 공감, 교육과 같은 욕구가 충족되지 않기 때문이다. 열심히 올바른 일을 하고 있지만, 그 누구도 자신들을 아끼거나 돌보지 않는다는 것이 그들의 생각이다. 사람들은 임금이나 복리후생 혜택 그 이상을 원한다. 당신이 그들을 아끼고 있다는 것과 그들의 공헌에 감사해 하고 있음을 알려줄 필요가 있다.

사람들은 조직을 떠나기 전에 먼저 '사람'을 떠난다. 그리고 리더가 자신의 필요를 충족시켜줄 것이라는 희망을 접고, 모르는 리더가 차라리 현재의 리더보다 나을 것이라고 결론을 내린다. 당신 조직의 보상 경쟁력이 나쁘지 않은데, '팀원들을 아끼고 있는지'에 대한 질문에 임금으로 화답하려 한다면 크게 실망하게 될 것이다. 임금인상은 기껏해야 단기적인 효과만 있을 뿐이다. 돈은 가장 비싸면서도 효율성이 나쁜 방법이다.

세계적인 리더십 권위자이자 코너스톤 리더십 연구소의 회장인 데이비드 코트렐 (David Cottrell)은 그의 저서 '마법의 질문(The Magic Question)'에서 성공적인 리더십은 진심에서 우러나오는 "뭘 도와드릴까요?"라는 마법의 질문이 조직에 울려 퍼지도록 조직의 분위기를 만들 수 있어야 한다고 말한다.

그리고 직원들은 조직에서 무슨 일이 일어나고 있는지, 자신이 조직에 잘 어울리는지, 그리고 자신이 일을 잘하는지, 우리 팀이 일을 잘 하고 있는지에 대해 알고자 하는 뿌리 깊은 기대를 가지고 있으며, 또한 리더가 자신들을 아끼는지, 자신이 하는 일이 이 사회에 어떤 기여를 하고 있는지, 그리고 리더가 믿고 따를 만한 품성과 자질을 가지고 있는지를 알고 싶어 한다고 주장한다.

결론적으로 저자는, 리더십은 당신이 실제로 듣든 못 듣든, 팀원들이 항상 질문하는 여섯 가지 핵심 질문에 답변하는 것이라고 주장한다. 진정한 리더라면 구성원들의 이러한 의문점들을 파악하고 제대로 답변해 줄 수 있어야 한다. 명확하고 일관성 있게 답변할 때, 당신의 팀원들은 에너지와 열정을 가지고 일하게 될 것이다. 저자가 말하는 여섯 가지 질문은 다음과 같다.

마법의 질문 : 뭘 도와드릴까요? (How can I help?)

여섯 가지의 핵심 질문

1. 정말 중요한 것은 뭔가요? (What is really important?)
2. 제가 잘하고 있나요? (How am I doing?)
3. 우리 팀은 잘하고 있나요? (How is my team doing?)
4. 우리를 아끼시나요? (Do you care?)
5. 우리는 어떤 기여를 하고 있나요? (What differences do we make?)
6. 제가 믿고 따라도 될까요? (Are you worth following?)

마법의 질문 : 뭘 도와드릴까요?

"뭘 도와드릴까요?" 모든 리더가 구성원들에게서 듣고 싶고 대답하고 싶은 질문이다. 구성원이 리더에게 하는 "어떻게 도와드릴까요?"라는 표현은 일반적으로 리더가 추진하고 있는 업무나 프로젝트를 지원하고자 하는 제안이다. 이 표현은 구성원이 리더와 팀을 지원하고 조직의 목표에 기여하기 위한 뜻으로, 적극적으로 일을 수행하려는 의지를 나타낸다. "어떻게 도와드릴까요?"라는 질문을 하는 구성원은 추가적인 책임이나 업무를 맡을 준비가 되어 있으며, 리더와 팀이 목표를 달성하는 데 도움을 주고자 하는 의지가 있다는 것이다. 얼마나 고마운 일인가?

그런데 리더가 이 마법의 질문(Magic Question)을 구성원들로부터 듣기 위해서는 먼저 리더가 구성원들의 6가지 핵심 질문에 대해 명확한 답을 해야만 한다.

질문1 : 진짜 중요한 게 뭔가요? (목표 명확화, 방향성, 우선순위 등)

구성원이 리더에게 "정말 중요한 것은 무엇인가요?" 라고 묻는 경우, 회사 업무의 우선순위에 대한 명확한 설명을 원하는 경우가 많다. 이 질문은 구성원이 경쟁적 요구 사항으로 인해 압도되거나 다른 작업보다 우선순위가 높은 작업을 확실히 알 수 없는 경우 등 다양한 이유로 발생할 수 있다.

리더는 회사에서 가장 중요하게 생각하는 것에 대하여 명확하게, 일관되게, 그리고 단순하게 답할 수 있어야 한다. 단기 및 장기적인 목표가 무엇인지, 그리고 직원이 이러한 목표를 달성하는 데 어떻게 기여할 수 있는지에 대한 지침을 제공해야 한다. 이 정보는 구성원이 회사의 성공에 가장 큰 영향을 미칠 작업에 집중할 수 있도록 도움을 줄 수 있다.

전반적으로 "정말 중요한 것은 무엇인가요?"라는 질문은 구성원이 명확성과 방향성을 찾고 자신의 우선순위를 회사의 우선순위와 일치시키기 위한 방법이다.

질문2 : 제가 잘하고 있나요? (개인 성과 평가, 피드백, 코칭, 기대 등)

"제가 잘하고 있나요?"는 일반적으로 구성원이 리더에게 자신의 직무 성과에 대한 피드백을 받기 위해 묻는 질문이다. 이 질문은 자신의 강점과 약점, 그리고 자신의 역할을 어떻게 개선할 수 있는지를 이해하고자 하는 의도로 묻게 된다.

이러한 질문을 던지는 것은 개선하고자 하는 욕구와 피드백을 받기 위한 의지를 보여주며, 이는 발전할 부분을 발견하고 전반적인 성과를 향상시키는 데 도움이 된다.

질문3 : 우리 팀이 잘하고 있나요? (팀 성과 평가, 피드백, 기대, 소통, 협업 등)

"우리 팀은 어떻게 하고 있나요?"라는 질문은 일반적으로 공통 목표를 향해 함께 일하는 팀의 전반적인 성과에 대한 점검을 의미한다. 이는 생산성, 작업 품질, 커뮤니케이션, 사기, 팀 역동성 등 다양한 요소를 포함하는 폭넓은 질문으로 구체적으로 살펴보면 다음과 같다

1. **생산성**: 이는 팀이 일정 기간 내에 작업을 완료하고 목표를 달성하는 능력을 의미한다.
2. **작업 품질**: 이는 팀이 생산하는 작업의 표준과 요구 기준을 충족하는지 여부를 의미한다.
3. **커뮤니케이션**: 이는 팀원들이 서로 효과적으로 의사소통하고 협력하는 능력을 의미한다.
4. **사기**: 이는 팀의 전반적인 기분과 태도를 말하며, 팀원들이 직장 분위기에 만족하고 목표를 위해 계속해서 동기를 유지하는지 여부를 의미한다.
5. **팀 역동성**: 이는 팀원들 간의 협력 관계와 해결해야 할 갈등이나 문제가 없는지 여부를 의미한다.

전반적으로 "우리 팀은 어떻게 하고 있나요?"라는 질문은 팀의 건강 상태와 목표를 달성하기 위한 능력에 대한 폭넓은 점검이다. 이는 개선할 분야를 확인하고 팀이 목표를 달성하기 위해 올바른 방향으로 나아가고 있는지 확인하기 위해 중요한 질문이다. 팀이나 조직 내에서 소통과 협력의 문화를 유지하는 데도 도움이 될 수 있다.

질문4 : 우리를 아끼시나요? (헌신, 돌봄, 인정, 지지, 동기부여 등)

만약 구성원이 "우리를 아끼시나요?" "이 프로젝트의 성공에 헌신하고 있으신가요?"와 같은 비슷한 질문을 리더에게 던진다면, 그 구성원은 리더의 참여도와 업무에 대한 헌신도를 명확히 이해하고자 하는 것일 수 있다. 또한 구성원이 프로젝트의 성공과 자신의 기여 능력에 대한 걱정을 표현하는 방법일 수도 있다.

이러한 경우 리더가 솔직하고 투명하게 대답하고, 기대와 목표에 대해 명확한 지침을 제공하는 것이 중요하다. 리더는 구성원의 걱정을 듣고, 동기나 생산성에 영향을 미치는 문제를 해결해야 한다. 리더가 프로젝트와 팀의 성공에 투자하고 있음을 보여줌으로써, 리더는 구성원들 사이에서 신뢰와 지지를 구축하고, 더 긍정적이고 생산적인 업무 환경을 조성할 수 있다.

일반적으로 이러한 질문은 구성원과 리더 사이에 열린 솔직한 대화의 기회가 될 수 있으며, 구성원들 사이의 이해와 협력을 증진할 수 있다. 이러한 질문에 대해서는 상호 존중과 공감으로 대화에 접근하고, 발생할 수 있는 어떤 문제에 대해 해결책을 찾아 나가는 것이 중요다.

질문5 : 우리는 어떤 기여를 하고 있나요? (조직의 사명, 가치, 의미 등)

"우리는 어떤 차이를 만들고 있는가?"라는 질문은 일반적으로 팀이나 조직이 더 큰 맥락에서 창출하고 있는 영향이나 가치에 대한 질문이다. 구성원이 팀이나 조직의 전반적인 목적과 목표를 명확하게 파악하고 자신의 업무가 회사의 미션이나 가치와 어떻게 부합하는가를 이해하고자 할 때 이 질문을 한다.

이 질문을 던짐으로써 구성원은 자신의 팀이 만들어 내고 있는 영향력을 보다 깊이 파악하고, 더 큰 가치를 만들기 위해 추구할 수 있는 새로운 기회나 전략은 무엇이 있을까 고민하는 것이다. 또한 자신의 일에 대한 목적과 의미를 찾으며 자신들의 노력이 조직의 성공에 기여하는지에 대한 확신을 얻고자 하는 것이다.

리더는 이 질문에 대해 솔직하고 투명하게 대응하며, 조직의 목적과 목표에 대한 명확한 지침을 제공해야 한다. 리더는 또한 팀의 업무가 이러한 목표에 어떻게 기여하고 있는지, 그들이 만들어 내는 영향에 대해 명확하게 표현할 수 있어야 한다. 이렇게 하면, 리더는 팀 구성원의 신뢰와 지지를 구축하고 더 긍정적이고 동기 부여된 업무 환경을 조성할 수 있다.

질문6 : 제가 믿고 따라도 될까요? (리더십, 약속, 신뢰, 직원 육성 등)

"믿고 따라도 될까요?"라는 질문은 보통 리더의 리더십 질과 능력에 대한 것이다. 이 질문은 결국 리더가 팀을 성공으로 이끌 수 있는 좋은 리더인지, 동기를 부여할 수 있는 능력이 있는지에 대한 질문이다.

이 질문을 통해, 구성원은 리더가 유능하고 신뢰할 수 있는지, 그리고 그들이 리더십을 따르는 올바른 결정을 내리고 있는지를 확인하고자 할 수 있다. 또한 리더가 리더십 스타일을 개선하기를 기대하거나 구성원에게 좋은 피드백을 제공하고 그들의 성장과 발전을 돕기 위해 최선을 다하기를 기대하는 것이다.

리더는 자신의 리더십의 품질과 강점을 재고해 보는 자세가 필요하다. 팀의 비전과 목표를 분명히 표현하고, 효과적인 리더십을 통해 그것들을 어떻게 달성할 계획인지도 설명해야 한다. 팀원들의 성장을 위한 교육과 피드백을 제공하는 것이 중요하다.

리더는 팀을 더 잘 지원하고 효과적인 리더로서의 능력을 향상시켜 리더십 능력을 증명함으로써 팀원들 사이에서 신뢰와 지지를 구축하고, 더 긍정적이고 동기 부여된 업무 환경을 조성할 수 있는 것이다.

저자의 주장과 같이, 명확하고 일관성 있게 여섯 가지 질문 하나 하나를 읽고, 이해하고, 실천함으로써, 에너지와 열정을 가진 팀원들과 일하게 되고, 전보다 훨씬 더 즐겁게 고성과가 나는 팀을 이끄는 경험을 하게 될 것이다.

드러내기 경영(VM)은 구성원의 생각을 감사하는 마음을 바탕으로 긍정적이고 적극적인 마음으로 바꾸는 등 기업의 조직문화를 바꾸어 구성원들이 주인정신으로 자율적으로 행복하게 일하면서 성취감을 느끼고, 기업은 지속 성장하게 하는 경영 시스템이다.

드러내기 경영은 가치관, 목표, 비 가치(개선 절감), 무질서(정리정돈), 업무, 역량, 지력, 성격, 마음, 감사 드러내기 등 10단계로 구성되어 있다.

즉 기업의 미션과 비전 등 경영 가치관 달성을 위하여 해야 할 일을 드러내고, 감사와 칭찬 등 내적 동기부여와 다양한 보상과 인센티브 등 외적 동기부여를 통해 스스로 하고 싶어 하게 하고, 팀장의 코칭과 자기 혁신으로 지력과 핵심 역량을 올려서 할 수 있게 함으로써 나와 직원과 가족과 기업이 행복하게 성공할 수 있도록 만드는 경영 기법이다. 드러내기 경영 VM은

데이비드 코트렐 교수의 6가지 질문에 대한 답을 VM 10단계 시스템에 따라 잘 응답하고 실행할 수 있도록 구축되어 있다. 리더가 시간 낭비나 시행착오 없이 할 수 있도록 잘 구축된 드러내기 경영 시스템으로 행복한 구성원, 지속 성장하는 초격차 성공기업을 만들어 나갈 수 있다.

24주차 리더십 향상 질문과 실천할 내용

(작성일 :   년   월   일)

본문 내용에서 느낀 것과 실천할 내용을 적어 보세요.

아래 문장의 (   )를 채워 주세요.

드러내기 경영은 (   ), 목표, 비 가치(개선 절감), 무질서(정리 정돈), 업무, (   ), 지력, 성격, 마음, 감사 드러내기 등 10단계로 구성되어 있다.

드러내기 경영 VM은 데이비드 코트렐 교수의 6가지 질문에 대한 답을 VM 10단계 시스템에 따라 잘 응답하고 실행할 수 있도록 구축되어 있다. 리더가 시간 낭비나 (   ) 없이 할 수 있도록 잘 구축된 드러내기 경영 시스템으로 행복한 구성원, 지속 성장하는 초격차 성공기업을 만들어 나갈 수 있다.

How to become
a happy leader!

제 4 장

경청 파워
Power of Listening

경청을 잘하는 리더가 되자.

01
상대의 내면에 숨겨져 있는
속마음을 알도록 경청 수준을 높여 보자.

"**노**래는 무엇으로 하나요?" 매주 모이는 감사나눔신문사의 CEO 음악교실에서 배공내 교수의 첫 번째 질문이었다. 대부분 "입으로 한다, 목으로 한다, 두성으로 한다."고 답했는데 배교수의 대답은 "귀로 한다"는 것이다. "소리는 입으로 나오지만 제대로 들어야 제대로 된 소리가 나온다는 논리였다." 시각장애자는 노래를 잘 부를 수 있지만 청각장애자가 전혀 노래를 부르지 못하는 것은 들리지 않기에 못하는 것이라고 한다. 노래할 때도 청각이 중요함을 다시 인식하는 계기가 되었다.

삼성 이건희 회장이 부회장으로 첫 근무하는 날에 아버지가 두 가지 단어를 적어서 선물했는데 무엇인지 아는가? '목계(木鷄)'와 '경청'이였다. '목계'는 나무로 만든 닭이라는 뜻이다. 싸움닭 중에서 경지에 올라 상대 닭이 아무리 덤벼도 조금도 동요하지 않고 자신만의 전술로 싸워서 이기는 닭을 의미한다. 경영을 정식으로 맡는 아들에게 부회장이라고 뽐내지 말고 마치 나무로 만든 닭처럼 초연한 마음으로 매사에 임하라는 것이다. 귀가 있으니 들으면 되는데 왜 이병철 선대회장은 아들이 첫 출근하는 날에 '경청'이라는 단어를 강조한 것일까? 잘 듣는 것이 그렇게 어려울까?

"듣는 것은 하나의 기술이다. 북적대는 방에서 누군가와 이야기를 할 때 나는 그 방에 우리 둘만 있는 것처럼 그를 대한다. 다른 것은 모두 무시하고 그 사람만 쳐다본다. 고릴라가 들어와도 나는 신경쓰지 않을 것이다." 화장품업계의 여왕이자, 자신의 가장 중요한 경영기술로 경청을 꼽았던 매리케이 애쉬 회장의 말이다.

나는 얼마나 경청을 잘 하는지 각자의 경청 수준을 같이 한번 체크해 보자.

다음의 5가지 질문에 "YES" "NO"라고 답하는 개수가 몇 개나 되는지 체크해 평가하는 방법이다.

1. 상대보다 말을 많이 하지 않는다.
2. 상대의 이야기를 놓치지 않고 잘 듣는다.
3. 들을 때 딴 생각을 하지 않는다.
4. 상대의 이야기를 끊거나 끼어들지 않는다.
5. 상대의 말이 길어져도 지루한 표정을 하지 않는다.

여러분은 몇 개가 체크되었는가? 앞의 5가지 질문 중에서 Yes가 4개 이상이면 경청을 잘 하는 사람이다. Yes가 3개면 보통이고, 2개 이하이면 경청에 문제가 있는 사람이라고 생각하면 된다. 직장인들은 보통 경청에 문제가 있는 2개 이하가 많이 나온다. 경청은 혼자서가 아니라 말하는 상대와 들어주는 사람이 있어야 할 수 있기에 어려운 것이다. 그런데 대화의 분위기는 말하는 사람보다 듣는 사람의 자세 때문에 많이 달라진다. 그리고 잘 듣는 것도 중요하지만 잘 듣고 얻은 것을 신속하게 행동으로 연결하는 것이 더 중요하다.

ZARA를 세계적인 패션기업으로 성장시킨 아만시오 오르테 회장이 80세가 넘은 고령이지만 끊임없이 강조하는 말이 있다. "Fast Listen, Fast Fashion"이다. ZARA는 신제품을 처음부터 절대 대량생산하지 않는다. 신제품을 샘플 매장에 소량 출시시켜서 고객에게 그 제품에 대한 평가를 잘 경청한다. 그리고 고객과의 경청 결과를 48시간 내에 제품에 반영하여 다시 출시를 한다. 고객과 소통하여 고객의 니즈를 빨리 듣고(Fast Listen), 고객 원하는 제품을 출시하므로 빠른 패션(Fast Fashion)이 되어서 잘 팔릴 수밖에 없는 것이다.

P&G를 성장시킨 래플리 전회장은 "CEO는 경청하는데 스트레스가 크므로 경청에 대한 보상으로 연봉을 많이 받아야 한다"고 할 정도로 경청을 강조했다.

그러면 상대의 이야기를 왜곡하거나 평가하지 않고 스트레스 받지 않고 잘 경청하는 방법은 무엇인가?

첫째, 몸 언어로 공감을 표현하는 것이다.

상대에게 눈 맞추고, 미소 짓고, 고개를 끄덕여 주고, 손동작을 같이 하면서 들어 주는 것이다. 컴퓨터 작업 중에 상대가 옆에 와서 이야기할 때에 보통 고개만 돌려서 말하는 경우가 많다. 일하던 것을 멈추고 몸 전체를 상대에게 향하게 하고 눈을 마주보고 미소 짓고 들으면 상대는 나를 존중하는구나라고 느끼므로 좋은 관계가 형성된다.

둘째, 맞장구 치며 추임새를 넣어서 공감해 주는 것이다.

"맞아, 맞아. 그러면 그렇지. 좋지, 그것 감동인데, 어떻게 그런 생각을 했어."라고 하면서 공감을 해주는 것이다.

셋째, 핵심 단어 돌려주기이다.

상대가 말하는 핵심 단어를 그대로 복사해서 돌려주는 것입니다. 예를 들면 "아내가 끓인 맛있는 찌개를 먹고 오니 기분이 좋습니다."라고 하면 "아내의 끓인 찌개를 먹고 와서 기분이 좋으시군요!" 라고 그대로 따라하며 공감해 준다. 이와 같이 상대가 말한 대로 반복해서 돌려주면 "나에게 공감해 주고 있구나."라고 느끼게 되어 마음의 문이 열리게 된다.

넷째, 상대의 말이 끝나기 전에 조언 금지이다.

대부분 경청이 잘 되지 않는 사람들의 경우이기도 하다. 상대의 이야기를 전부 듣기도 전에 미리 내가 조언해야 할 말을 찾지 말라는 것이다. 충분히 듣고 상대가 조언을 요청하면 그 때 해주어도 늦지 않고, 조언의 효능도 더 발휘할 수 있다.

다섯째, 적고 질문하고 감사하기이다.

들은 내용을 적고 말한 내용을 요약하며 다시 질문하면 잘 듣고 있다는 인식을 줄수 있다. 그리고 상대와 대화하는 것이 감사하다고 생각하면 공감 세포끼리 감사가 파장으로 전해진다.

창원 우리들 병원 게시판에 "개에 물리면 3시간 치료받으면 되고, 뱀에 물리면 반나절 치료받으면 되지만 말(言)에 물리거나 말(言)을 놓친 사람은 우리병원에서는 치료할 수 없습니다. 그러나 그것을 치료하는 방법은 간단합니다. 감사미소(감사합니다, 사랑합니다, 미안합니다, 소중합니다)입니다."라고 재미있게 표현되어 있다.

웅변은 은(銀)이지만 침묵은 금(金)이라고 한 것을 보더라도 말을 들어 주는 쉼 속에서 상대의 깊은 내면에 숨겨져 있는 의미를 찾을 수 있다. 사람들이 나를 좋아하게 하는 효과적인 방법 중의 하나가 잘 들어 주는 것이다. 나의 경청 수준을 알고 내면의 소리를 잘 들으면 막힌 것이 뚫리고 한 마음이 되어서 하는 일 마다 잘되는 행복의 문이 활짝 열릴 것이다.

(작성일 :   년   월   일)

본문 내용에서 느낀 것과 실천할 내용을 적어 보세요.

아래 문장의 (   )를 채워 주세요.

삼성 이건희 회장이 부회장으로 첫 근무하는 날에 아버지가 두 가지 단어를 적어서 선물했다. (   )과 '목계(木鷄)'였다. (   )이라는 단어를 준 목적은 '상대방의 말을 잘 듣고 상대의 생각을 공감하라!'는 의미였다. 그리고 '목계'는 나무로 만든 닭이라는 뜻이다. 싸움닭 중 경지에 올라 상대 닭이 아무리 덤벼도 조금도 (   )하지 않고 자신만의 전술로 싸워서 이기는 닭을 의미한다.

02

먼저 답 하려고 하지 말고
3F 경청을 적극 활용하자.

최근에 국어사전에 등재된 단어인 '답정너'의 의미를 아는가? '답은 미리 정해져 있으므로 너는 대답만 하라'는 의미이다.

영어의 Hear와 Listen의 차이를 아시나요?

우리말로는 두 단어 모두 '듣다'로 해석되어 같은 말처럼 보이지만 실은 엄연한 차이가 있다. 두 단어의 차이를 살펴보면 어떻게 경청하는 것이 좋은지에 대한 방법도 알 수 있다. Hear는 나의 의지와 관계없이 나에게 들려오는 소리를 듣는 것을 의미한다. Listen은 집중하라(Pay attention to)는 개념이 들어가서 내가 의도적으로 주의를 기울여서 듣는다는 것을 의미한다.

"당신은 상대와 소통할 때에 말을 집중해서 잘 듣고 있나요?"라고 질문하면 자신 있게 "Yes"라고 답하는 사람이 별로 없다. 왜냐하면 듣기는 듣지만, 들리는 대로 듣지 않고 나의 선입견과 편견으로 사실과 다르게 듣기 때문이다. 그리고 제대로 듣기도 전에 들은 말에 대해 먼저 답을 하려고 준비하다 보니 상대의 말에 집중하지 못하는 것이다.

개떡같이 말해도 찰떡같이 알아듣는 경청 기법은 없을까?

들리지도 않고 보이지도 않는 상대의 의식과 무의식 수준까지도 경청하는 듣기 기술은 없을까? 여러 가지 기법이 있지만 단시간에 경청 수준을 올리기 위해서는 3F 경청 기법이 도움이 된다.

3F 경청이 무엇일까?

첫째, Fact, 즉 사실을 듣는 것이다.

자기 마음대로 해석하지 않고, 있는 그대로 사실을 듣는다는 것이다. 예를 들면 지각한 직원이 "차가 막혀서 늦었습니다."라고 말하면 차가 막힌 내용을 들으려고 하지 않고 "미리 준비하지 못하는 무능한 놈이다." 라고 인식해 버리는 것이다. 차가 늦은 Fact에 집중하지 않고 상대의 태도나 성격으로 연결시켜서 결론을 내는 판단을 하지 말아야 한다.

둘째, Feel, 즉 감정을 잘 파악하며 듣는 것이다.

상대의 마음속에 숨겨져 있는 감정 상태를 알지 못하면 깊이 있는 소통이 어렵다. 깊이 묻혀 있는 속마음의 아픔까지도 파악하며 듣는 훈련이 필요하다.

지각한 이대리에게 "나도 지각한 적이 있는데 그때 많이 조급하고 긴장했어. 그 때 생각해보니 이대리의 힘든 마음이 이해되네! 긴장 풀고 이제 일 시작해보자."라고 이야기 해주는 상사가 있다면 기분이 어떻겠는가?

그러나 우리는 감정 단어를 사용하는 것을 잘하지 못한다. "그때 참 조급했겠네, 힘들었겠네, 곤란했겠네, 불편했겠네." 등의 말을 해주면서 상대의 감정까지 파악하며 들어주는 것이 Feel 경청이다. 그냥 퉁 쳐서 추상적으로 "좋아 보이네."라고 하면 감정의 교류가 되는 경청 수준은 아닌 것이다. 상대의 감정까지 읽으며 들어주어야 제대로 된 공감 경청이 될 수 있다.

셋째, Focus, 즉 의도까지 들어 주는 것이다.

말 속에 포함되어 있는 의도까지 파악하며 듣는 것이다. 불평불만 속에는 자신이 바라는 것이 들어 있다. 뭔가 원하는 대로 잘 되지 않을 때에 하는 말이 불평불만이므로 불평하는 저변의 의도까지 이해해야 한다.

퇴근한 남편이 집에 돌아와서 "왜 이렇게 지저분해!"라고 말한다면 집이 잘 정돈되어 있기를 바라는 마음을 불평으로 표현한 것이라고 할 수 있다. 남편이 말하는 Focus, 즉 의도까지 제대로 들을 수 있는 아내는 어떻게 말할까? "나도 직장에서 방금 들어와서 정리할 시간이 없었어요! 걱정 마세요. 주말에 시간이 나니 정리할 게요!"라고 말할 것이다. 이렇게 말한다면 남편의 반응은 어떨까? 남편은 청소에 대해서는 더 이상 주절거림이 없을 것이다. 오히려 "나도 주말에 함께 청소 할게!"라고 하며 도와준다고 할 수도 있다.

대화는 상대의 지혜와 마음을 통째로 얻을 수 있는 절호의 기회이다. 경청에 제일 방해를 하는 도구는 스마트폰이다. 무음으로, 보이지 않는 곳에 두고 3F 경청의 3가지 측면을 잘 적용하여 대화하면 좋은 결과를 얻게 된다.

26주차 리더십 향상 질문과 실천할 내용

(작성일 :   년   월   일)

본문 내용에서 느낀 것과 실천할 내용을 적어 보세요.

아래 문장의 (   )를 채워 주세요.

불평불만 속에는 자신이 바라는 것이 들어있다.

뭔가 원하는 대로 잘 되지 않을 때에 하는 말이 불평불만이므로 불평하는 저변의 (   )까지 이해해야 한다. 퇴근한 남편이 집에 돌아와서 "왜 이렇게 지저분해"라고 말한다면 집이 잘 정돈되어 있기를 바라는 마음을 (   )으로 표현한 것이라고 할수 있다.

03
고객을 듣고 고객과 함께 듣고 고객을 위해 듣는 3차원 경청을 습관화하자.

갈등이라는 의미를 아는가? 일이 뒤 얽혀 풀기 어려운 상태나 서로 다른 입장으로 일어나는 불화를 말한다. 갈등이란 칡 갈(葛)자와 등나무 등(藤)자가 합쳐진 단어이다. 칡이나 등나무 모두 대를 휘감고 올라가는 성질이 있다. 칡은 오른쪽으로 감는 성질이 있고 등나무는 왼쪽으로 감는 성질이 있기에 이 둘이 같은 나무를 타고 오른다면 서로 목을 조르듯 얽히고설키게 되므로 서로 갈등하게 되는 것이다.

결국 자신의 입장만 내세워서 얻으려고 하면 얻지도 못하고 더욱 일이 틀어져서 수습 불가능하게 되는 경우가 갈등이다. 인간은 왜 갈등이 생기는가? 서로가 잘 못 듣는 것 때문에 생긴다고 한다.

이와 같이 얽히지 않고 상대의 의도를 잘 파악하기 위해서는 경청이 필요하다. 사람들을 직접 만나 열린 마음으로 경청하고 말하지 않는 무언가를 알게 되면 갈등을 예방할 수 있다. 평소 내가 듣고 싶은 것만 듣고, 내가 말하고 싶은 것에만 초점을 맞춘다고 느낀다면 그 때가 경청하는 방법을 공부해야할 시점이다.

고객을 듣고 고객과 함께 듣고 고객을 위해 듣는 3차원 경청을 습관화 해야 한다.

첫째, 고객을 듣는다는 의미는 무엇일까?

'고객을 듣는다'는 것은 기업이나 조직이 고객들의 의견과 요구사항을 주의 깊게 듣고 이해하는 것을 의미한다. 이는 고객 중심의 접근 방식을 채택하여 고객과의 관계를 강화하고, 제품과 서비스를 개선하는 데에 중요한 요소이다.

'고객을 듣는다'는 고객의 의견을 경청한다는 의미이다. 기업이나 조직은 고객들의 의견을 경청하고 그들의 의견이 중요하다고 인식한다. 고객들은 제품 또는 서비스를 사용하면서 겪는 경험과 느낌을 가지고 있으므로 이러한 의견을 존중하고 반영하는 것이 매우 중요하다.

경청을 잘 하기 위해서는 고객과의 대화를 할 때 항상 진지하게 듣고 이해하는 자세를 갖는 것이 중요하다. 고객의 말을 끝까지 듣고 질문이나 의견을 잘 받아들이면서 겸손하고 열린 마음을 갖는 것이 좋다. 내가 지금 듣고 있는 것은 고객의 이야기인가, 아니면 내 생각인가를 체크하며 들을 필요가 있다. 기업 입장에서 기업의 생각과 판단으로 듣는 것이 아니라 고객의 생각과 의도를 듣기 위해 노력해야 한다는 것이다. 고객이 말과 행동으로 표현한 것과 표현하지 않은 것 등을 잘 구분하여 적극적으로 의도를 파악하며 들어야 한다.

고객을 듣는 것은 고객 중심의 경영 철학을 지향하는 기업이나 조직에서 매우 중요한 가치이며, 고객들과의 긍정적인 상호작용과 신뢰를 구축하는 데에 큰 역할을 한다. 이를 통해 기업은 고객들과 더 긴밀한 관계를 형성하고, 지속적인 성장과 경쟁력을 유지할 수 있다.

둘째, 고객을 위해 듣는다는 의미는 무엇일까?

'고객을 위해 듣는다'는 것은 고객과의 소통을 원활하게 하고 고객의 요구사항과 의견을 이해하고 이를 통해 고객과의 관계를 향상시키고 제품이나 서비스를 더 나은 방향으로 개선하는 데 필수적이다. 고객을 위해 듣는 방법에는 몇 가지가 있다.

① **고객의 요구사항 파악** : 고객들이 원하는 제품 또는 서비스의 요구사항을 정확히 파악하는 것이 중요하다. 고객의 소리를 들을 수 있는 다양한 채널을 개발하고 이를 통해 고객의 요구사항을 자세히 수집하고 이해해야 고객 중심의 솔루션을 제공할 수 있다.

② **피드백 수집** : 고객의 피드백을 꾸준히 수집하고 분석하는 것이 중요하다. 만족도 조사, 고객 리뷰, 제품 평가 등을 통해 고객들이 제품이나 서비스에 대해 어떻게 생각하는지 파악할 수 있다.

③ **고객 서비스 향상** : 고객과의 상호작용에서 자주 나타나는 문제점이나 불만사항을 개선하는 것은 고객을 위해 듣는 가장 중요한 방법 중 하나이다. 고객의 의견이나 요청사항에 대해 능동적으로 대응하는 것이 좋다. 고객 서비스 팀과 연결하여 문제를 신속하게 해결하고 고객의 경험을 향상시키는 데 도움을 줄 수 있다.

④ **고객의 무한한 가능성 경청** : 기업의 리더가 고객과 대화할 때 자신이 알고 싶은 것이나 얻고 싶은 정보만을 확인하는 것은 고객을 위해 듣는 것

이 아니다. 고객이 창조적인 존재라는 것을 인식하고 고객이 가지고 있는 무한한 가능성을 보고 고객이 가지고 있는 다양한 생각과 아이디어에 대해서 호기심을 갖고 듣는 것이 고객을 위해 듣는 것이다. 고객을 위한 것이 바로 기업을 위한 것이다.

즉 고객을 위해 듣는다는 것은 고객의 의견과 요구사항을 경청한 후 그에 맞는 제품이나 서비스를 제공하는 것을 의미한다. 이를 통해 고객의 만족도를 높이고, 서비스의 질을 개선할 수 있다. 고객을 위해 듣는 것은 기업이나 조직의 성공과 성장에 필수적인 요소이다.

셋째, 고객과 함께 듣는다는 의미는 무엇일까?

'고객과 함께 듣는다'는 고객과 기업 또는 조직 간의 의사소통이 양방향으로 이루어진다는 의미를 담고 있다. 이는 고객이 기업이나 조직에게 의견을 전달하고, 기업이나 조직은 그 의견을 열심히 듣고 존중하며 그에 따른 조치를 취한다는 것을 의미한다. '고객과 함께 듣는다'는 기업의 리더가 직접 고객과 대화를 할 때 리더가 듣게 된 것을 다시 정리하여 고객이 들을 수 있도록 반영하면서 듣는다는 의미이다. 예를 들면 리더의 직관이나 통찰을 고객과 함께 공유하고 반영하면서 듣는 것을 말한다. 고객이 가지고 있는 의식의 사각지대에 있는 것도 경청하며 사각지대를 고객과 공유하며 듣는 것을 말한다. 그런데 중요한 것은 고객과 함께 들어야 할 것이 있는 반면에 리더만 알고 넘어가야 할 것도 있다. 따라서 리더는 고객의 인식과 패러다임의 확장에 영향을 주는 것이면 고객과 함께 듣는 경청을 할 필요가 있다.

고객과 대화한다는 것은 고객의 말을 잘 들어 반영해 달라는 의미도 함께 들어있다. 당신만은 내 말을 잘 들어 줄 것이라는 신뢰도 함께 담겨져 있다. 고객을, 고객을 위해, 고객과 함께 듣는다는 것은 기업의 지속적인 성장과 고객들의 신뢰를 얻기 위해 매우 중요한 가치이다.

27주차 리더십 향상 질문과 실천할 내용

(작성일 : 년 월 일)

본문 내용에서 느낀 것과 실천할 내용을 적어 보세요.

아래 문장의 ( )를 채워 주세요.

칡은 오른쪽으로 감는 성질이 있고 등나무는 왼쪽으로 감는 성질이 있기에 이 둘이 같은 나무를 타고 오른다면 서로 목을 조르 듯 얽히고설키게 되므로 서로 ( )하게 되는 것이다. 결국 자신의 입장만 내세워서 얻으려고 하면 얻지도 못하고 더욱 일이 틀어져서 수습 불가능하게 되는 경우가 갈등이다. 이와 같이 얽히지 않고 상대의 의도를 잘 파악하기 위해서는 ( )이 필요하다.

04
인식, 반응, 결과의 사이에 있는
공간을 잘 연결하는 맥락적인 경청을 하자.

귀동냥이라는 의미를 아는가? 귀동냥이란 어떤 지식을 체계적으로 배우거나 학습하지 않고 남들이 하는 이야기로만 얻은 지식을 말한다. 아이가 엄마라고 첫 한마디를 하는 것도 엄마가 하는 말을 귀동냥으로 배운 말이다. 그런데 귀로 들은 이야기는 거지가 한 끼 먹기 위해 구걸하는 의미로 동냥이라고 표현한 것이다. 학교에서 읽기, 쓰기, 말하기 중심으로 가르치다 보니 듣기는 잘 배우지도 못했고 중요성에 대한 인식도 낮다.

그러나 사회생활에서 참으로 중요한 일을 처리하기 위해서는 듣기가 매우 중요한 위치를 차지하고 있다. 머리와 다리는 있어도 귀가 없는 사람들이 많다는 의미는 제대로 듣지 못하는 사람들이 많다는 뜻이다.

경청에 관련된 사자성어도 여러 가지가 있지만 가장 많이 사용하는 단어가 마이동풍과 우이독경이다. 마이동풍(馬耳東風)이란 말 귀에 봄바람이 스쳐간다는 뜻으로 남의 말을 귀남아듣지 않고 흘려버림, 또는 전혀 관심이 없음을 비유하는 말이다. 우이독경(牛耳讀經)이란 의미는 소귀에 경 읽기라는 뜻으로, 애써 일러주어도 이해하지 못하는 어리석은 상태나 공을 들여도 보람이 없는 부질없는 상태를 말한다.

좋은 인간관계 형성을 위해서는 능숙한 화술도 중요하지만 더 중요한 것은 말이 통하는 사람을 만나는 것이다. 말이 통하는 사람이란 나의 이야기를 통째로 잘 들어 주는 사람이다. 마이동풍이나 우이독경이 아니라 상대가 하는 말을 맥락적으로 잘 들어주면 소통이 제대로 되어 공감이 일어난다.

대화를 할 때 이야기가 겉돌거나 서로 같은 입장만 되풀이해서 말할 때가 있다. 이런 상황이 반복되면 사람들은 상대를 '말이 잘 통하지 않는 사람'이라고 생각하게 된다. 이 문제는 말을 잘 하지 못해서가 아니라 잘 들어주지 않을 때 생겨난다. 원활한 소통을 위해서는 무엇보다도 '잘 들어주는 태도'가 필요하다.

최근 미국의 CEO들은 별도의 경청 훈련까지 받는다고 한다. 원활하지 않은 의사소통으로 기인한 문제들과 이를 해결하는데 소모되는 비용만도 수백만 달러에 이르기 때문이다. 커뮤니케이션 전문가인 래리 바커는 "말을 하는 입이 아니라 말을 듣는 귀가 모든 대화의 성패를 좌우한다."고 했다.

상대의 말에 귀 기울여 듣는 경청의 수준에는 3단계가 있다.

첫 번째 단계는 '수동적 경청' 이다.

부부간의 대화에서 가장 많이 나타나기 쉬운 경청인데 TV보면서 "응" "그래" 하며 수동적으로 건성으로 듣는 것을 말한다. 자녀가 말할 때 눈높이를 맞추어 듣지 않고 건성으로 적당히 들어 주는 척하는 경청이다.

두 번째 단계는 '적극적 경청' 이다.

적극적 경청은 말하는 사람에게 주의를 집중하고, 공감해주는 경청이다. 상대방과 눈을 맞추고 고개를 끄덕이며, "정말?" "그렇구나" "감동이야"

하는 추임새를 넣으면서 듣는 경우이다. 적극적 경청이 이뤄지면 의사소통이 원활해진다.

세 번째 단계는 '맥락적 경청(Contextual Listening)' 이다.

상대방의 의도, 감정, 배경을 잘 파악하여 말하지 않은 부분까지 전체적인 맥락을 파악하며 듣는 방법이 맥락적 경청이다. 상대방의 마음까지 헤아리기 때문에 원활한 소통과 공감까지 가능해진다. 어떤 사실에 대해서 들으면 우선 있는 그대로 Fact를 듣고 상황을 인식하는 것이 중요하다. 인식한 상황에 따라 어떻게 반응하고 그 반응에 대한 결과가 무엇인지에 대해 연결시켜 듣는 것이 맥락적 경청이다.

Fact, 인식, 반응, 결과의 프로세스를 따라가며 듣다 보면 무슨 일이 일어났는가? 그것은 나에게 어떻게 보였나? 그래서 나는 어떻게 반응했나? 내가 얻은 결과는 무엇이었나?를 대해 연결해서 통으로 듣고 파악하게 된다.

맥락적 경청을 잘하기 위해서는 먼저 자신에게 다음과 같은 문제의식을 갖고 질문해 보면 된다.

첫째, Fact를 제대로 파악하여 사실과 생각을 잘 구별하고 있는가?

둘째, Fact가 나의 인식에 미친 영향은 무엇이며 어떻게 보였는가?

셋째, 내 안이나 밖에서 일어나는 반응은 무엇이며 감정, 의도, 기대한 것을 어떻게 반영하고 있는가?

넷째, 반응이 불러오는 결과를 연결시켜 듣고 있는가?

다섯째, 기대한 결과는 무엇이며 기대에 부응하지 못한 결과는 무엇인가?

위의 5가지 질문으로 경청하는 자세를 체크해보면 무엇이 부족한지 알게 된다. 그리고 인식과 반응 사이에는 내적인 반응과 외적인 반응이 있는데 이 반응은 무엇 때문에 일어날까?에 대해 내적, 외적으로 구분해서 살펴보아야 한다.

어떤 Fact에 자극을 받아 상황을 인식하게 되면 반응을 하게 되는데 인식과 반응 사이에 공간이 있다. 그리고 반응과 결과 사이에도 공간이 있다. 이 공간을 잘 연결시키면서 들어주는 것이 맥락적 경청이다.

28주차 리더십 향상 질문과 실천할 내용

(작성일 :   년   월   일)

본문 내용에서 느낀 것과 실천할 내용을 적어 보세요.

아래 문장의 (   )를 채워 주세요.

좋은 인간관계 형성을 위해서는 능숙한 화술도 중요하지만 더 중요한 것은 말이 통하는 사람을 만나는 것이다. 말이 통하는 사람이란 나의 이야기를 (   ) 잘 들어 주는 사람이다. 마이동풍이나 우이독경이 아니라 상대가 하는 말을 (   )으로 잘 들어주면 소통이 제대로 되어 공감이 일어난다.

05
신뢰도를 높이고 성과를 얻는
면담 방법을 배우자.

정기적으로 멤버들과 면담이나 코칭은 하고 있는가? 도시락 미팅, 골든 미팅, 오픈 미팅, 성과 평가 미팅 등의 이름으로 대표이사나 인사담당 임원과 정기적인 면담을 하는 경우가 많다.

그러나 막상 면담을 하게 되면 특별히 할 말이 없다고 침묵하고 듣기만 하는 구성원도 있고, 들어주려는 마음은 뒤로 제쳐두고 자신의 자랑이나 잔소리만 늘어놓는 리더도 많다. 성과를 높이고 상하 간에 신뢰를 높이는 좋은 방법 중의 하나가 면담인 것은 확실한데 운영이 서툴거나 개선할 점이 많은 것도 사실이다.

면담을 통해서 사전에 문제를 방지할 수도 있고, 퇴직하려는 생각을 바꾸어 줄 수도 있지만 대부분 사후약방문(死後藥方文) 면담이다. 바쁘다는 핑계로 대부분 문제가 일어난 다음이나 사표를 내고 나서 면담하기 때문이다. 평소에 작은 소리에도 귀를 기울여 듣고 내가 말하기 전에 상대의 말을 먼저 잘 들어주는 경청의 자세가 매우 중요하다.

어떻게 하면 원하는 성과를 얻고 신뢰를 높이는 면담을 할 수 있을까? 제대로 된 면담을 위해 주의할 점은 무엇일까?

다음과 같이 4가지 방법을 정리해 보았다.

첫째, 미리 계획을 세우고 목적을 공유하고 면담을 해야 한다.

리더가 시간적 여유가 있어서 갑자기 면담 자리를 갖자고 하면 원하는 소통의 장이 되기는 어렵다. 면담자도 자신의 형편을 무시하고 일방적으로 잡은 일정이라고 생각이 되어서 오히려 관계가 나빠질 우려도 있다.

면담하는 목적을 서로 공유하고 일정도 사전에 합의해서 진행해야 성과를 얻는 면담이 된다. 특히 성과 평가 면담의 경우에는 전년도 면담 내용과 숫자에 근거한 객관적인 자료를 준비해야 한다. 보통 면담의 내용은 구성원이 담당하는 주요 업무와 현안 과제를 대상으로 하지만 개인적인 고민도 함께 들어 주는 시간이 되어야 한다.

둘째, 라포 형성을 한 후에 본론으로 들어가야 한다.

상하 간에 관계가 아무리 좋아도 목적을 가지고 1:1로 만나면 서로가 긴장을 하게 되고 불편한 자리가 된다. 라포를 형성한다는 의미는 마음을 여는 질문으로 상호 이해와 공감을 통해 신뢰관계와 유대감을 갖게 하는 다리를 놓는다는 것을 말한다. 상대가 좋아하는 것이나 취미, 가족 등에 대한 질문으로 대화를 시작해 보면 공감도 생기고 신뢰도 생긴다. 좋은 방법 중의 하나가 최근에 감사했던 일을 나누고 시작하면 서로가 긍정적인 상태에서 대화를 시작할 수 있다.

셋째, 리더가 일방적으로 자기 생각을 쏟아 놓지 말고 상대의 말을 적극적으로 경청해야 한다.

경청을 잘하기 위해서는 미리 질문 리스트를 준비하면 좋다. 질문을 준비하지 않으면 리더가 교훈이나 훈계만 하다가 끝나는 경우가 많다. 내가 준비한 질문을 하고 나면 상대의 답을 듣고 싶어서 경청은 저절로 잘하게 된다. 경청기법도 미리 공부하여 대화를 하면 열린 대화가 되어서 면담의 목적을 잘 달성할 수 있다.

넷째, 피드포워드(Feed-forward) 코칭으로 대화하고, 마무리는 면담 당사자가 하게 하는 것이다.

피드백을 하다 보면 잘못한 것을 꾸짖는 식이 되어 면담 효과가 상실된다. 어느 누구도 과거를 바꿀 수는 없다. 이미 지나가서 제어할 수 없는 문제를 놓고 피드백 방법으로 대화하다 보면 주로 반성하는 대화에 머문다. 그러나 현재 모습이 아닌 변화하는 미래의 모습을 그리게 하는 피드포워드 대화를 하면 기대 성과와 연결된다. 시간의 축을 미래로 돌려서 자신이 보지 못하는 것이 무엇인지를 알게 하고, 과거의 선입견과 편견에서 벗어날 수 있도록 코칭을 해 주면 좋다.

마무리 할 때에는 면담에 대한 느낌과 결정한 내용, 향후 실천할 내용에 대해서 상대가 총정리하도록 기회를 주어서 '내 자신의 일이다' 라는 책임을 갖게 하는 것이 좋다. 그리고 더 중요한 것은 실행해야 할 내용에 대해서는 일정계획까지 넣어서 마무리 되도록 면담을 이끌어내야 한다.

29주차 리더십 향상 질문과 실천할 내용

(작성일 :   년   월   일)

본문 내용에서 느낀 것과 실천할 내용을 적어 보세요.

아래 문장의 (   )를 채워 주세요.

경청을 잘하기 위해서는 미리 (   ) 리스트를 준비해야 한다. 질문을 준비하지 않으면 리더의 교훈이나 훈계만 듣다가 끝나는 경우가 발생한다. 내가 준비한 질문을 하고 나면 상대의 답을 듣고 싶어 하므로 (   )은 저절로 잘하게 된다.

How to become
a happy leader!

제 **5** 장

공감 파워
Power of Empathizing

공감 경영 능력을 키우고 피드백을 잘하는 리더가 되자.

01
감각기관을 철저하게 활용하여
공감 경영 수준을 높이자.

대부분 '나눔'을 이야기 할 때는 재정적인 것에만 국한시켜 생각하는 경우가 많다. 나눌 돈이 없으면 나눔은 할 수 없으므로 나와는 관계 없다고 생각하고 무관심하게 된다.

그러나 우리 삶 속에서는 여러 종류의 나눔이 있다. 지식을 나누는 일, 경험을 나누는 일, 마음을 나누는 일, 우정을 나누는 일, 사랑을 나누는 일 등과 같이 물질적인 것 외에도 많은 종류의 나눔이 있다. 보이는 나눔과 보이지 않는 나눔이 있고, 넓이와 깊이가 다른 여러 가지 나눔이 있다. 특히 감각기관을 사용한 나눔은 사람의 마음을 움직이고 마음을 모이게 하기 때문에 소통에 매우 중요한 도구가 된다.

인간의 욕심은 감각기관을 통해서 발생하기 때문에 불교에서는 안, 이, 비, 설, 신, 식(眼, 耳, 鼻, 舌, 身, 識)에서 오는 탐욕을 조심하라고 강조한다.

기업경영에서는 6감을 활용한 공감 경영을 잘 해야 행복하게 일하며 경영목표를 달성할 수 있다.

해야 할 중요한 일을 적고 보이게 하고 선언하게 하여 진행사항을 신호등으로 관리되게 하면 시각, 촉각, 청각, 지각을 활용하게 되어 실행력이 높아지고 달성 속도도 빨라진다.

　6가지 감각기관을 잘 활용하여 소통을 활성화시켜 공감 경영 수준을 높이는 방법론이 '드러내기 경영'이다. 마음 상태와 몸 상태를 드러내고, 해야 할 일을 드러내고, 문제가 발생하는 즉시 보이게 하고, 이상과 정상의 차이를 보이게 하므로 즉각적인 행동화를 일으킬 수 있는 경영기법이다.

　천안에 있는 디와이엠솔루션 사장실 입구에는 신호등이 있는데 비서에게 물어보지 않아도 사장님이 집무실에서 결재 중인지, 혼자 있는지, 외출 중인지를 신호등으로 알 수 있다. 연구프로젝트의 계획 대비 빠르고 늦음을 연구소에 가지 않아도 사장실에서 바로 확인할 수 있다. 대봉엘에스 사장실 문에는 사장님 마음 날씨도가 붙어 있어서 결재를 받기 전에 사장님의 상태를 알 수 있으므로 사장님의 마음을 고려하며 소통할 수 있다. 한국피에스는 사출기계의 가동 상태를 신호등으로 알려주고 설비가 고장이 나면 경고음이 울리고 표시등에 적색 불이 들어와서 이상을 알려준다. 그리고 매주 경영서신을 녹음하여 휴식시간이나 점심시간에 들려주어 청각을 통한 긍정신뢰 자본을 늘린다. 작업장에는 음악을 들려주어 리듬 있게 작업을 하게 한다. 제이미크론과 연산메탈은 사무실 입구, 화장실, 계단, 식탁에 교훈이 되는 좋은 문장을 게시하여 긍정심리를 높이는 공감 경영을 하고 있다. 당월 생일인 직원들을 게시하고 생일 축하 카드를 써주며 축하를 나누게 한다. 특히 감사, 칭찬활동은 시각, 청각을 활용하여 긍정신뢰 자본을 증가시키는 공감 경영이다.

　KPX케미칼은 매월 꼭 필요한 정보와 각 팀의 우수 실천 사례를 사무실

입구에 있는 대형 TV로 공유하는 공감 경영을 한다. 더 나아가 연말에는 1년 동안의 중요 내용을 동영상으로 제작하여 시각과 청각을 동시에 활용하는 공감 경영을 한다. 삼성, 현대 등의 그룹회사는 매월 사보를 제작하여 꼭 필요한 정보를 공유하며 공감경영을 한다. 다비치안경체인 본사는 매일 본사, 연수원, 대구 물류 센타와 영상으로 소통회의를 한다. 전자 저울회사 카스는 정기 월례회를 미국, 중국, 베트남, 인도, 러시아, 독일, 터키 지사장들과 함께 화상회의로 진행하면서 시각과 청각 등을 활용한 공감 경영으로 소통을 활성화하고 있다.

시각과 청각에 그치지 않고 깊이를 더해서 촉각과 후각과 미각을 통해서 나눌 수 있는 방법도 지속적으로 연구하고 개발해 내면 경영목표 달성이 빨라진다.

전달되는 거리를 생각하여 공감 경영을 적용하는 것도 도움이 된다.

거리감각으로 따져 보면 가장 먼 거리를 볼 수 있는 것이 시각이다. 시각으로 달도 보고 별도 볼 수 있기 때문이다. 그 다음이 청각인데 달은 보이지만 달에서 일어나는 소리는 듣지 못한다. 즉 시각보다 청각이 느끼는 거리가 짧기 때문이다. 후각은 일정한 거리 안에서만 냄새를 맡을 수가 있다. 신차를 구입하면 향수도 같이 선물해 주어 브랜드 이미지를 향기로 구현하는 마케팅을 적용하는 회사도 늘어나고 있다. 촉각은 접촉해야 느끼는 감각으로 매우 가까워야 연결이 되는 감각기관이라고 할 수 있다. 그러나 뭐니 뭐니 해도 제일 가까운 것이 미각이다. 미각은 먹어야 알 수 있기에 객체와 객체가 결합하여 하나가 되어야 알 수 있는 감각이다. 딸기가 맛있게 보여도 내 입에 들어와서 나와 하나가 되어 녹아져야 딸기 맛을 느낄 수 있다.

사랑도 미각의 레벨에서 느낄 수 있어야 완전한 사랑이라고 하는 이유가 거리감 없이 하나됨을 나타내는 감각이 미각이기 때문이다. 호프 데이, 도시락 미팅 등도 공감 경영 중 미각을 활용하는 사례라고 할 수 있다. 많은 기업에서 소집단 활동이 실패를 하는 근본 원인은 감각기관을 통한 공감 경영에 소홀하고 성과만 강조하기 때문이다. 소집단 분임조 활동을 성공하려면 6감을 나눌 수 있도록 분위기를 만들어 주면 분임원 스스로 아이디어를 내어 하는 일을 개선하게 된다.

아시아 9개 지사 중에서 가장 실적이 저조했던 한국의 후지제록스가 공감경영을 통해서 노사문제를 해결하고 실적이 급상승한 것도 대표이사가 전국 영업소를 돌면서 삼겹살과 소주로 감각경영을 실천한 결과라고 할 수 있다. 최근에는 마케팅 기업으로서 소비자의 감각기관을 자극하는 제품이나 광고를 개발하는 데에도 관심을 보이고 있다.

스타벅스는 커피를 파는 것이 아니라 커피 문화(음악, 향기, 맛, 공간)를 팔아서 우뇌를 적극적으로 움직이게 함으로써 인간의 심리를 사로잡아 공감경영에 성공한 사례이다.

Ford는 빅데이터를 활용해 자동차 문을 여닫을 때 고객이 좋아하는 가장 완벽한 소리를 개발하는 팀을 만들어 연구하고 있다. 촉각을 활용한 터치폰의 원조는 LG전자지만 애플이 터치 스크린으로 스마트폰을 개발하여 크게 성공한 것은 고객의 6감을 제품에 잘 반영한 때문이다.

최근에는 센서기술이 발달해 사물과 소통하며 인간의 6감까지 인식하는 IT기술이 진화를 보이고 있어 공감경영의 수준이 한층 향상되었다.

가정에서도 1일 3번 안아주기, 라이프 플랜 작성, 가정 깃발 만들기, 가정 가치관 드러내기, 가사일 도와주기, 100감사 적어주기 등 가정 공감 경영이 필요하다. 가정에서 공감 경영이 활성화되면 자녀가 좋은 대학에 합격하고 상을 받아오는 횟수가 증가한다.

30주차 리더십 향상 질문과 실천할 내용

(작성일 :   년   월   일)

본문 내용에서 느낀 것과 실천할 내용을 적어 보세요.

아래 문장의 (   )를 채워 주세요.

기업경영에서는 6감(안, 이, 비, 설, 신, 식) 경영을 잘 실천해 경영목표를 달성하기 위해서는 당일에 할 일을 적고(촉각), 보이게 하고(시각), 선언하게 하여(청각) 진행사항이 신호등으로 관리되게 해야 한다. 6가지 감각기관을 잘 활용하고 소통의 활성화를 위해 만든 방법론이 (   )이다. 문제가 발생 즉시 보이게 하고 이상과 정상의 차이를 보이게 하므로 즉각적인 (   )를 일으킬 수 있는 경영기법이다.

02
머리 언어보다
가슴 대화를 잘 하는 방법을 배우자.

좋은 인간관계는 행복의 가장 중요한 요소인데 좋은 관계를 유지하는 핵심은 가슴대화라는 것을 알고 있을 것이다. 어떻게 하면 인간관계도 더 좋게 형성하고, 성공하는 인생이 될 수 있을까? 업무를 수행을 하면서 좋은 관계를 만들기 위해서 가슴대화를 하는 구체적인 방법은 무엇일까?

출근하자마자 팀원들의 몸과 마음 상태를 드러나게 하여 인정해주고 공감해 주면 컨디션이 나빠도 좋은 관계를 깨뜨리지 않는다. 당일 해야 할 일인 업무를 드러내고 공유하여 함께 근무하는 동료들의 업무 강도의 상태를 미리 살펴서 조절해 주면 좋은 관계가 유지된다. 가슴 대화는 행복한 직장을 만들기 위해 매우 필요한 요소인데 머리 언어만 사용하고 공감 언어를 잘 사용하지 못해서 어려워하는 리더들이 많다. 공감 리더로서 가슴 대화를 잘 하는 방법을 알아보자.

첫째, 나 자신에게 먼저 가슴으로 대화하는 훈련을 하자.

이 지구촌에서 가장 먼저 인정하고 제대로 소통해야 할 사람은 누구일까? 바로 나 자신이다.

나 자신과 제대로 소통 한다는 것은 내가 가진 마음의 결을 제대로 아는 것이다, 그리고 나의 호흡 속에 담겨있는 생명을 알아채고 나의 몸과 마음에 먼저 가슴으로 대화해 주는 것이다. 자기 자신과도 제대로 소통하지 못하는데 타인과 소통하기는 더 어려울 것이다. 자신과 소통을 잘하는 방법은 잘한 일이 있을 때에 나 자신을 칭찬해 주는 것이다. 그리고 내가 좋아하는 음식을 먹으며 잘했다고 보상해 주는 것도 좋은 방법이다. 그리고 매일 감사 일기를 쓰면서 나 자신에게도 감사 쓰는 것도 빠뜨리지 않으면 빠르게 가슴 대화 능력이 올라간다.

둘째, 나의 의식의 수준을 올려서 점점 더 밝게 하자.

의사 출신으로 전 세계를 아우르는 영적 스승이 된 데이비드 호킨스 박사는 인간의 의식 수준을 1에서 1,000까지로 수치화한 의식 지도를 만들었다. 이 의식 지도에는 20, 30으로 측정되는 수치심, 죄책감부터 500, 600으로 측정되는 사랑, 평화를 거쳐 1,000의 수준인 깨달음에 이르기 위한 감정의 단계가 17수준으로 수치화되어 제시된다. 나와 내 주변 사람들의 의식 수준이 사다리 어디쯤 위치하고 있는지 궁금하지 않은가?

의식 척도에서 200을 임계적 반응점이라고 한다. 온정과 용기가 결합된 수준이며, 부정적 영향력과 긍정적 영향력 사이의 평형점이다. 200 미만에서는 개인의 생존이 일차적 추진력이지만 힘들고 어렵고 우울한 의식 척도 맨 밑바닥에는 그러한 동기조차 결핍되어 있다. 200 이상에서는 삶이 원하는 방향으로 흘러 조화와 창조적인 삶을 살아갈 수 있게 되며, 500까지는 자신과 타인의 행복이 본질적 동기부여 요인이 된다고 한다. 500 후반에 이르면 자신과 타인 모두를 위한 영적 삶에 대한 관심이 생기고, 600대는 인류 이익과 깨달음의 추구가 일차적 목표이다. 700~1000까지의 삶은 전 인류의 구원을 위해 봉헌하는 것이 동기가 된다고 하는데 예수, 석가모니, 공자,

소크라테스의 수준이라고 한다.

감정은 나의 의식 수준을 나타내는 센서이다. 건강한 센서를 가지고 있는 사람은 자신의 삶을 더욱 건강하고 풍요로운 방향으로 끌어갈 수 있는 반면, 고장 난 센서를 가지고 있는 사람은 자신의 감정을 무시 혹은 외면한 채 살아가는 아픈 사람이다. 데이비드 호킨스 박사는 의식의 밝기를 올려 마음의 평화를 얻으려면 연민을 가지고 세상을 바라보라고 한다. 인류에 대한 사랑의 마음과, 공익을 위해 자기애와 자기중심적인 특성을 내려놓음으로써 모든 생명을 무조건적으로 사랑하게 되면 상대의 한계를 받아들이고 연민의 눈으로 세상을 바라볼 수 있다고 한다.

〈데이비드 호킨스 박사의 의식 지도〉

신에 대한 관점	자기에 대한 관점	수 준	로 그	감 정	과 정
참나	있음	깨달음	700~1,000	형언할 수 없는	순수 의식
전존재	완벽한	평화	600	지복	빛비춤
하나	완전한	기쁨	540	평온	변모
사랑하는	온건한	사랑	500	경외	드러남
현명한	의미 있는	이성	400	이해	추상
너그러운	조화로운	수용	350	용서	초월
영감을 주는	희망적인	자발성	310	낙관주의	의도
할 수 있게 해 주는	만족스러운	중립	250	신뢰	풀려남
허락하는	실행할 수 있는	용기	200	긍정	힘의 부여
무관심한	요구가 많은	자부심	175	경멸	팽창
복수심을 품은	적대하는	분노	150	미움	공격
부정하는	실망스러운	욕망	125	갈망	노예화
벌하는	겁나는	두려움	100	불안	위축
냉담한	비극적인	슬픔	75	후회	낙담
선고하는	희망 없는	무감정, 증오	50	절망	포기
보복하는	악	죄책감	30	비난	파괴
멸시하는	가증스러운	수치심	20	치욕	제거

셋째, 가슴언어를 배우고 익히자.

인간관계란 상대가 있는 게임이므로 공감 단어인 가슴을 움직이는 말을 많이 개발하고 알고 있어야 한다. 감동을 주는 공감 언어의 예를 들어보면 "도대체 얼마나 힘들었던 거예요, 그 아픔이 저에게도 전해 지내요.""저도 가슴이 뭉클합니다.""그 말씀을 들으니 통쾌하고 흥분되네요.""정말 하신 일이 경이롭고 놀랍네요.""짜릿하고 저도 우쭐해 지네요." 등의 말을 잘 사용하면 공감 능력이 올라간다. 이런 말들을 자연스럽게 표현할 수 있도록 의식적으로 외워두면 상대를 기분 좋게 하고 열린 소통을 할 수 있다.

넷째, 관계를 향상시키는 언어를 사용하자.

우리나라는 관계를 중시하기 때문에 관계를 훼손하는 말을 하면 제일 싫어한다. 입사 서류의 자기소개서를 보면 "정직하신 아버지와 헌신적인 어머니 슬하에서 3남 1녀로 태어났으며 형은 대기업에서 근무하고 있고" 등 자기 자신 소개보다 가까운 관계를 먼저 소개한다.

직장에서도 상사들이 "너 또래의 동료들과는 다르게 참 일 잘하는구나?"라고 팀원을 칭찬하기도 하는데 동료와의 관계를 중시하는 부하에게는 가슴이 철렁 내려앉는 말이라서 칭찬으로 들리지 않게 된다. 왜냐하면 "내가 우리 동료들에게 왕따 당하겠구나!"라고 생각이 들기 때문이다. 소속과 인정과 존중의 욕구를 가진 구성원에게 관계를 훼손시키는 말은 칭찬을 해도 가슴 대화가 되지 못한다. "요즘 젊은이들답게 창의적으로 일 잘하는구나.""부장님 세대의 경험이 저에게 도움이 많이 되는데 참 좋아요."라는 말처럼 상대가 속해있는 구성원들과의 관계를 살리고 칭찬해야 칭찬의 효과를 발휘할 수 있다.

머리 언어보다 공감 언어 사용으로 가슴 대화가 풍성해져야 한다. 이성이 아니라 감성과 가슴이 통해야 제대로 된 리더십을 발휘할 수 있다.

(작성일 :　　　년　　월　　일)

본문 내용에서 느낀 것과 실천할 내용을 적어 보세요.

아래 문장의 (　)를 채워 주세요.

나 자신과 공감한다는 것은 내 마음의 결을 제대로 아는 것이다. 그리고 나의 호흡 속에 담겨있는 (　　)을 알아채고 나의 몸과 마음에 먼저 가슴으로 대화해 주는 것이다. 자신과도 제대로 소통하지 못하는데 타인과 소통하기는 더 어려울 것이다.

03
숨겨놓은 속마음을 알아차리고
공감 요리를 잘 하는 비결을 배우자.

남편이 승진한 것 때문에 아내가 이혼하자고 화를 내는 것이 이해가 되는가? 흙 수저로 태어난 후배가 성실함 하나로 직장생활을 잘하고 있는데 코로나19 사태로 상사가 구조조정 당하자 갑자기 진급해서 팀장이 되었다.

보통 남편이 승진했다고 하면 "여보, 수고했네. 내가 이렇게 좋은데 본인인 당신은 얼마나 좋을까? 당신의 노력이 인정받을 줄 알았어." 이렇게 칭찬하는 것이 당연하다. 그런데 아내는 "이제 더 늦게 들어오겠네. 회사하고 결혼하지 나와 왜 결혼 했어? 차라리 이번 기회에 이혼하자."라고 말했다는 것이다. 이혼하자는 아내와 어떻게 해야 좋은지를 필자에게 코칭을 부탁했다.

여러분이라면 어떻게 하겠는가? 진급한 남편에게 이혼하자는 아내의 속마음은 무엇인가를 곰곰이 생각해 보았다. 후배의 생활 패턴을 살펴보니 거의 매일 10시 이후에 들어와서 씻자마자 잠자리에 들기 바쁘고, 아침에는 급하다고 아침도 먹지 않고 출근해버리는 때가 많았다. 그리고 아내는 5년간 임신하려고 노력했지만 아이를 갖지 못해 조급한 마음도 있다는 것을 알게 되었다.

하루 종일 남편만 바라보고 기다리고 있는 아내 입장에서 생각해보니 이혼하고 싶다는 생각이 이해되었다. 그렇게 남편에게 매몰차게 말한 아내의 속마음을 생각해보면 남편과 함께 대화하며 소통하지 못하는 아픈 마음을 강하게 표현한 것이라고 공감하게 되었다. "도대체 얼마나 힘들었으면 그렇게 말할 수밖에 없었을까?"라고 생각하니 아내와 함께 붙들고 울고 싶을 정도였다. 남편은 같이 살다 보니 '너는 당연히 내 편이지!' 라는 생각으로 일에만 충실했다. 상대의 마음을 알려는 노력을 하지 않고 '나와 가장 가깝다고 생각하고 말하지 않아도 당신만은 내 마음 알아 줄 것이야.' 라며 하며 전혀 소통이 없었던 것이다.

후배에게 우선 아내의 아픈 마음에 먼저 공감해 주고 뭐가 마음에 들지 않고 불만인지 속마음에 대해 물어보라고 코칭을 하였다. "여보! 당신이 아파하는 그 마음이 나에게도 느껴지네. 정말 미안해. 당신의 속마음을 듣고 싶네."라고 말하자 아내가 펑펑 울면서 마음의 깊은 상처를 드러내 주었다.

사실은 함께 외식도 하고 싶고 시아버지가 손자를 기다리는 마음에 대해 함께 소통도 하고 싶었다고 했다. 그리고 함께 마음을 나누어 주리라고 믿었던 사람이 얼굴도 제대로 볼 시간이 없으니 강한 충격을 주고 싶었다고 속마음을 드러내 주었다. 직장에 목숨을 건 남편을 인정하며 참고 지내보려고 했는데 가슴이 답답하고 머리가 깨질 것 같아 병원에 갔더니 뚜렷한 근거나 이유 없이 갑자기 신한 불안과 공포를 느끼는 공황장애라는 황당한 결과를 받았다. 이렇게 살다가는 자살할 것 같아서 차라리 혼자 살면 기대를 하지 않아도 되니까 이혼하고 싶다는 마음이 든 것이라고 숨겨져 있는 속마음을 드러내 보였다.

회사에서 인정 잘 받아서 봉급만 많이 입금해 주면 아내는 좋아할 것이라는 생각이 크게 빗나간 것이다. 남편은 모든 게 나의 잘못이라고 미안하다고 하며 용서를 빌었다. 한 달의 일정을 자세하게 공유하여 무작정 기다리지 않게 했다. 그리고 퇴근하면 집안일도 잘 도와주고 주말에는 아내와 시간을 보내는 계획을 구체적으로 세워서 함께 소통하는 시간을 길게 갖도록 했다.

그 후에 궁금해서 후배에게 전화를 했더니 선배의 충고에 감사하다고 하며 전화 할 시간이 없을 정도로 아내와 많은 대화를 하고 있으며 서로의 마음을 이해하게 되어 지금은 행복하다고 했다.

사람과의 갈등에서 벗어나는 길은 물질적인 것이 아니라 마음을 알아주는 공감이라는 것을 더욱 절실하게 느끼게 되는 사례이다. 생각과 감정이 실타래처럼 엉켜서 풀지 못하고 있는 사람에게 질문하고 경청하고 지지, 격려해주어서 함께 풀어가는 것이 공감이다. 무늬만의 공감이 아니라 상대의 속마음을 알아주는 공감이어야 한다. 말은 '마알'의 준말이며 '마음의 알맹이'라고 할 수 있다. 따라서 말 속에는 말하는 사람의 속마음이 들어가 있다. 대화를 할 때에 아내와 남편의 속마음이 무엇인가를 잘 들여다 보고 공감하는가? 속마음을 알고 도움을 주어야 이해도 하고 사랑도 쌓이는 것이다.

우리는 끼니 때마다 배고픔이라는 문제에 부딪치지만 요리를 해서 배고픔이라는 문제를 잘 해결한다. 부부도 가까이 있으면 부딪칠 수밖에 없는데 마음에 대한 공감 요리를 잘해야 부부의 갈등이 사라지게 된다.

공감 요리를 잘 하기 위한 방법이 무엇인가?

상대가 지하실에 숨겨 놓고 드러내기 싫어하는 속마음에 불을 밝히는 것이 공감이다. 인간은 속마음을 방어벽으로 보호하는 방어기제를 가지고 있다. 마음을 치유하기 위해서는 속마음을 후벼 파는 것이 아니라 잘 보호해 주고 곪아 있는 속마음에 고여 있는 고름을 뽑아내야 한다.

그러기 위해서는 상대의 속마음으로 들어가는 문을 찾아서 열어야 하는데 그 문은 안에서 빗장을 걸어 놓았기 때문에 스스로 열고 나오지 않으면 열리지 않는 문이다. 스스로 열고 나오기 위해서는 어떻게 해야 할까? 상대의 존재를 있는 그대로 인정을 해주면 자존심이 아니라 자존감 때문에 문을 열고 나오게 된다.

공감의 효과는 무한대이고 부작용은 제로이다. 존재를 인정하지도 않고 감정에 공감도 없이 바로 충고하고 조언을 해 봤자, 허공의 메아리에 불과한 것이다.

어떤 말이나 행동에는 반드시 속마음이 숨겨져 있다는 것을 알고 있어야 한다. 내가 원하는 대로 동의를 받고 싶으면 요구하기 전에 먼저 상대의 존재를 인정하고 그가 가진 속마음에 대해서 알고 그대로 공감해 주는 것이 선결 조건이다. 상대가 존재를 인정받고 마음의 문을 여는 순간, 외로움에서 벗어나고 어둠의 동굴에서 걸어 나오게 된다.

마음의 상처로 피가 철철 흐르는 사람에게 우선 필요한 것이 무엇일까? 아픈 마음을 그대로 인정해주어 피 흘리지 않게 우선 공감 붕대로 감아 주는 것이 우선이다. 결과만 바라보는 것이 아니라 그 결과를 나오게 한 원인에 관심을 갖고 물어주고 들어주는 공감적 경청이 필요하다. 내가 인정받고 있다는 기분이 들 때에 마음을 열게 되고, 마음이 열려야 공감 보상을 받는 시상대에 올라가는 기분이 드는 것이다.

공감이란 내 등골의 골수를 빼어 주거나 내 피를 헌혈하는 것도 아니고 타인의 상처를 함께 받아 나누는 것도 아니다. 상대의 존재를 있는 그대로 인정하고 지지하며 상대가 속마음을 드러냈을 때 그 마음을 꼭꼭 씹으며 맛보는 것이다. 내가 좋아하면 상대도 좋아할 것이라는 생각에서 벗어나서 나와 다름을 알아차려서 공감하고 지지해줌으로써 공감요리를 잘하는 멋진 코치형 리더가 되길 간절히 바란다.

32주차 리더십 향상 질문과 실천할 내용

(작성일 :   년   월   일)

본문 내용에서 느낀 것과 실천할 내용을 적어 보세요.

아래 문장의 (   )를 채워 주세요.

마음의 상처로 피가 철철 흐르는 사람에게 우선 필요한 것이 무엇일까? 아픈 마음을 그대로 인정해주어 피 흘리지 않게 우선 (   ) 붕대로 감아 주는 것이 우선이다. 결과만 바라보는 것이 아니라 그 결과를 나오게 한 (   )에 관심을 갖고 물어주고 들어주는 (   ) 경청이 필요하다.

04
방전된 마음의 배터리를
공감 능력으로 충전시키자.

인간은 관계 속에서 상처를 받기도 하고 좋은 관계로 인하여 성공의 동력을 얻기도 한다. 원활하고 성공적인 인간관계를 위해 가장 중요한 요소는 무엇일까? 소통을 잘하는 것이며 소통 잘하는 사람이 되려면 공감 능력이 높아야 한다.

상대가 무엇을 원하고 어떤 감정이며 무슨 생각을 하는지를 잘 체크하고 함께 하는 것이 공감 능력이다. 공감 능력이 있는 사람과는 오래 대화하고 싶고 함께하고 싶어지는 것이다. 나에게 사랑받고 인정받고 존중받고 싶은 욕구가 있다는 것은 잘 알고 있지만 상대의 그 욕구가 충족되도록 하는 것은 소홀히 하는 경우가 많다.

어려운 고민을 상의하는 사람에게 나는 어떻게 대하는가? 내 경험을 이야기 하며 따라해 보라고 조언부터 하지는 않는가? 이렇게 해라, 저렇게 해라고 충고부터 하지 않는가? 내 마음의 배터리가 방전되어서 제로 상태라면 가장 급한 것이 무엇일까? 배터리가 좋고 나쁘냐를 논하기 전에 먼저 배터리 충전부터 해야 한다. 상대에게 가장 급한 것을 알아내고 먼저 방전 부터 해결하는 것이 공감 능력이 있는 사람이다. 많은 사람들이 공감 받고 공감하기를 바라지만 잘 되지 않는 것이 사실이다.

방전된 마음의 배터리를 공감 능력으로 충전시키는 4가지 방법을 알아보자.

첫째, 다양한 직 간접 경험을 늘려야 한다.

공감을 제일 잘 해줄 수 있는 사람은 상대가 겪은 것을 나도 겪어 보았을 때이다. 내가 경험한 것에 대해서는 쉽게 공감할 수 있기 때문이다. 모든 것을 다 직접 경험해 볼 수 없는데 어떻게 하면 경험을 늘릴 수가 있을까? 간접 경험을 늘리면 된다. 영화를 보거나 소설을 읽거나 만화책을 보면서 타인의 경험을 내 머리 속에 넣는 것이다.

삼성의 이건희 전 회장은 영화 1편을 주요 등장인물 수만큼 반복해서 본다. 왜 그럴까? 자기 자신이 영화 속의 그 사람이 되어서 보면 쉽게 공감하게 되어 등장인물 수만큼 또 다른 깊은 경험을 하게 된다는 것이다.

둘째, 경청을 잘하고 상대의 속마음을 알아차려야 한다.

한국코치협회에서 분석한 결과를 보면 코칭을 잘 받았다고 설문에 응답한 고객들의 수는 코치가 고객의 말을 잘 들어주는 시간의 길이에 비례했다고 한다. 코치가 자신의 경험이나 좋은 말을 많이 해주는 시간보다 경청하는 시간이 더 중요하다는 것을 알려주는 좋은 사례이다.

상대 입장은 무시하고 내 말만 하는 것은 소귀에 경을 읽어 주는 것과 같다. 공감 능력이 있는 사람은 상대의 마음과 겹치는 공간을 만드는 능력이 있는 사람이다. 내 안에 가을이 들어와 있어야 떨어지는 낙엽에서 느끼는 것이 있듯이 내 안에 상대의 마음이 들어와 있어야 공감을 하고 그것을 표현할 수가 있다.

칸트는 "내 안에 그녀가 있어야 그녀가 나를 사랑하게 된다"고 했다. 그러면 내 안에 그녀가 있게 하는 방법이 무엇인가? 그녀의 속마음을 알아차리는 것이다.

셋째, 겸손한 마음으로 모르면 추측하지 말고 물어보자.

아는 체 하지 말고 교만하지 말고 겸손해야 상대의 마음을 읽을 수 있다. 아내가 백화점 쇼윈도우를 지나면서 전시된 가방을 오랫동안 보고 있으면 왜 오래 보는지를 제대로 알아야 한다. 왜 오래 보는지를 알기 위해서는 어떻게 하면 될까? 겸손한 자세로 물어보면 된다. 물어보지도 않고 저 비싼 가방을 사줄 수 없다고 생각하고 못 본 척하거나 "저 가방은 비싸서 볼 필요도 없어!"라고 단정지어 말하면 어떻게 될까?

아내에게 물어보니 한 달 전에 돌아가신 어머니가 좋아하는 가방이라서 어머니 생각하며 보고 있었다는 것이다. 인공지능보다 사람이 더 나은 것은 무엇일까? 상황에 따라서 다르게 질문을 한다는 것이다. 질문으로 사실을 제대로 확인을 하고 나서 그 사실의 기초 위에 내가 공감하는 생각을 덤으로 주면 내 편이라는 인식을 상대에게 심어줄 수 있다.

공감 언어라는 것은 상대의 말을 잘 듣고 잘 알아들어 상대가 공감할 수 있는 느낌 언어를 사용하는 것이다. 이해되지 않는데도 묻기가 귀찮아서 공감하는 척하며 고개를 끄덕이는 경우가 많은데 이해되지 않는데도 아는 척하는 것은 공감이 아니라 거짓이고 위선이다. 이해되지 않는 것은 묻고 경청하여 제대로 알고 나서 공감해야 상대의 마음을 움직이는 에너지가 발생한다.

본인이 알지 못하는 것을 공감하려고 하면 자신의 에너지만 낭비되고 상대에게는 전혀 영향을 주지 못하는 꼭두각시놀음만 하게 된다. 자신이 잘 모르는 부분도 물어야 하겠으나 특히 잘 듣지 못해 궁금한 것들을 물어야 한다. 그리고 상대방이 어떤 현상만 말하고 말을 마치면 "아, 그랬군요. 결과는 어떻게 되었나요?"라고 결과까지 물어볼 줄 알아야 한다. 어떤 것의 결과를 들으면 그 말 속에 들어있는 의미를 알게 되며 그 속에서 배울 점도 발견하게 되고 더 깊은 공감 대화를 나눌 수 있다.

넷째, 상대를 그대로 따라하며 공집합을 많이 만들어 보자.

상대를 잘 몰라도 가장 쉽게 공감해 줄 수 있는 방법이 끝말 따라 하기, 추임새 넣기, 표정과 동작 따라하기이다. 상대방이 했던 말의 속도와 톤과 억양만 조금 따라해도 상대방이 자신과 동일시 하게 되며 동질감을 느끼고 친숙함과 호감으로 이어지게 된다. 간단하지만 효과가 높으니 잘 활용할 필요가 있다.

아이의 말문도 아이가 하는 동작, 표정, 말을 그대로 따라하여 주면 빨리 열린다. 아이가 웃을 때 같이 웃어주고 손을 번쩍 든다면 똑같이 손을 들어주고 웅알거리는 의미 없는 음성도 아이의 목소리와 같은 톤으로 따라해 주면 공감에 대한 기쁨을 느끼게 된다. 이것이 반복되면 아이도 어머니와 같이 따라하려고 하므로 말문이 빨리 열린다.

삶은 관계이며 그 관계를 회복시키거나 더 좋게 하는 특효약이 공감이다. 상대방의 입장에서 잘 경청하고 역지사지 입장에서 다름을 인정하고 양보와 배려로 공감의 폭을 넓히는 것이 공감 능력인 것이다. 공감 능력을 가지면 인간관계의 폭이 넓어지고 살아가는데 불필요한 에너지를 대폭 줄일 수 있다.

33주차 리더십 향상 질문과 실천할 내용

(작성일 :　　년　　월　　일)

본문 내용에서 느낀 것과 실천할 내용을 적어 보세요.

아래 문장의 (　　)를 채워 주세요.

상대방의 입장에서 잘 경청하고 다름을 인정하고 양보와 배려로 공감의 폭을 넓히는 것이 (　　　) 능력인 것이다. 공감 능력을 가지면 인간관계의 폭이 넓어지고 살아가는데 불필요한 에너지를 대폭 줄일 수 있다.

05

공감 세포를 키우고 늘리기 위해
버려야 할 것을 알아보자.

외부 환경의 급속한 변화 속에서 대표이사와 임원들은 위기를 극복하기 위해 아이디어를 많이 내고 있지만 조직 속에서 일하는 직원들에게 공감을 얻지 못해서 좋은 내용들이 책상 서랍 속에서 죽어가는 경우가 많이 있다.

지구상의 온갖 범죄, 전쟁, 대형사고, 가정불화가 일어나는 이유 중 하나도 공감 세포가 부족하여 상호간에 소통이 잘 되지 못하기 때문이다.

이 지구촌에서 누구나 잘 아는 3대 거짓말은 "처녀가 시집가기 싫다. 상인이 밑지고 판다. 노인이 늙으면 죽어야 된다."라는 말이다. 시집가기 싫다는 처녀에게 "시집가지 마라"고 하거나 늙으면 죽어야 된다는 "노인에게 빨리 죽는 방법을 알려 드리겠다."고 하면 노발대발한다. 따라서 표현하는 말도 잘 이해해야 하지만 그 이면에 어떤 의미가 있는지 잘 알려면 공감 세포가 늘어나야 제대로 된 소통을 할 수 있는 것이다.

공감 세포를 키우고 늘리기 위해 버려야 4가지를 알아보자.

첫 번째는 나와 다르면 틀렸다고 몰아붙이는 것을 버려야 한다.

태어날 때부터 자라온 환경이 다르고 기질도 다를 수밖에 없으므로 그 다른 점을 먼저 인정해주고 소통해야 한다. 다름을 인정해주지 않고 내 방식대로 고집하고 '다른 방식은 틀리다'라고 하면 갈등이 생기고 오해가 생긴다.

두 번째는 상대가 먼저 바뀌기를 기다리는 것을 버려야 한다.

부부싸움을 해서 3개월간 서로 말하지 않는 부부를 상담해 준 적이 있다. 먼저 말을 거는 사람이 진다고 생각하여 3개월간 말을 하지 않고 같은 집에서 지냈다는 것이다. 서로가 답답하지만 말문을 열기 싫어서 코치에게 의뢰해보자고 합의가 되어 상담을 하게 된 것이다. '상대가 먼저 말하면 나도 하겠는데,' '나는 소통하려고 하는데 상대가 마음을 열지 않는다.' 등으로 소통 문제가 서로 상대에게 있다고 생각하고 있었다. 우선 상대가 고칠 점을 적어보라고 했더니 20개를 쉽게 적었다. 그리고 자기 자신이 가진 장점을 적어라고 했더니 20개를 적었다.

상대의 고칠 점과 자신이 가진 장점을 비교해 보았더니 대부분 자신이 가진 장점 때문에 상대가 거기에 못 미치므로 갈등이 있다는 것을 알게 되었다. 상대가 문제가 아니라 내가 가진 장점의 눈높이로 바라보니 자기 자신이 문제인 것을 깨닫고 화해를 하고 좋은 관계가 회복되었다.

여보라는 말은 같을 여(如)와 보배 보(寶)자가 합쳐진 말로 부부는 서로 보배와 같은 존재라는 의미이다. 당신이라는 말은 마땅할 당(當), 몸 신(身)자가 합쳐진 단어이다. 그러므로 부부는 서로 보배처럼 생각하고 내 몸과 같이 사랑하는 마음으로 내가 먼저 다가가면 부부 싸움이 없게 된다.

세 번째는 상대보다 우월하다는 생각을 버려야 한다.

"상사이므로 이만큼 하면 된 거 아니야! 내가 갑인데 당신이 먼저 고개를 숙여야지!"라는 생각으로 업무를 하면 공감 세포가 증식될 수 없다. 타인과의 인간관계에서 자신이 상대보다 우월하다고 생각하지만 자신이 상대하는 타인 또한 자신이 더 우월하다고 생각할 수 있다. 소통이 잘 되기 위해서는 둘 중 한 사람이 먼저 자신의 우월성을 내려놓아야 공감 세포가 잘 자라서 소통의 문제를 해결할 수 있다.

네 번째는 상대를 동정한다는 생각을 버려야 한다.

소통 활성화를 위한 중요한 것 중의 하나가 공감이라는 단어인데 극한 상황 속에서도 나를 내어 줄 수 있는 마음가짐 되어 있는 사람은 공감 세포가 많은 사람이다.

공감과 동정은 근본적으로 차이가 있다. 공감이란 다른 사람과 같은 입장에서 상대방을 바라보고 애쓰는 마음이며, 동정이란 내가 위에서 아래에 뭔가를 내려주어 은혜를 베풀어 준다는 의미를 갖고 있다. 따라서 소통에 필요한 것은 동정이 아니라 다른 사람이 다쳤을 때 마치 자신이 다친 것처럼 느끼고 아파하는, 즉 같이 다른 사람의 입장에서 같이 느낄 수 있는 공감 능력이다.

상대를 먼저 배려하는 공감 세포를 늘려야 공감 능력이 극대화된다. 공감 세포가 늘어나면 나의 생각과 감정을 뒤로 제쳐두고 상대에게 공감할 것을 먼저 찾게 된다. 상대도 내가 하려고 하는 것에 공감하고 내가 하고자 하는 방향으로 따라온다.

34주차 리더십 향상 질문과 실천할 내용

(작성일 :   년   월   일)

본문 내용에서 느낀 것과 실천할 내용을 적어 보세요.

아래 문장의 (   )를 채워 주세요.

공감과 동정은 근본적으로 차이가 있다. 공감이란 다른 사람과 (   ) 입장에서 상대방을 바라보고 애쓰는 마음이며 동정이란 내가 위에서 아래에 뭔가를 내려주어 은혜를 베풀어 준다는 의미를 갖고 있다.

따라서 소통에 필요한 것은 동정이 아니라 다른 사람이 다쳤을 때 마치 자신이 다친 것처럼 느끼고 아파하는, 즉 다른 사람의 입장에서 같이 느낄 수 있는 (   ) 능력이다.

06

변화와 지속 성장을 위해
피드백과 피드포워드 하는 방법을 배우자.

정기적으로 피드백을 받고 있는 분야가 있나요? 피드백은 삶의 영양제이고 성장의 기회를 제공한다.

골프의 황제 타이거 우즈도 정기적으로 피드백을 받고, 소프라노의 최고인 조수미도 코치에게 정기적으로 피드백을 받는다. 왜 세계 최고의 수준에 있는 프로들이 주기적으로 피드백을 받을까? 지속 성장을 원하기 때문이다. 변화와 지속 성장을 위해서는 맨 먼저 요구되는 것이 있는데 그것이 무엇인지 아는가?

자기 자신을 잘 아는 것이다. 자기 자신의 강점을 알고 단점을 알아야 하는 것이다. 자신의 한계는 무엇이고 가능성은 무엇인지를 알 때 자기에 대한 명확한 처방을 하게 되고 효과적인 대처를 할 수 있게 된다.

부산에 있는 철강 유통회사 연산메탈 팀장들은 전부 강점 진단을 통하여 강점 피드백 코칭을 받고 있다. 자기를 잘 아는 만큼 자유로워지고, 아는 만큼 변화하고, 아는 만큼 가능성에 도전하고 성장하기 때문이다. 자기 자신을 잘 알 수 있다고 생각하지만 사실은 자기 자신을 모르는 경우가 많다. 그래서 소크라테스는 만나는 사람마다 "너 자신을 알라!" 라고 강조한 것이다.

나에게 정기적으로 피드백 해주는 사람이 있는가?

드러내기 경영을 실천하는 회사는 매일 아침 보드판 앞에서 자신의 성장을 위해 팀장과 동료에게서 피드백을 받는 시간을 가진다.

드러내기 경영은 매일 업무시작 전에 20분 정도 팀장과 동료와 소통하고 월 1회는 대표이사와 1미터 거리에서 소통하고 직접 피드백 받도록 설계되어 있다. 팀장과 대표이사의 피드백 수준이 회사의 수준이라고도 할 수 있다.

코칭의 철학은 '모든 사람은 창의적이고(Creative), 온전성을 추구하고자 하는 욕구가 있으며 (Holistic), 누구나 내면에 자신의 문제를 스스로 해결할 수 있는 자원을 가지고 있다(Resourceful).'이다. 게리 콜린스는 코칭이란, 한 개인이나 그룹을 현재 있는 지점에서 그들이 바라는 더 유능하고 만족스러운 지점까지 나아가도록 인도하는 기술이자 행위라고 정의하였다. 한국코치협회의 코칭 정의는 '개인과 조직의 잠재력을 극대화 하여 최상의 가치를 실현할 수 있도록 돕는 수평적 파트너십이다.'이다. 이러한 코칭을 함에 있어 사용되는 기술이 경청, 질문, 피드백이다.

피드백 코칭의 영역에는 생각을 바꾸는 데에 초점을 두는 피드백, 행동을 바꾸는 데 초점을 두는 피드백, 존재를 바꾸는 데 초점을 두는 피드백 등 3가지 피드백이 있다.

기억하기 쉽게 MAP라는 약자를 쓰는데, M(Mind-마음) A(Action - 행동) P(Presence-존재감)를 의미한다.

피드백이란 "고객의 마음이 사실에 근거하는가? 행동이 바람직한 결과를 가져오는가? 일을 바라보며 하는가, 존재를 바라보고 하는가?"에 대해 질문과 경청으로 피드백 하는 것이다. 고객의 해 놓은 일이나 하고 있는 일이나 미래의 할 일에 대해서 개선할 점이나 일을 더 잘 할 수 있는 방법을 피드백을 통해서 스스로 깨닫게 한다.

피드백을 원하고 받아들이는 사람은 자신의 역량을 한층 강화할 수 있고, 피드백을 거부하거나 회피하는 사람은 개인의 한계를 벗어나지 못한다. 피드백을 받지 않고 살아가는 것은 눈을 감은 채로 우물 안의 개구리로 세상을 살아가는 것과 마찬가지라고 할 수 있다. 왜냐하면 내가 못 보는 것이 다른 사람에게는 보이기 때문이다. 바둑에서도 훈수를 드는 사람이 묘수가 더 잘 보이는 것과 같은 이치이다.

고객은 피드백을 잘 받아야 하고 코치는 피드백을 잘 해 줄 수 있는 능력이 있어야 한다.

피드백 코칭을 할 때 주의해야할 점은 무엇인가?

첫째, 비판적이지 않아야 한다.

사람들에겐 방어기제가 있어서 변화에 저항하게 된다. 자존심을 건드리거나 상처를 주면 더욱 방어적이 되므로 조심해야 한다. 피드백이라는 용어 속에 포함된 평가라는 의미 때문에 비판을 하지 않아도 비판으로 듣는 경우가 많기 때문이다.

둘째, 눈높이에 맞는 용어를 사용하여야 한다.

IBM에서 임원으로 퇴직하여 영어가 능숙한 코치가 있는데 말의 50% 이상을 영어로 된 단어를 사용한다. 처음에는 유식하게 들려서 호감이 가지만 이해하기가 어려워서 공감을 할 수 없기에 아예 만나기를 회피하게 되었다. 전문용어를 사용하여 코치의 지력을 자랑하려고 하지 말고 연령과 수준에 맞는 언어를 사용할 때 고객은 피드백 받는 내용을 이해할 수 있는 것이다.

셋째, 행동 변화에 초점을 맞추어야 한다.

코칭은 이론이 아니라 변화를 위한 구체적인 행동을 하도록 하는 것이다. 따라서 고객이 실제로 수용하고 행동할 수 있는 부분을 구체적으로 피드백해야 효과적인 것이다.

넷째, 스스로 선택과 결정을 하게 해야 한다.

MAP를 변화시키는 대안 중에서 무엇을 할지는 고객이 정하며, 받아들이지 않을 권한도 주고, 자율적으로 결정하고 책임을 질수 있도록 존중도 해주어야 한다. 피드백은 마음(M)을 바꾸고 행동(A)을 바꾸고 존재감(P)을 찾게 한다. 자신을 더 많이 알게 될 때 내 속에 잠자는 잠재력을 더욱 개발하는 삶을 살아갈 수 있다. 이러한 삶을 가능하도록 돕는 유용한 기술이 바로 피드백이다.

피드백은 자신의 무지를 걷어내며 좀 더 객관적으로 자신을 이해하고 변화와 성장을 위해 나아가도록 도와주는 작업이다. 그러므로 효과적인 피드백은 한 사람의 존재를 더욱 성장, 발전시킨다.

자신이 보지 못하는 것이 무엇인지를 알게 되고, 자신의 선입견과 편견에서 벗어나게 될 때 비로소 한 단계씩 도약하며 성장하는 행복을 누리게 된다.

피드포워드(Feed-forward) 질문으로 미래를 미리 준비하자

논리학의 대가이며 리더십의 권위자인 어빙 코피 교수는 "기업에서는 항상 문제가 없도록 해야 하는 것이 아니라, 발생할 수밖에 없는 문제를 제대로 인식하고 해결하는 항체를 키우는데 신경을 써야 한다."고 했다. 그리고 "조직의 건강에 대한 척도는 감정의 소비가 일어나는 문제에 대한 신속한 대응과 해결하는 능력이 되는 항체가 있느냐 없느냐"에 좌우된다고 했다.

조직 속에서 쓸데없는 감정의 소비는 문제에 대한 팩트를 바라보는 것이 아니라 묘한 뉘앙스를 풍기는 선입견이나 편견에서 발생한다.

대한상공회의소에서 상장사 직장인 4,000명에게 실시한 '업무 수행 방법이 잘못되어 감정의 소비가 발생하는 것이 얼마나 되는지'에 대한 설문조사를 했다. 동일한 설문을 KPX케미칼 전 임직원에게 조사한 결과와 비교해보았다. 대부분 항목에서 놀라울 정도로 60%나 향상된 놀라운 결과가 나왔는데 감정의 소비 없이 업무 수행을 원활하게 할 수 있게 된 것은 1년 동안 가치관, 목표, 업무, 마음, 성격 등을 잘 드러내어 서로 간에 닫힌 공간을 보이게 해서 신뢰를 쌓았기 때문이다.

상사의 업무 지시를 받고나서 '누구나 알 수 있게 보고서는 쓰라고 하면서 누구나 알아듣게 지시는 못할까? 하라는 건지 하지 말아야 한다는 건지 애매하네? 어떻게 해 주기를 바라는 걸까? 그 말의 참 뜻은 무엇일까?' 라는 생각이 드는 순간 감정은 피곤해진다. 직원들은 지시한 것에 대한 해석만하다가 시간을 보내고 그 업무를 하고 싶은 의욕이 떨어진다.

구성원들이 입을 닫는다는 것은 몸 안의 백혈구가 사라지는 것과 같다.

모든 조직에 문제가 있는 것은 분명히 사실이지만 "원래 회사는 그런 거다. 내가 과장 때는 이보다 더 했어."라고 말해버리면 구성원들은 "꼰대는 역시 꼰대야."라고 인식하며 입을 닫아 버린다. 훌륭한 리더는 현재의 상황만을 보고 리더십을 행사하는 것이 아니라 미래를 바라보고 현 상황을 개선하는 방향으로 영향력을 발휘해서 더 좋은 환경이 되도록 리더십을 행사해야 한다.

Feed-back 질문도 중요하지만 되도록 Feed-forward 질문을 하면 동기부여가 된다. 피드백 코칭이 과거의 행동에 초점을 맞춘다면 피드포워드 코칭은 앞으로 하고 싶은 미래의 것에 초점을 맞추는 것이다. 피드포워드 질문법을 잘 활용하여 현재 모습이 아닌 변화하는 미래 모습을 함께 그리는 코칭이 매우 중요하다.

미래에 대해 미리 예측하고, 미래의 사건을 상상하여 그것을 현재로 가져와서 현재의 행동에 반영할 수 있도록 하는 코칭을 '피드포워드(Feed-forward)코칭'이라고 한다. 피드백은 과거의 일을 근거로 평가나 리뷰를 하는 것을 말한다. 그러나 피드포워드는 미래에 일어날 일을 기반으로 실수나 실패를 미리 방지하는 역할을 한다.

탁월한 리더는 직원들의 성과에 영향을 미치는 미래 과제에 대해 집중한다. 성장하며 더 좋은 업적을 만들기 위해 리더 본인이 어떻게 도울 수 있는지에 대해서 구성원의 말을 잘 경청하여 질문하고 피드포워드 코칭을 한다. 어느 누구도 과거를 바꿀 수는 없기에 이미 지나가서 제어할 수 없는 문제를 놓고 피드백으로 코칭을 하는 것 보다 개인의 현재 모습이 아닌 개인이 변화하는 미래의 모습을 그리게 하는 피드포워드 코칭 방법이 개인의 성장과 조직의 성장에 더 크게 기여한다. "오늘의 강의 어떠했나요?"라고 지나간 것에 대해 피드백 방법으로 물어보면 대부분 "좋았어"라고 답하지 불만족한 부분을 드러내어 개선점을 이야기해 주지는 않는다.

피드백은 상대의 잘못된 부분을 말해야 하므로 솔직한 개선 아이디어를 받기가 힘들다. 그러나 피드포워드 질문을 하면 미래에 나아갈 좋은 아이디어를 고객에게서 들을 수 있다. "오늘 강의를 다음 달에도 하는데 좀 더 잘하려면 무엇을 더 보완하면 좋겠어요?"라고 질문하면 상대방이 부족하다고 생각하는 부분을 쉽게 드러내어 이야기 해 준다.

새로운 프로젝트를 진행할 때도 상사에게 중간보고를 하여 제대로 완료할 수 있도록 피드포워드를 해 달라고 하면 상사도 기분 좋게 프로젝트가 잘 마무리 되도록 좋은 의견을 주게 된다. 전부 완료해 놓고 피드백을 해달라고 의견을 구하면 잘못된 것만 찾아서 지적하게 된다. 잘못된 것을 수정해서 다시 피드백 받는 식으로 반복되면 또 잘못된 것을 지적을 받아서 개선해야 되는 경우가 많다. 품질을 크게 올리지도 못하면서 시간만 가게 된다.

피드포워드를 잘하기 위한 5가지 질문 방법을 잘 활용해 보자.

1. 미래에 정말로 붙잡고 싶은 것을 찾아낼 수 있는 질문 근육을 키우자.
2. 통념에서 벗어나서 예술가의 눈으로 미래의 모습을 그리게 하는 질문을 하자.
3. 개념의 재정의를 통하여 경영의 본질과 문제의 본질을 끊임없이 확인하는 질문을 하자.
4. 막연한 기대보다 시간의 축을 미래로 돌려서 생각하게 하는 질문을 하자.
5. 지금의 결정이 10년 뒤에도 후회하지 않을 것인가? 에 대한 답을 정확하게 찾는 질문을 하자.

피드포워드는 미국의 기업 임원 코치인 마샬 골드스미스(Marshall

Goldsmith)가 '일 잘하는 당신이 성공을 못하는 이유 20가지 비밀'이란 저서에서 처음 밝힌 개념이다. 피드포워드는 미래에 일어날 일에 대해서 고민하는 미래지향적인 개념이라고 할 수 있다.

골드스미스는 피드백을 주는 사람과 받는 사람 모두 피드백을 나누는 경험을 부담스러워한다는 점을 발견했다. 또 자신감이 넘치는 리더들은 타인으로부터 피드백을 받는 것을 좋아하지 않으며 특히 자신의 실패에 관한 피드백을 듣는 것을 매우 힘들어 한다는 것을 알게 되었다. 이러한 문제점을 확인한 후에 골드스미스는 과거의 성과를 바탕으로 하는 전통적 피드백을 대체하는 전략을 세웠다. 과거에 집중하여 답을 찾는 것이 아닌, 바로 미래에 어떤 일을 더 잘할 수 있는지 미래의 성장을 위한 답을 찾는 '피드포워드'라는 방법론을 개발하게 되었다.

피드포워드란 '현재의 상황에 대한 인식을 기반으로 개선 방향성에 대한 조언을 질문법으로 제공하는 것'을 의미한다. 즉, '피드백의 장점을 유지하면서 부정적 이미지의 단점을 보완하며 이슈를 바라보는 관점을 1차원에서 3차원으로 확장하고, 코칭철학과 OKR(Objectives & Key Results) 개념을 통합하여 미래지향적이고 건설적인 질문으로 코칭하는 것'을 말한다. 피드포워드를 제공함으로써 긍정적인 소통을 활성화 하고, 긍정적인 에너지를 높이고, 제공받는 사람의 실행의지를 높일 수 있어야 한다. 구성원 스스로 받아들이고 개선할 수 있는 만큼 조언하고 눈높이에 맞추어 소통할 필요가 있다. 평가를 하는 단어나 부정적인 단어, 닫힌 질문을 사용하지 않고 대화를 해야 한다. 더 나아가 고객의 잠재력으로 충분히 미래에 일어날 문제를 감당할 수 있고, 현재보다 더 나은 방향으로 개선될 수 있다는 것을 보여주는 개방적이고 긍정적인 언어를 사용해야 한다.

"이번 업무를 통해 발견한 자신의 강점이나 약점을 어떻게 활용할 수 있을까요?" "다음 단계에서 실행하고 싶은 것은 무엇인가요?" "혹시 내가 도와줄 것은 무엇인가요?" 등으로 피드포워드 질문을 할 수 있다.

신뢰가 없는 피드포워드는 서로에게 도움이 되지 않는 무의미한 시간 낭비이다. 따라서 피드포워드 코칭이 제대로 진행되려면 주는 사람과 받는 사람 모두 마음의 문을 열고 서로를 존중하는 마음으로 상호간의 성장을 지지하고 응원하는 프로세스로 진행되어야 한다.

(작성일 :   년   월   일)

본문 내용에서 느낀 것과 실천할 내용을 적어 보세요.

아래 문장의 (   )를 채워 주세요.

피드백은 마음(M)을 바꾸고 행동(A)을 바꾸고 존재감(P)을 찾게 한다. 자신을 더 많이 알게 될 때 내 속에 잠자는 (   )을 더욱 개발하는 삶을 살아갈 수 있다. 이러한 삶을 가능하도록 돕는 유용한 기술이 바로 (   )이다.

How to become
a happy leader!

제 **6** 장

감사 파워

Power of Appreciation

감사로 긍정자본을 늘리는 리더가 되자.

01
감사하는 기술을 배워
감사가 습관화가 되게 하자.

미국사람들이 긍정을 이야기할 때에 많이 사용하는 말이 있다. "If life hands you a lemon, Make a lemonade with it! (만일 삶에서 너에게 레몬을 주면 그걸로 레몬주스를 만들어라!)"

우리가 살다 보면 이 말처럼 시디신 레몬을 받아서 맛보고 싶지 않은 과정을 지나가야만 하는 시기가 있다. 그럴 때에는 설탕과 얼음을 넣어 달콤하고 시원한 레몬주스로 만들어 먹으라는 의미이다. "나에게는 왜 이렇게 인생에 시디신 레몬만 주냐"며 한탄하며 절망하지 말고 생각을 긍정으로 전환해 보면 전화위복이 된다는 교훈이다.

그러면 시디신 나의 삶을 어떻게 달콤한 주스로 만들 수 있을까? 21C 우리나라의 기업들이 글로벌 기업과 싸워 이기기 위해서는 감사를 습관화하여 보이지 않은 긍정신뢰자본을 늘려야 한다.

감사도 기술이므로 훈련해야 감사하는 삶을 살 수 있다. 어떻게 감사하면서 긍정적으로 잘 살아 갈 수 있을까?

첫째, 근심, 걱정을 내려놓고 불구함에도 감사를 해보자.

걱정해서 해결되는 것은 아무것도 없다는 것을 잘 알고 있다. 불안, 근심,

걱정, 염려를 내려놓지 못하고 들고 있는 사람은 필자가 체험한 고향 할머니와 같다.

필자의 고향은 경남 하동 북천인데 산소에 가려면 긴 언덕길을 차로 올라가야한다. 올라가는 도중에 그 동네 할머니가 쌀 보자기를 머리에 이고 힘들게 가는 것을 보고 차를 세우고 같은 방향이라서 태워드렸다. 조금 가다가 백미러로 할머니를 보니 쌀 보자기를 내려놓지 않고 꼭 안고 있었다. "할머니 무거운데 의자에 짐을 내려 놓으세요"라고 했더니 "이렇게 태워주는 것도 고마운데 쌀까지 무게 나가게 하면 안 되지." 하며 들고 있었다.

이 이야기를 하면 모두 웃는다. 그러나 자신의 근심, 걱정을 할머니처럼 들고 놓지 못하는 사람들이 많이 있다. 키 작다고 걱정해서 키가 커진 경험이 있는 사람은 없다. 오히려 걱정하면 키가 줄어든다. 그럼에도 불구하고 감사를 적용해서 "하늘이 무너지면 키 큰 사람들이 먼저 맞아서 보호해 주므로 감사합니다."라고 감사로 표현하면 걱정, 근심이 사라지고 기분도 좋아진다.

둘째, 복 그릇을 감사로 비우자.

'왜 나는 이렇게 복을 못 받을까!' 라고 한탄하는 분들이 있다. 이런 생각이 드시는 분은 제일 먼저 체크해 봐야 할 것이 무엇일까? 나의 복을 받는 그릇이 옛날 복으로 가득 차 있기 때문이다. 복을 내려주어도 축복의 그릇이 이미 차 있기 때문에 담기지 못하고 바깥으로 흘러 버리는 것이다.

이미 받은 복으로 가득 차 있는 복 그릇을 비우는 방법이 무엇일까? 이미 받은 복에 대해서 감사를 하는 것이다. 감사하면 비로소 받은 복이 비워져 그 빈자리에 새로운 복으로 채울 수 있는 것이다.

셋째, 때문에 라는 말을 버리고 덕분에로 바꾸자.

나는 어떤 말을 많이 사용하는 버릇이 있는가? 세 살 버릇 여든까지 간다고 하지만 요즈음은 수명이 늘어서 세 살 버릇 100살까지 간다고 한다.

'때문에'와 '덕분에'라는 말의 차이를 아는가? 두 단어 모두 어떤 일이 발생한 원인을 나타내는 말이기에 친구처럼 보이지만 그 속에 들어있는 의미는 천지 차이가 있다.

'덕분에'라는 말 뒤에는 어떤 문장이 따라 오는가?
'때문에'라는 말 뒤에는 주로 어떤 말이 사용되는가?

"늦잠 잤기 때문에 지각했어요" 라는 말할 수는 있지만 "늦잠 덕분에 지각했어요"라는 말은 사용하지 않는다. 덕분에 뒤에는 좋지 않은 단어가 따라오지 않는다.

'때문에'라는 말 속에는 불평과 원망의 의미가 숨어 있다. '덕분에'라는 말 속에는 감사의 뜻이 듬뿍 들어가 있다. '덕분에'를 잘 사용하는 사람은 관계도 좋다. '덕분에'는 행복과 성공을 동반하는 단어이지만 '때문에'는 모든 것을 남의 탓으로 돌리고 불행과 실패로 가는 단어이다. 감사를 쓰는 것이 어려우면 덕분에를 붙일 수 있는 것들을 찾아보면 쉽게 적을 수 있다.

넷째, 내가 좋아하는 것에 감사를 하자.

감사 입문자들에게 추천하고 싶은 방법이 내가 좋아하는 것을 찾아서 그것에 우선 감사하는 것이다. 사람마다 좋아하는 것은 다 가지고 있기 때문에 감사 내용을 쉽게 찾을 수 있다. 커피를 좋아하면 "커피 한 잔을 마시며 사색하는 시간이 주어져 감사합니다." 글쓰기를 좋아하면 "매일 A4용지 1장씩 글을 쓸 수 있어 감사합니다." 라고 표현할 수 있다.

좋아하는 것에 계속해서 감사를 표현하다 보면 내가 진정 무엇을 좋아하는지 다시 생각해 볼 수 있는 시간이 된다. 그리고 어떤 일을 좋아하는지 좋아하는 일에 대해서도 감사로 표현해보자. 어떤 사람을 좋아하는지 좋아하는 사람에 대해서도 감사로 표현해 보자. 좋아하는 것에 지속적으로 감사를 하면 더 좋은 것이 나에게 오도록 끌어당길 수 있는 힘이 작동하는 것을 느낄 수 있다.

다섯째, 나작지 감사를 하자.

감사의 핵심은 진정성과 지속성이다. 감사도 감사하는 방법을 배우면 잘할 수 있다. 감사의 종류는 여러 가지가 있다. 나작지 감사가 있는데 '나작지' 뜻은 나부터 작은 것부터 지금부터라는 뜻이다.

영어에는 한 단어이지만 의미가 두 가지로 사용하는 단어가 있다. 'Present'이다. 명사로 쓸 때는 선물이라는 의미이고 형용사로 쓸 때는 현재라는 뜻이다. 바로 이 시간 내가 존재하는 것 자체가 선물이며 현재 내가 누리는 모든 것이 선물이므로 삶 자체가 감사라는 의미로 해석될 수 있다.

여섯째, 미래 감사를 하자.

아직 일어나지 않은 일에 대해서 미리 감사하는 것이다. "자녀가 우수한 대학에 입학할 것이라 감사합니다." 와 같이 다가올 미래에 이루어질 것을 미리 감사하는 것이다.

일곱 번째, 내 몸에 감사를 하자.

평생 동안 1분 1초도 쉬지 않고 내가 잘 때도 뛰어 주는 심장이 있기에 오늘 나는 살아있는 것이다. 필자도 나를 위해 열심히 일하는 심장에게 한 번도 감사하고 표현한 적이 없다. 이 글을 쓰면서 평생 처음으로 심장에 손을 대고 기운을 넣어주면서 "심장아 고맙다"고 감사를 했다.

만일 심장이 기분 나쁘다고 정지하면 수리비가 얼마나 들까? 심장이식에 약 5억 원이 들지만 이식할 심장을 제 때 구하는 것이 쉬운 일이 아니다. 두 눈을 갈아 끼우면 얼마나 들까? 약 2억 원이 필요하다. 신장 이식에는 3,000만 원, 간 이식에는 7,000만 원이 든다. 팔다리, 위상, 폐, 코, 입, 귀, 두뇌 등 전부 계산하면 약 51억 원 이상의 재산 가치를 내가 가지고 살고 있다. 그러나 자유자재로 사서 갈아 낄 수 없는 것도 많이 있으므로 그 가치는 무한하다. 두 눈 뜨고 두 다리로 걸어 다니는 것이 행복이며 건강한 내 몸이 큰 재산이다.

동굴에서 18일 만에 구출된 태국의 12명의 소년들을 보고 전 세계가 기뻐했다. 내 자신이 동굴에 갇히지 않고 자유롭게 다닐 수 있는 현재에 감사해야 하지 않겠는가?

산소호흡기 사용료가 1시간에 36만 원인데 하루 종일 사용하면 864만원이다. 코로 자유롭게 숨 쉴 수 있으면 하루 864만 원을 벌고 있는 것이다. 원하는 것을 사지 못해 돈타령하며 매일 불평 불만하면서 투덜거리며 살고 있지는 않는가? 내가 가지고 다니는 51억 원 이상의 재산의 가치에 대해 잊고 있기 때문이다. 자유롭게 호흡하는 것이 매일 864만 원을 벌게 해 주고 있다는 것을 잊고 있기 때문이다.

나 자신의 몸만 잘 관찰해도 감사해야 할 제목이 수없이 많다. 감사 안경을 쓰게 되면 모든 일이 감사하게 보이게 된다. 염려와 걱정은 끝나기를 기다리다 보면 절대 사라지지 않고 오히려 자라난다. 대신에 염려와 걱정을 감사로 변화시키면 바로 사라지고 행복도 따라와서 편안함을 누릴 수 있다.

36주차 리더십 향상 질문과 실천할 내용

(작성일 :   년   월   일)

본문 내용에서 느낀 것과 실천할 내용을 적어 보세요.

아래 문장의 (   )를 채워 주세요.

감사의 핵심은 진정성과 (   )이다. 감사도 감사하는 방법을 배우면 잘 할 수 있다. 감사의 종류는 여러 가지가 있다. 나작지 감사가 있는데 나작지 뜻은 나부터 (   ) 것부터 지금부터라는 뜻이다.

02
생각 근육을 튼튼하게 하는
ISO감사를 습관화하자.

행복한 사람은 일의 결과에 대해 긍정적으로 해석할 수 있는 능력을 가진 생각 근육이 강한 사람이다.

서울대 병원장이었던 한만청 박사가 암에 걸렸을 때 암은 고질병이 아니라 고칠 병이라고 생각하고 자신의 몸속에 있는 암과 대화를 했다고 한다. "싸운다고 해서 물러날 적이 아니라면 차라리 친구로 삼자!"라고 생각하며 "암아! 내 몸 속에서 오래 살려면 내가 죽으면 안 되니 그 자리에서 가만 있어달라."고 부탁했다. 그러자 암이 전이 되지 않아 여유를 가지고 치료가 가능했다고 한다. 암도 긍정을 좋아한다는 사실을 알게 되어 "암과 싸우지 말고 친구가 되라"는 책을 출간하는 계기가 되었다.

미국의 17대 대통령인 앤드류 존슨은 초등학교도 나오지 못했다는 부정적인 인식에서 탈피하여 부통령까지 되었고 링컨 대통령이 암살된 후 대통령 후보에 출마하였다. 초등학교도 나오지 못한 것에 대해서 상대 후보가 비판하자 예수 그리스도도 초등학교를 다니지 못했지만 세상을 구원했다는 말로 상황을 역전 시켰다.

바다가 크고 넓은 이유는 가장 낮은 곳에 위치하기 때문이다.

바다의 어원은 '받아들이다'라고 한다. 감사는 바다와 같은 역할을 한다. 바다는 세상을 거쳐 오염된 모든 물을 받아들인다. 아무리 오염된 물도 바다에 들어가면 정화되어 썩지 않는 소금물로 바뀌게 된다. 감사는 불평, 불만, 스트레스를 받아들여 긍정으로 바꾸는 바다와 같은 역할을 한다.

생각 근육이 약한 사람은 일어나는 일들에 대하여 긍정적이 아니라 언제나 부정적으로 해석한다. '힘들다'라는 말을 '힘이 들어온다'고 긍정적으로 생각하지 않고 '힘이 들어 죽겠다'고 해석한다. '짜증이 난다'라는 말도 생각 근육이 강하면 '짜증이 나간다'로 해석할 수 있어 기분이 좋아진다.

생각 근육을 키우는 특효약이 ISO(In Spite Of)감사, 즉 불구함에도 감사이다.

ISO감사는 불행 속에서도 행복을 주며 낙담 속에서도 희망을 준다. 교통사고가 났더라도 "비록 차는 박살이 났지만 몸은 다치지 않아서 감사하다"라고 ISO감사를 하고 나면 더 이상 그 사고가 나의 삶에 부정적으로 작용하지 못한다. 생각 근육을 키운다는 것은 생각의 본질인 정보 관리를 잘하여 부정적인 정보를 플러스 정보로 바꾸는 작업이 습관화 되도록 하는 것이다.

망망대해를 항해하는 유능한 선장은 파도를 탓하지 않는다. 파도 타는 기술을 보여 줄 수 있는 기회라고 생각하며 위기를 즐기며 파도를 타고 넘는다. 그리고 자신이 체험해서 얻은 암묵지로 튼튼한 배를 만들도록 조언한다. 기업의 본질은 사람이며 사람의 본질은 생각이므로 생각 근육이 강하면 어려움이 와도 회복탄력성이 강해서 쉽게 포기하지 않고 부정적인 사고에 빠지지 않는다.

한자의 '감사(感謝)'라는 단어를 풀이해 보면 감사의 '감(感)'은 다 '함(咸)'자와 마음 '심(心)'자가 합쳐진 말인데 '마음에 가득 채운다'는 뜻이다. '사(謝)'는 '말씀 언(言)'과 '몸 신(身)' '마디 촌(寸)'이 합쳐진 것인데

'몸 마디마디마다 말을 전하여 화기애애하게 소통하라.'는 뜻이다. 즉, 우리의 몸 마디마디에 화목한 분위기가 넘쳐흐르게 하고 그것을 마음에 가득 가득 채우는 것이 감사라는 의미이다.

'감사는 행복의 지름길'이라는 말은 '온화하고 화목한 마음을 채우면 행복해진다.'는 의미이다. 즉 "행복해서 감사하는 것이 아니라 감사하면 행복해진다."는 의미이다. 내면의 행복을 끄집어내는 감사 중에 가장 어려운 감사가 ISO감사이다. ISO감사가 습관화되면 강한 생각 근육이 튼튼하게 된다.

37주차 리더십 향상 질문과 실천할 내용

(작성일 :   년   월   일)

본문 내용에서 느낀 것과 실천할 내용을 적어 보세요.

아래 문장의 (   )를 채워 주세요.

망망대해를 항해하는 유능한 선장은 (   )를 탓하지 않는다. 파도를 타는 기술을 보여 줄 수 있는 기회라고 생각하며 위기를 즐기며 파도를 타고 넘는다. 그리고 자신이 체험해서 얻은 암묵지로 튼튼한 배를 만들도록 조언한다. 기업의 본질은 사람이며 사람의 본질은 (   )이므로 생각 근육이 강하면 어려움이 와도 (   )탄력성이 강해서 쉽게 포기하지 않고 부정적인 사고에 빠지지 않는다.

03
감사를 모르고 불평하는 것은
행복에 겨운 자의 사치스런 신음이다.

'불평'의 뜻은 '마음에 들지 아니하여 못마땅하게 여기거나 또는 못마땅한 것을 말이나 행동으로 나타낸다.' 는 의미이다. 즉, 삶 속에서 일어나는 일들이 문제가 있다고 생각할 때 자신의 판단 기준에서 못마땅하다고 생각하여 행동이나 말로 표현하는 것이라고 할 수 있다.

불평으로 우리의 삶을 바꿀 수 있는 것은 아무것도 없다.

불평은 지나온 과거의 결과를 보고 판단해서 지나온 과거에 초점을 맞추어서 하는 것이기에 아무 부가가치 없는 투덜거림이라고 할 수 있다. 오히려 현재 있는 가치도 끌어내리는 낭비 중에서도 대단히 큰 낭비 요소라고 할 수 있다. 문제를 앞에 두고 걱정부터 하는 것은 인간의 두뇌 속에 있는 리스크 방지에 대한 방어기제의 본능적인 반응이다.

나의 눈에 보이는 불평불만을 내가 고치지 않고 남이 해결해 주기를 바라기 때문에 불평불만이 입에서 튀어 나오는 것이다. 특히 리더가 하는 불평한 마디는 신속하게 번져 우리의 조직을 오염시켜 조직을 파괴하는 강력한 바이러스가 된다. 리더가 회의나 공식 석상에서 회사에 대해 불평불만 하는 말이 튀어 나오면 우리 조직을 크게 병들게 하므로 주의해야 한다.

현재 수준에서 더 나빠지고 싶다면 '불평불만의 주절거림'을 계속하라.

불평은 습관이며 불평하는 습관을 버리기 위해서는 어떻게 하면 될까? 먼저 문제를 바라보는 시각을 바꿔야 한다. 내게 다가온 문제들이 골칫거리라고 하는 전제를 버리고 미래의 더 나은 삶을 위해 나에게 준 선물로 생각해 보자. 그러면 해결하는 방법을 찾을 수 있어 조직에 기여도 하고 성취감을 얻는 계기가 되는 것이다. 불편함을 말로만 하지 말고 개선 안으로 제안 용지에 적어 글로 드러내어 표현하면 더 나은 단계로 진입할 수 있다. 매일 매일 입 밖으로 나오는 것이 불평불만 뿐이면 말하는 그대로 내 삶이 불평불만으로 디자인되어 나의 것이 되게 되어 있다. 나의 삶은 '내가 주인공을 맡는 영화'이다. 내가 각본을 쓰고, 내가 감독하고, 내가 제작하며, 내가 출연하는 영화인 것이다.

대부분 리더들은 내가 만들고 출연하는 자신의 삶의 영화가 '불평불만 스토리'가 되기보다는 '성공 스토리'가 되기를 원한다. 그리고 나의 인생 영화는 두 번 만들 수 있는 것이 아니기 때문에 한 번에 제대로 인기 있는 영화를 만들기 위해서는 긍정의 시나리오를 작성하는 방법을 연구해야 한다. 왜냐하면 시나리오는 곧 나의 인생이며 내가 일상을 살아가며 스스로 작성하면서 만들어 가는 영화 내용이기 때문이다.

그동안 나의 인생 시나리오가 부정과 불평불만으로 가득 차 있다면 지금이라도 긍정적인 태도로 자신의 시나리오를 재구성하기를 제안한다. 나의 삶에 불평할 일이 있다는 것은 곧 내가 살아있다는 증거가 된다는 긍정적인 면도 있다.

그러나 단순히 불평에 그치면 '불평이라는 어항' 속에 갇혀 불평을 먹고 사는 물고기로 살아갈 수밖에 없다. 불평으로 오염된 물속을 감사로 정화하여 '기쁨의 물고기', '행복의 물고기'로 살아간다면 어항 속에 갇혀 있더라도 삶의 풍요로움을 느낄 수 있을 것이다.

틀에 갇혀서 사는 사람은 결국 틀 속에서 불행한 삶을 살게 된다.

틀 속에서 벗어나서 목적을 향해 나아가는 삶을 구현한 사람이 쓴 서적이 있다. 잠수종과 나비(The Diving Bell and The Butterfly)라는 책이다.

프랑스 유명한 패션잡지 <엘>의 편집장이었던 장 도미니크 보비가 온몸이 마비되어 움직일 수 없는 상태가 되었다. 신체 중 유일하게 왼쪽 눈꺼풀만 움직일 수 있었다. 자유롭던 몸짓이 한순간 잠수종에 갇힌 사람과 같이 되었지만 기억과 상상력에 날개를 달아 눈 깜박임으로 세상과 소통하며 쓴 새로운 방식의 이야기이다. 환자가 내부로부터 감금당한 상태를 의미하는 '감금 증후군(locked-in syndrome)'이라는 병에 걸리었지만 불가능 속에서 가능성을 발견하고 완성한 책이다.

잠수종 즉 다이빙 벨은 수중 탐색 기구로서 수중 작업 및 해양 구조에서 전문 잠수부들이 이용하는 단단한 챔버를 의미한다. 우리나라는 2014년 4월 16일 세월호 참사 발생 직후 다이빙 벨을 투입하려고 했지만 사고현장의 유속이 빨라 다이빙 벨을 투입하는 데 실패했다. 마음대로 움직일 수 없는 잠수종 안에 있는 것처럼 답답한 상태에서 힘겹게 한쪽 눈꺼풀을 깜빡여 알파벳 하나하나를 표시하면서 완성한 스토리이다. 1페이지를 적는데 하루가 걸릴 정도로 어려운 과정을 통해서 1년 3개월 동안 20만 번의 눈 깜박임으로 쓴 글이 베스트셀러가 되었다. 그리고 영화로도 제작되어 최우수 감독상을 받은 감동적인 작품이 되게 한 스토리이다.

남자 주인공인 보비는 신형 BMW을 사자마자 아들과 함께 드라이버 하던 중에 교통사고가 났다. 의식을 잃은 후에 3주 만에 깨어났는데 죽지는 않았지만, 몸은 머리끝부터 발끝까지 마비된 상태였다. 마치 한 평도 되지 않는 독방에 갇힌 죄수와 같은 심정이었고 잠수종 안에 갇힌 상태와 같았지만 의식은 자유롭고 정상적으로 유지된 상태였다.

주인공 입장에서 한번 상상해보자. 출세가도로 달리고 있던 40대 중반 남자가 움직이지도 못하고 말도 못하고 음식물을 삼킬 수도 없게 된 것이다. 뇌는 인지 기능이 있으나 모기가 물어도 도와 달라고 말도 못하고 손으로 잡지도 못하는 상태였다. 모기가 물어서 가려운 것은 인지할 수 있지만 가만히 있을 수밖에 없는 상태였다. 차라리 의식 없는 식물인간이 더 나은 상태라고 하며 죽고 싶은 마음뿐이었다. 차라리 죽여 달라고 애원도 해 보았지만 스스로는 죽을 수도 없는 상태였다. 바닷물이 들어오기만 기다리는 바위에 붙어사는 소라 굴처럼 몸을 침대에 붙이고 사는 소라의 삶과 같았다.

암흑 속에서도 소통을 할 수 있는 방법을 찾았다. 왼쪽 눈은 깜박이는 것이 가능해서 한번 깜박이면 'Yes' 두 번 깜박이면 'No'로 약속하였다. 왼쪽 눈꺼풀을 깜박이는 것만이 유일한 의사소통 수단일 때 내 삶을 책으로 출판 하고 싶다는 희망을 가지게 되었다. 이런 상태에서 책을 쓰겠다는 사람이 과연 몇 명이나 있을까?

정상적인 사람도 평생 책 한 권 출간하지 못하는 경우가 대부분이다. 작가는 몸의 컨디션이 좋아지면 나의 영혼은 또 다른 자아를 찾아서 상상의 나래를 펴고 나비처럼 나들이 길에 나선다. 하고 싶은 일이 너무 많아서 시간, 공간을 넘나들며 날아다니며 사랑하는 여인에게로 달려가 그 곁에 누워서 그녀의 잠든 얼굴을 어루만지며 행복을 느끼기도 한다. 나비처럼 날아서 열쇠로 가득 찬 이 세상에서 잠수종을 열어줄 열쇠를 찾고 찾아보지만 도저히 찾을 수 없어서 잠수종 속에서 살아간다. 종점이 없는 전철을 타고 무한히 의식세계 속에서 달리기도 하고 강력한 돈의 힘으로도 자신을 구해 낼 수 없음에 좌절해 보지만 그것이 체념이 되어 다른 곳을 향해 날아가는 에너지가 된다. 자신에게 남아 있는 마지막 에너지를 모조리 소진시키면서 한쪽 눈 깜박이로 책을 완성했다. 그러나 책이 출간 후 10일 만에 그는 마지막으로 가쁜 숨을 쉬고 영면했다. 육체를 떠나 나비처럼 침대에 붙어사는 삶을 떠나서 영원한 자유를 향해 날아가는 공간의 자유를 얻게 된 것이다.

"고이다 못해 흘러내리는 침만 삼킬 수 있다면 세상에서 가장 행복한 사람일 것이다. 불평과 원망은 행복에 겨운 자들의 사치스런 신음이다."라는 주인공의 독백이 진한 감동을 준다.

매일 아침 바로 일어날 수 있는 그 자체가 얼마나 행복한 것임을 느끼지 못하고 툴툴거리며 일어나기를 주저했던 나 자신의 모습이 작가에게 미안함을 금할 수 없다. 내가 소유한 것을 송두리째 잃어버리기 전까지는 그것이 얼마나 소중한지 모르는 경우가 많다.

내 몸을 내 뜻대로 움직일 수 있는 것, 하고 싶은 말을 바로 표현할 수 있는 것, 삼키고 싶은 것 삼킬 수 있는 것, 가고 싶은 곳 갈 수 있는 것이 바로 감사의 제목이다. 내 어찌 범사에 감사하지 않고 살 수 있겠는가?

그래서 필자는 아침에 일어나면 감사 샤워를 한다. 머리에 손을 대고 "내 두뇌를 지켜주어 감사해." 눈, 귀, 코를 손으로 감싸고 "눈아, 글을 보게 해

주어 감사해""코야, 숨 쉬는 통로가 되고 냄새를 맡게 해주어서 감사해"
"귀야, 잘 듣게 해주어 감사해." 이렇게 발끝까지 내려가면서 몸 구석구석
마다 샤워 하듯 감사의 말을 하는 것이 감사 샤워이다.

　감사할 보물을 온 몸에 항상 가지고 다니면서도 매일 감사 5개 적는 것이
힘들다고 불평하는 말을 들으면 참으로 안타까운 마음이 든다.

38주차 리더십 향상 질문과 실천할 내용

(작성일 :　　년　　월　　일)

본문 내용에서 느낀 것과 실천할 내용을 적어 보세요.

아래 문장의 (　　)를 채워 주세요.

　틀에 갇혀서 사는 사람은 결국 틀 속에서 틀린 삶을 살게 된다. 틀
속에서 벗어나서 (　　　　)을 향해 나아가는 삶을 구현한 사람이 쓴
책이 잠수종과 나비(The Diving Bell and the Butterfly)라는 책이다.
　"고이다 못해 흘러내리는 침만 삼킬 수 있다면 세상에서 가장 행
복한 사람일 것이다. 불평과 원망은 행복에 겨운 자들의 (　　)
신음이다."라는 주인공의 독백이 진한 감동을 준다.

04
감사 방해꾼을 제거하여
긍정 정보가 가득 차게 하자.

감사쓰기 운동을 시작하고 1년이 지나면 감사에 대한 인식이 3그룹으로 나누어진다.

첫째 그룹은 삶 자체에 감사가 스며 들어서 너무나 자연스럽게 적는 사람이다.

둘째 그룹은 감사를 너무 오래 하다 보니 이제 적을 것이 없다고 하는 사람이다.

셋째 그룹은 감사 방해꾼이 가득해서 감사의 필요성과 효과를 느끼지 못하는 하는 사
람이다.

나는 어느 그룹에 속해 있는가?

감사는 나와 상대의 좋은 기억을 찾아내어 나도 좋아하고 상대도 좋아
하게 하는 행복 창출의 기술이다. 감사도 기술이므로 감사하는 방법을 배
우지 못하면 지속하지 못하고 포기하게 된다. 감사의 기술을 배우기 위해서
필요한 첫 번째는 감사하는데 걸림돌이 되는 방해꾼을 잘 알아야 한다.

감사를 지속하는데 무엇이 방해를 할까?

첫 번째 감사 방해꾼은 욕심이다.

욕심의 반대말은 무엇일까? 만족이다. 대부분의 동물은 배가 가득차면 만족
하여 더 이상 먹지 않고 휴식한다. 그러나 먹으면 먹을수록, 가득차면 가득 찰

수록 더 채우려고 하는 동물이 있다는 것을 아는가? 인간이다. 인간의 욕심은 그야말로 '밑 빠진 독에 물 붓기'인데, 자족하지 못하고 아무리 채워도 채워지지 않는다. 감사해야 할 일을 불평으로 바꾸어 놓는 것이 욕심이다. 어느 정도의 욕심은 목표 달성에 매진을 하게 하고 삶의 의욕을 불러일으키지만, 지나친 욕심은 건강을 상하게 하고 불행을 자초하는 원인이 된다. 이미 자신이 원하는 것을 소유하고도 감사하지 못하는 사람은 욕심의 수렁에 빠져 있는 상태이다.

두 번째 감사 방해꾼은 비교 의식이다.

비교 의식은 상대방과 자신을 끊임없이 비교하면서 열등감에 사로잡혀 자기 비하에 빠지게 한다. 비교 의식은 인간이 가진 것 중에서 가장 어리석은 의식이라고도 한다.

1963년 의사의 실수로 걷지도 못하고 말도 제대로 못하는 뇌성마비 장애아로 태어난 사람이 있다. 11세에 독학으로 한글을 배웠다. 하지만 하나님과 어머니를 원망하기 시작했다. 건강한 주변 사람들과 비교해 보면서 하나님은 공평하지 못하다고 매일 원망하며 살았다. 자기 자신은 가진 것이 아무것도 없고 매일 밥만 축내는 사람이라고 신세를 한탄하며 자살을 시도하기도 했다.

16세 되던 해 하나님을 믿으면서 자기 자신이 이미 가진 것을 찾아서 감사하기 시작하니 비교 의식에서 벗어날 수 있었다. 남이 갖고 있지 않은 시를 쓰는 능력을 가진 것을 발견했고, 남이 보지 못한 것을 보고 책을 쓰는 능력이 있음을 알았고, 남이 모르는 것을 깨닫는 지혜가 있음을 알게 되었다.

비교 의식에서 벗어나 감사하기 시작하면서 글을 쓰고 "공평하신 하나님"이라는 베스트셀러 시집을 출간하였다. 송명희 작가는 지금까지 시집 2권과 저서 24권과 작사 찬양 100여곡을 발표하였고, 1,500여 회 강연 활동을 하고 있다. 감사의 종류는 만약(If)에 감사, 때문(Because)에 감사, 불구함에도 감사 등 여러 가지가 있는데 그 중 가장 어려운 상황에서도 감사하는 '불구함에도 감사'를 잘하는 사람이 되었다.

세 번째 감사 방해꾼은 근심, 걱정이다.

어니 J. 젤린스키(Ernie J. Zelinski) 캐나다 베스트 셀러 작가가 쓴 '모르고 사는 즐거움'이라는 책에 보면 이런 내용이 나온다.

"우리가 하는 걱정 가운데 40퍼센트는 절대로 일어나지 않는 것이고, 30퍼센트는 이미 일어난 것들이다. 또 22퍼센트는 걱정을 안 해도 될 사소한 것들이고, 4퍼센트는 걱정을 한다고 해도 바꿀 수 없는 것들이다. 그리고 남은 4%만이 노력해서 바꿀 수 있는 것이다"라고 강조했다.

따라서 근심, 걱정의 96%는 필요 없는 것인데 걱정하며 시간을 낭비하는 것도 문제지만 더 심각한 문제는 감사를 막는 강력한 방해꾼이 된다는 것이다. 걱정 근심의 먹구름이 몰려온다 해도 바꿀 수 있는 4%에 해당되지 않는다면 해결된 것으로 생각하고 미리 감사를 해보자. 감사의 마음은 염려의 먹구름을 몰아내고 기쁨을 가져온다.

네 번째 감사 방해꾼은 지나친 우월주의이다.

자신만이 할 수 있다는 우월주의는 감사 생활을 방해하는 최대의 적이라고도 할 수 있다. '나만이 할 수 있다'를 내세우며 타인과 협조할 줄 모르며 늘 자신이 최고라고 생각하므로 감사거리가 없다고 하는 사람이다.

지나친 우월주의자들은 항상 이렇게 말한다. "나는 저걸 가질 충분한 자격이 있어!" "나에게 어떻게 이럴 수가 있어?" "나를 이렇게 무시를 해도 되나?" "세상사람 모두가 다 힘들어도 나는 힘들면 안 돼!" 이러한 말들은 '이기심'의 발로라고 할 수 있는데 온통 관심이 '나'에게만 집중돼 있고 다른 사람들을 무시하므로 감사 생활을 하지 못하는 것이다.

영어의 죄라는 단어에 Sin, Guilt, Crime 3가지가 있다. 내가 최고이고 내 중심으로 살면 그것이 죄가 된다는 의미를 강하게 나타내기 위해 단어 가운데에 'I'가 있다고 한다. 내 안에 도사린 지나친 우월주의를 버릴 때 우리는 일상의 소중함에 눈뜰 수 있고 타인의 아픔에 진정으로 공감할 수 있다.

다섯 번째 감사의 방해꾼은 첫 마음의 상실이다.

첫 마음으로 돌아가면 내 분수를 알게 된다. 첫 마음은 리셋 된 마음이기 때문에 바이러스가 없고 부정 정보가 사라져 감사를 풍성하게 할 수 있다. 첫 마음으로 돌아가면 잊고 있었던 감사할 일이 함께 들어오므로 내 몸 속에는 감사가 차고 넘치게 된다. 그리고 감사가 또 다른 감사를 불러들이기에 감사가 더욱 넘치게 된다. 구두끈을 매고 첫 출근한 때로 거슬러 올라가 생각해보면 감사할 일을 잘 찾을 수 있다.

여섯 번째 감사의 방해꾼은 무지(無知)이다.

집에 전기가 들어오는가? 전기 없이 사는 사람이 80억 인구 중에서 몇 %나 될까? 지구촌 인구의 8.8%인 약 7억 명이 전기 없이 살고 있다. 우리는 전기의 혜택을 마음껏 누리고 사는데 전기에 대해 감사하고 있는가? 무더운 여름 전기가 없다면 얼마나 불편할까? 전기에게서 받는 혜택을 생각하면 전기에게도 감사해야할 것이 많다는 것을 알게 된다.

하루 세끼 식사는 하고 있는가? 지구촌에서 하루 한 끼 식사를 못해서 영양실조로 몇 명이나 고통 받고 있을까? 전 세계 인구의 10%인 약 8억 명이 식량을 구하기 위해 매일 고군분투하며 굶주림에 고통받고 있다. 먹을 수 있는 것에 대한 감사는 잘 잊어버린다. 왜냐하면 요즈음은 다이어트 한다고 적게 먹는 것에 빠져 있기 때문이다. 기독교인들이 잘 외우는 주기도문에도 일용할 양식을 주심에 감사하라고 강조되어 있다. 모르는 것을 제대로 아는 것이 중요하고 알게 되면 아는 것만큼 보이고 보이는 것만큼 감사할 일이 넘치는 것이다.

일곱 번째 감사의 방해꾼은 부정적인 생각이다.

감사가 없는 사람은 감정의 저울이 부정 쪽이 무거워서 부정적인 생각이 강한 사람들이다. 부정 쪽으로 기울어져 사는 사람은 미래를 준비하지 않기에 미래의 꿈이 없다. 그리고 현재의 자리에서 진정한 가치를 찾지 못하고 내자리가 아니라고 생각하고 남의 자리를 기웃거리는 사람이다.

뭔가 부족하다는 결핍 에너지를 불평불만으로 쏟아내며 주위를 부정으로 물들이는 바이러스가 되는 사람이다. 내가 존재하는 것에 감사하고, 먹고, 자고, 입고, 걷고, 숨 쉬는 것도 감사로 바라보면 나의 긍정심리 자본이 늘어나는 것이다. 아침에 일어났을 때 몸이 건강하다면 한 주를 넘기지 못하는 백만 명의 환자들보다 감사할 이유가 있는 사람이다.

"내 삶의 기준점을 어디에 놓고 있느냐?"에 따라 감사할 수도 있고 불평할 수도 있다. 행복은 소유에 비례하지 않고 감사에 비례한다. 아무리 지식과 명예와 권세와 부를 많이 쌓아 놓았다고 해도 감사가 없으면 진정한 풍요로움을 누릴 수 없기 때문이다. 진정한 행복은 현재 내가 가지고 있는 것, 내가 누리고 있는 것에 대한 감사에서 시작된다.

미국 듀크 대학 병원의 '해롤드 쾨니히'와 '데이비드 라슨' 두 의사의 연구에서는 감사하며 사는 사람들은 평균 7년을 더 오래 산다는 사실을 밝혀냈다. '존 헨리' 박사도 "감사는 최고의 항암제요, 해독제요, 방부제다."라고 말했다. 감기약보다 더 대단한 효능을 가진 것이 감사이다. 우리가 1분간 기뻐하며 웃고 감사하면, 우리 신체에 24시간의 면역 체계가 생기고, 우리가 1분간 화를 내면 6시간 동안의 면역 체계가 떨어진다.

내 속에 있는 감사의 방해꾼인 7가지를 잘 체크하여 내 속에서 과감하게 쫓아내고 풍성한 감사로 풍요로운 행복 자본을 축적하도록 하자.

39주차 리더십 향상 질문과 실천할 내용

(작성일: 년   월   일)

본문 내용에서 느낀 것과 실천할 내용을 적어 보세요.

아래 문장의 (   )를 채워 주세요.

인간의 욕심은 그야말로 '밑 빠진 독에 물 붓기'인데, 자족하지 못하고 아무리 채워도 채워지지 않는다. 감사해야 할 일을 불평으로 바꾸어 놓는 것이 (   )이다. 어느 정도의 욕심이 있어야 목표달성에 매진을 하고 삶의 의욕을 불러일으키지만, (   ) 욕심은 건강을 상하게 하고 불행을 자초하는 원인이 된다.

05

가정이 회복되고 훌륭한 인물로 변화하는 감사 성공 사례를 배우자.

감사로 가정이 회복되고 자녀가 잘되고 축복받은 사람 이야기를 나누어 보려고 한다.

감사나눔신문사에 근무하는 100감사 창시자 안남웅 목사님의 이야기이다. 안 목사는 미국에서 영광침례교회를 세워 목회를 잘 했다. 한국에 파견되었던 미군과 결혼한 여성들이 남편 따라 미국에 이주하여 미군부대 근방에 약 5,000명이 살고 있다. 그 중 800여명이 근처 20여 한인 교회에 출석하여 신앙생활을 하고 있었다. 안 목사도 미국 교회 2층에 세를 얻어 약 30여명의 여자 성도들과 함께 목회를 하게 되었다. 미군부대 근처 교회에는 여자 성도들을 좌지우지하는 왕 언니가 있었다. 다행히도 그 왕 언니가 교회를 운영하는데 적극적으로 나서서 안 목사를 잘 도와주었다.

그런데 교회 개척 3년째 되는 날부터 무엇 때문인지 왕 언니가 목사에게 사사건건 대적하기 시작했다. 예배 시작 한 후에 문을 쾅 닫고 들어와 시끄럽게 움직이며 왔다 갔다 하며 예배 분위기를 망쳐 놓았다. 예배 끝난 후 여자 성도들이 각자 갖고 온 음식으로 점심을 나누고 차를 마시며 여러 가지 모임을 갖곤 했는데 이제는 예배 끝나자마자 모두 인사도 없이 귀가해버렸다.

목사를 배척하니 교회를 떠나야 할 수밖에 없었다. 안 목사는 나이도 많고 이제 교회를 떠나면 영어도 잘 못해 직장을 구할 수도 없고, 자녀들은 고등학교에 다니고 있어 살아갈 방법이 없는 아주 어려운 사항이었다.

그래서 안 목사는 집에 가지 않고 교회에서 잠을 자며 금식하며 하나님께 매달려서 기도를 했다. 10일을 금식하며 기도해도 아무런 하나님 응답이 없었다. 11일째에 하나님이 깨닫게 해 주었다. 범사에 감사함이 없이 목회를 하고 있다는 것을 알게 하셨다.

"너는 1~2시간씩 차를 타고 와서 매주 십일조를 내며 음식을 갖고 와서 너를 대접하는 성도들에게 얼마나 감사했느냐?"라는 하나님의 질문을 듣게 되었다.

성도들이 목사에게 베푼 것들을 가만히 생각해보니 정말 감사할 일이 많았는데도 기도는 했지만 감사함을 아뢰는 기도가 없었던 것이다. 주의 종을 섬기는 것은 성도들이 당연히 해야 하는 것이라고 생각한 것이다.

하나님 앞에서는 눈물로 회개했지만 모든 성도들 앞에서 죄송하고 감사하다고 말할 용기가 나지 않았다. 그래서 우선 왕 언니에게만 100개의 감사문을 써줘야겠다는 생각이 들어서 50개 정도를 쉽게 적었다. 그 후 부터는 머리를 쥐어짜며 100개를 써서 100감사를 완성했다.

왕 언니에게 직접 전달 할 용기가 나지 않아서 비오는 날 금요일 새벽 2시에 몰래 왕 언니 집 편지통에 넣고 돌아왔다. 그리고 주일날 왕 언니가 어떤 반응을 할지 걱정이 되어 밤잠을 설쳤다. 주일날 왕 언니가 "이제 와서 무슨 감사냐!"고 안목사를 비웃으면 더 이상 방법이 없으니 교회를 떠나야겠다고 생각했다.

드디어 주일날 왕 언니가 다른 때와 달리 예배 시작하기 전에 교회 문을 열고 들어 왔다. 들어오자마자 손을 높이 들고 달려와서 목사님을 껴안고 엉엉 울며 사과를 했다. 그렇게 구박하는 저에게 100가지나 감사를 적어주는 목사님이 바로 예수님이라고 했다.

그리고 교인들에게 이런 목사님이 우리 목사님이어서 우리는 축복받은 성도라고 외쳤다. 그 후 교회는 분위기가 완전히 달라졌다. 모든 성도가 만나면 서로 껴안고 인사를 하며 서로서로 감사문을 나누기 시작했고, 매주 감사를 적은 것을 목사님에게 확인 도장을 받고 한 주간의 감사를 나누었다. 이러한 소문이 퍼지자 교회가 부흥하여 성도가 150명으로 불어나 그 지역에서 큰 교회가 되었다.

안 목사의 별명은 '시베리아'와 '갈치'였다. 원리원칙주의자로 항상 태도가 차가웠고 뒤끝이 갈치처럼 길다고 해서 생긴 별명이다. 그러나 감사의 놀라운 기적을 맛본 안 목사는 감사의 능력으로 가정도 변화시켜야 하겠다고 결심했다. 38년간 아내에게 감사하다는 말을 해본 적이 없고 교회에 문제가 생기면 아내가 잘못해서 문제가 생겼다고 아내 탓을 하였다. 작은 일에도 꾸짖고 늘 따지기만 해서 아내는 만성 심장병에 걸린 상태였다. 딸에게는 지겹게 공부하라는 잔소리만 늘어놔 딸은 항상 가슴에 큰 돌이 얹힌 것 같이 소화가 잘되지 않는다고 했다. 성격도 반항적이고 신경질적으로 변해서 공부도 바닥을 기는 학생이었다.

그러나 아버지가 변하고 교회가 변하는 것을 보게 된 가족들이 서로서로 매주 2~3개씩 감사문을 써주었다. 생일이 된 가족에게 100감사를 적어주기 위해 매월 10감사를 적어서 미리 모아갔다. 생일날이 되면 120개 감사문이 완성되어 있으므로 정리해서 100가지 감사를 쉽게 전달해 줄 수 있었다. 가족끼리도 감사가 풍부해지자 아내와 딸이 변했고 화목하고 행복한 가정으로 변했다.

안 목사가 딸에게 100가지 감사를 적어주자 딸이 "가슴을 누르던 무거운 돌이 없어졌어요."라며 위장병이 나았다고 했다. 그 후 스스로 공부를 시작하더니 그야말로 놀라운 일이 계속해서 딸에게 일어났다. 감사 습관화를 통해서 딸에게 기적들이 나타났다. 우선 밑바닥에서 헤매던 성적이 전교 1, 2등까지 올라갔다. 백악관에서 근무하거나 정치를 하겠다는 수재들이 꿈꾸는 Washington DC의 Georgetown대학교에 600:1의 경쟁을 뚫고 입학했다. 그것도 빌게이츠의 장학금을 받아 돈 한 푼 없이 MBA과정까지 마쳤다. 그 후에도 감사의 위력은 계속 더 크게 나타났다. 그야말로 전 세계에서 가장 유명하고 입학하기 힘들다는 영국 Oxford대학교 최고 경영자 코스에 합격하여 장학금을 받아 박사 코스까지 완료했다. 현재는 한국사람 중 유일하게 미국 최고의 기관에서 임원으로 근무하고 있다. 딸이나 아들을 훌륭하게 키우고 싶으면 100감사를 적어 주면 기적을 체험한다는 좋은 사례이다. 이렇게 감사함으로 교회가 부흥됐고 가정이 천국으로 변하는 가운데 딸이 놀랍게 성장하고 변화되었다.

지금 안 목사는 한국의 감사나눔신문사 본부장으로 교도소 수감자들에게 100감사 운동을 펼쳐 수감자들을 변화시키고 있다. 그리고 군부대에 보급하여 관심 병사가 줄어들고 가정에도 도입하여 가정이 변화하고 있다. 이제는 한국에서 100감사 쓰기 열풍을 불러일으키고 있는 주인공이 되었다.

우리도 가족이나 내 이웃들에게 100감사문을 써서 축복을 전해주기를 희망한다. 감사를 하다 보면 최고의 대학도 들어가고 화목한 가정으로 변화하는 기적을 체험할 수 있다.

40주차 리더십 향상 질문과 실천할 내용

(작성일 :   년   월   일)

본문 내용에서 느낀 것과 실천할 내용을 적어 보세요.

아래 문장의 (   )를 채워 주세요.

생일인 가족에게 100감사를 적어주기 위해 매월 (   )감사를 적어서 미리 모아갔다. 생일날이 되면 120개 감사문이 완성되어 있으므로 정리해서 100감사를 쉽게 전달해 줄 수 있었다. 가족끼리도 감사가 풍부해지자 아내와 딸이 변했고 화목하고 (   )한 가정으로 변했다.

How to become
a happy leader!

제 7 장

행복 파워

Power of Happiness

드러내기 경영 VM으로 행복 문화를 정착시키는 리더가 되자.

01
미션과 목표도 달성하고
일하기 좋은 행복기업이 되는 방법을 배우자.

성인 두뇌의 크기와 무게는 사람의 키와 몸무게에 비례할까? 키 큰 사람이나 작은 사람이나 상관없이 대개 1.4~1.5kg이다. 70kg인 사람이면 2%에 불과한 무게이다. 2%에 불과한 두뇌가 몸 전체가 사용하는 에너지의 몇%를 사용할까? 약 20%정도를 사용한다. 자신의 무게의 10배의 에너지를 사용하는 것이다. 그래서 두뇌는 몸이 위험해지지 않도록 두뇌 활동을 제한해서 되도록 에너지를 절약하도록 조치를 한다. 그러면 두뇌는 에너지 절약을 위해 어떤 지시를 할까? "깊게 생각하지 마라, 새로운 것 하지마라, 복잡하게 생각하지 말고 빨리 판단해서 답을 내라, 두려움의 울타리를 쳐라!"라고 지시한다.

두뇌는 항상 울타리를 높게 쳐서 위험에서 보호하려는 본능이 있으므로 불신과 의심으로 인간관계를 시작하게 한다.

그렇게 때문에 신뢰관계가 형성되기 위해서는 의심의 울타리를 낮추어야 한다. 법인이나 개인이 이 지구촌에서 존재하려면 신뢰와 신용을 얻어야 한다. 신뢰는 기대와 위험을 함께 동반하는 개념이며 누군가를 신뢰한다는 것은 울타리 없이 살기 때문에 그만큼의 위험을 감수한다는 말도 된다.

사회적 신뢰를 바탕으로 신용카드가 만들어졌지만 350만 명이 신용카드 불량자인 이유는 무엇일까? 내가 근무하는 직장은 신뢰할 수 있으며 동료 간 상하 간에는 서로 믿고 신뢰하며 일을 하고 있는가?

신뢰는 만드는 것이 아니라 항공사의 포인트처럼 쌓는 것이다.

살면서 신뢰를 쌓기 위해서는 시간도 많이 걸리고 해야 할 증명도 많기 때문에 정말 어렵다. 그리고 신뢰가 무너지는 것은 한순간이다. 종이는 구겨버리기는 매우 쉽지만, 원래의 상태 대로 구김살 한 점 없이 평평하게 펴기는 불가능에 가깝기 때문에 신뢰를 종이에 비유하기도 한다.

신뢰를 잃는다는 것이 사랑을 잃는 것만큼 매우 큰 충격이고 무서운 일이라는 걸 모르는 사람들이 있다. 신뢰는 인간이 사회에서 살아가는 데에 큰 덕목이며 밝은 인생을 살게 하는 에너지이다. 그리고 신뢰는 팔 수도 없고 살 수도 없으며 눈에 보이지 않지만 인간관계에서 가장 소중한 가치이다. 따라서 신뢰가 생기려면 쌓아야 하는 시간이 필요하고 신뢰를 쌓아가는 경영 시스템이 필요하다.

드러내기 경영 VM은 10단계의 신뢰 시스템으로 설계되어 있다.

'일하기 좋은 100대 기업'의 저자인 로버트 레버링과 밀턴 모스코비츠라는 2명의 작가가 직장인들을 위한 베스트셀러 책을 출간하려고 지혜를 모았다. '일하기 좋은 기업은 어떤 특징이 있을까?'에 대해 책을 출간하면 베스트셀러가 될 것이라고 생각하고 먼저 사전 조사를 시작했다.

일하기 좋은 기업은 기업의 규모와 성장성, 급여, 복리후생 등의 외형적인 요소와 비례할 것이라고, 생각하고 미국에서 시가총액이 높은 100대 기업을 기준으로 기업들을 조사하는 과정에서 놀라운 사실을 발견했다. 직원들이 훌륭한 회사라고 평가한 회사들 중에는 급여나 복리후생이 좋지 않고 규모가 크지 않더라도 행복도가 높은 회사가 많다는 것을 확인하게 된 것이다. 반면에 겉 보기에 보수도 높고 복지도 좋은 회사지만 그 속에서도 항상 이직만 생각하고 불평불만이 가득하고 행복을 느끼지 못하는 회사도 많았다.

조직원들이 하나같이 자신의 직장이 훌륭한 일터라고 자신 있게 말하는 기업의 공통점은 무엇일까?

조직 내 두터운 신뢰가 쌓여 있는 회사라는 새로운 사실을 발견했다. 즉, 아무리 좋은 복지나 급여를 제공하더라도 조직 내 상하 간, 동료 간, 고객 간에 신뢰관계가 정착되지 않으면 무용하다는 사실을 발견한 것이다.

포춘지는 매년 신년호 커버스토리에 매출액 순위가 아니라 신뢰 경영의 요소를 조사하여 일하기 좋은 100대 기업을 선정하여 발표하고 있다. 상하 간에 낮은 신뢰는 권한 위임을 어렵게 하고 일일이 체크하고 지시하므로 수동적이 되어 행복의 요소인 자율적 업무 수행을 어렵게 한다. 두터운 신뢰관계가 형성된 기업은 조직에 활력이 넘치고 직원 상호간 협력 수준이 높다. 그리고 정보의 공유와 성과를 창출하는 선순환 사이클이 있어 높은 성과를 창출한다.

그러면 신뢰 수준을 높이기 위한 방법론은 무엇일까?

나도 알고 남도 아는 열린 영역의 영토를 확장해 나가야 한다. 의심은 언제 생기는가? 보이지 않고 알지 못할 때에 생긴다. 우리 마음에도 창문이 있다. 내성적인 사람은 표현을 잘 하지 않기에 "너는 왜 마음의 문을 닫고 사느냐?"라는 말을 많이 듣는다. 우리가 어떤 창틀을 가지고 보는가에 따라 세상이 다르게 보이는 것이다. 자신이 쓴 안경알의 색깔에 따라서 세상이 다르게 보이는 것과 같은 이치이다.

조셉 러프트(Joseph Luft)와 해리 잉햄(Harry Ingham)이라는 두 심리학자가 사람의 마음을 4가지 창문으로 나누어서 볼 수 있다고 했다. 그 창의 이름을 조하리(Johari)의 창이라고 부르는데 두 사람 이름의 앞부분을 합성해 만든 용어이다. 조하리의 창(Johari's window)은 나와 타인의 관계에서 내가 어떠한 상태인지를 분석해서 보여주고 어떤 면을 개선하면 좋을 지를 알게 하는 분석도구이다.

첫 번째 창문, 나도 알고 너도 아는 공개된 영역, Open Area이다.
나도 남도 볼 수 있도록 열리어 있기에 서로가 잘 아는 영역으로 관계하는 시간이 길어지면 아는 범위가 점점 넓어지게 되는 영역이다.

두 번째 창문, 나는 모르지만 타인에게는 보여지는 영역, Blind Area이다.
나의 몸에 배여 있는 습관이나 행동 패턴에 대해서 나는 잘 모르지만 타인은 잘 알고 있는 것을 말한다. 질문, 경청, 피드백으로 타인과 소통을 깊숙하게 하게 되면 솔직하게 타인이 알려주어 알게 되는 영역이다.

세 번째 창문, 나는 알고 있지만, 남은 모르는 영역, Hidden Area이다.

나는 사람들 앞에서 강의를 잘하지만 손에서는 땀이 난다. 나는 웃으며 강의하고 있지만 수강생들이 핸드폰을 보고 있으면 속앓이를 한다. 남이 모르는 영역이므로 내가 드러내어 알려야 알 수 있는 것이다. 신중한 사람들이 이 영역의 넓이가 넓다.

VM활동을 하는 회사는 아침에 업무 시작하기 전에 마음 상태와 몸 상태를 팀원들에게 드러내고 시작한다. 몸과 마음 상태는 남은 모르고 나만 아는 Hidden 영역이다. 몸 상태가 좋지 않다는 것을 알면 업무 부담도 줄여 주게 된다. 집에서 좋지 않은 일 때문에 마음이 아프다고 하면 함께 아픔을 나누어 반감시키고 위로해 준다. 남이 모르는 것을 내가 드러내서 공유하므로 의심이 줄어들고 소통이 잘 되어 일할 맛 나는 직장이 되게 하는 것이다.

네 번째 창문, 나도 모르고 남도 모르는 미지의 영역, Unknown Area이다.

조직에서는 대표도 모르고 직원도 모르는 영역(Unknown Area)이다. 우리 조직의 비전을 대표나 기획실에서 일방적으로 만들어 전달하기보다 개인이 추구하는 일의 가치와 그것이 조직의 비전으로 어떻게 연결될 수 있는지를 공개적으로 제시해야 한다. 미션, 핵심가치, 비전, 즉 기업의 가치관을 드러나게 해서 공유하면 나도 모르고 너도 모르는 영역을 개척하며 나아갈 수 있다.

VM의 1단계인 가치관 드러내기 워크숍에서는 잘 보이지 않던 기업의 목적이나 목표를 전 직원이 참가하여 함께 만들어서 보이게 하는 작업을 한다.

성장하는 회사는 신뢰가 있는 회사인데 그 회사들의 특징은 직원들이 참여해서 만든 회사의 존재 가치와 비전이 잘 공유되어 있다. 그리고 해야 할 일과 하고 싶은 일 그리고 할 수 있는 일이 일치되어 있고 경영의 목적과 기대 성과가 한 영향으로 정렬되어 있다. 가치관이 드러나지 않고 열심히만 하는 기업은 가슴이 없는 경영, 혼이 없는 경영을 하고 있는 것이다.

일 중심의 회사에서 사람 중심의 회사로 전환해서 직원들이 회사와 자기 일에 가치를 느끼고, 하는 일에 혼을 불어넣을 수 있도록 해주는 행복 리더십이 필요하다.

해야 할 일과 하고 싶은 일을 해내기 위해서는 해야 할 일을 보이게 하고, 내가 할 수 있도록 반복해서 습득하려는 노력을 계속하면 자율, 성취, 좋은 관계의 3마리 행복 토끼를 한꺼번에 잡을 수 있다. 드러나지 않고 보이지 않으면 의심이 생기는 것은 당연한 이치이다. 마음을 드러내고, 해야 할 업무를 드러내고, 할 수 없는 능력을 드러내고, 건강관리도 드러내고, 자기계발 진행 사항도 드러내고, 안전 요소도 드러내고, 불합리요소와 감사를 드러내면 의심이 사라지고 신뢰도도 높아져 업무 수행의 속도가 빨라진다.

아는 것이 힘이 아니라 아는 것을 보이게 해서 신뢰를 통해서 해야 할 일을 스스로 실천하는 것이 힘이다! 그래서 신뢰는 한 순간에 되는 것이 아니라 상대와 많은 교제와 경험을 하면서 드러내어 쌓아가는 것이다. 비즈니스에서 신뢰가 쌓여지지 않은 상태에서의 협상은 시간만 낭비하는 기회 손실이다. 신뢰가 부족하면 계약서 작성의 시간이 걸리고 확인하는 시간이 많이 걸리게 된다. 계약할 때에 서로가 신뢰하지 못하면 변호사 비용까지도 추가로 들어간다.

유한양행은 퇴사하겠다는 사람이 있으면 퇴사 후 장래 설계와 관련한 계획서를 가지고 와야 된다. 그것을 살펴보고 적절치 않으면 나가지 말라고 설득하고 그래도 안 되면 몇 차례 더 계획서를 보강하도록 코칭을 해 준다. 우리 회사에서 나간 분이 잘 하지 못하면 회사의 이미지에 타격이 있다고 보기 때문에 라이프 코칭을 잘 해서 내보내는 것이다.

신뢰와 소통의 출발점은 정직이다. 정직하지 않다면 결코 사람들의 신뢰를 얻을 수 없다는 것을 꼭 기억해야 한다. 의심과 권위의 리더에서 신뢰와 소통의 리더로 전환시켜 주며, 가치관을 정립하여 기업의 목적과 목표를 명확하게 하고, 신뢰와 리더십이 살아나게 하는 방법론이 필요하다.

그래서 필자는 30년간 경영컨설팅과 코칭을 통해 얻은 노하우를 바탕으로 행복기업을 만드는 비밀을 10단계로 체계화하였다. 행복하게, 해야 할 일을, 하고 싶어 하고, 할수 있게 하며, 내가 행복하고 가정이 행복하고 기업이 행복한 행복경영 방법론이 세계 최초로 탄생한 것이다.

이 행복경영 방법론에 드러내기 경영, Visual Management(VM)라는 이름을 붙였다. 지금까지의 경영을 혁신시키는 기법은 미국, 일본 등 선진국에서 도입한 것이 대부분이었다. 6시그마, BPR, TQC, TPS 등을 도입했지만 대부분 정착되지 못하고 사라졌다.

외국에서 도입한 경영기법이 정착이 어려운 이유는 무엇일까?

한국문화에 맞게 개발한 행복경영 방법론이 아니기 때문이다. 드러내기 경영 VM은 기업에 적용하여 성과를 여러 회사에서 이미 확인한 행복경영 혁신 기법이다. 다비치안경체인 8년째, 제이미크론 8년째, KPX케미칼 5년째, 대봉엘에스 4년째, 한국피에스 4년째, 케이디켐 4년째, 감사나눔신문사 4년째, 천지세무법인 3년째, 연산메탈이 3년째, 엠케이전자 2년째, 한라IMS 2년째, 진양산업과 진양폴리우레탄은 6개월째 실천하고 있다. VM활동을 도입하면 계속해서 질기게 하고 있는 이유는 무엇일까? 행복경영의 효과가 명확히 나타나기 때문이다. 비용 대비 효과가 훨씬 크기 때문이다. 컨설팅 코칭 비용 대비 10배, 100배 이상의 효과가 있기 때문이다.

그러면 행복한 기업이 되기 위해 해야 할 일이 무엇일까?

행복기업이 되기 위해서는 줄여야 할 것이 있고 늘려야 할 것이 있다. **먼저 늘려야 할 것이 무엇일까?** 대부분 사람들은 매출과 이익을 늘려야 한다고 이야기 한다.
줄여야 할 것이 무엇이냐고 물으면 어떻게 답할까? "가치 없는 낭비를 줄이고 고객 불만과 클레임을 줄여야 한다."고 말한다. 그러면 "매출이나 이익은 누가 늘리고 가치 없는 낭비는 누가 줄여야 할까?" 라고 물으면 "우리 직원들이 해 내야 할 일입니다."라고 말한다.

그렇다면 "이러한 일을 하는 직원들이 진정으로 원하는 일이 무엇일까"? 라고 물어본다.

대부분 "돈 많이 버는 것이지요." 라고 답한다. "그러면 돈 많이 주는 대기업의 직원들은 퇴직하지 않나요?"라고 물어보면 뚜렷하게 답을 하지 못한다. "왜 돈을 많이 벌려고 하나요"라고 반복해서 물으면 결국은 행복하기 위해서"라고 대부분의 사람들이 답한다.

그러면 얼마만큼 행복하면 될까? 오늘 한 번만 행복하면 행복한 삶이 될까?

톨스토이는 "하나님은 인간이 성공하기를 원하는 것이 아니라 성장하기를 원한다"고 했다. 왜냐하면 인간은 성장하면서 행복을 느끼기 때문이다. 그래서 하나님은 인간이 행복해지기를 바람으로 지속 성장하도록 도와준다는 것이다. "나는 변화하기 싫다. 이대로 좋다"고 하는 사람은 성장하기 싫다고 하는 사람이다. 인간은 변화가 없으면 성장할 수 없고 오늘보다 내일이 더 나아지지 못하면 불행하다고 생각한다. 그래서 기업이나 개인이 지속적으로 행복해지기 위해서는 끊임없이 오늘보다 더 나은 내일을 만들기 위해 성장을 바라보고 혁신해 나가야 하는 것이다.

기업이나 개인이 행복해져야 하는데 20세기의 행복론과 21세기의 행복론의 패러다임이 달라졌다.

20세기는 성공시대였다. 즉 "성공하면 행복해진다"는 논리였다. 그리고 수직적 조직 문화였다. 그런데 21세기에는 "성공하면 행복해진다"에서 "행복해야 성공한다"로 바뀌었다. 그리고 조직 문화도 상명하복(上命下服) 문화가 아니라 쌍방향 소통문화인 수평적 조직문화로 바뀌었다.

이렇게 바뀐 21세기 행복시대를 잘 적응하며 행복해지려면 어떻게 일하면 좋을까? 자신이 하는 일의 가치를 알고 즐기면서 성장하도록 해야 한다. 인간은 성장하는 자신의 모습을 바라보며 행복을 느끼는 것이다. 일의 가치를 알고 즐기면서 성장하려면 어떻게 일해야 할까? 해야 할 일을 하고 싶어 하고, 할 수 있게 되면 행복해지고 성공이 빨라진다. 대부분의 혁신 방법론이 해야 할 일을 찾아내는 것은 잘 해내지만, 해야 할 일을 하고 싶어 하게 하고, 할 수 있게 하는 방법론이 없어서 조직의 힘으로 강제로 밀어 붙이는 경우가 많다.

강제로 밀어붙이면 지속적인 혁신활동이 될 수 있을까?

자율과 행복과는 거리가 멀어지고 밀어붙이는 힘이 약해지면 바로 그만두는 경우가 대부분이다. 그래서 혁신활동이 1년 지속하는 것이 힘들다고 한다. 혁신이 지속되기 위해서는 행복(1H)의 3요소인 자율, 성취, 좋은 관계와 연결되어야 하고 해야 할 일(2H)을 하고 싶어(3H)하고, 할 수 있게(4H) 해야 한다.

VM은 10단계 드러내기로 4H를 제대로 구현해 낼 수 있도록 잘 설계된 내가 행복하고 가정이 행복하고 기업이 행복해지는 문화 바꾸기 시스템이다. 이미 검증된 방법론인 드러내기 경영 VM은 기업의 미션과 목표도 달성하고 성장하며 행복하게 일하는 방법이므로 VM을 이미 도입한 회사에 방문하여 벤치마킹도 하고 직접 실천해서 행복을 구현하는 실질적인 행복리더가 되기를 기대한다.

(작성일 :　　년　　월　　일)

본문 내용에서 느낀 것과 실천할 내용을 적어 보세요.

아래 문장의 (　　)를 채워 주세요.

21세기에는 "성공하면 행복해진다"에서 "(　　)해야 성공한다"로 바뀌었다. 혁신이 지속되기 위해서는 행복(1H)의 3요소인 (　　　), 성취, 좋은 관계와 연결되어야 하고, 해야 할 일(2H)을, 하고 싶어 (3H) 하고, 할 수 있게(4H) 해야 한다.

02

일 속에서 행복의 가능성을 발견하고
행복으로 전환시키는 방법을 배우자.

VM활동의 목적은 행복하게(1H), 해야 할 일을(2H), 하고 싶어 하고 (3H), 할 수 있게 하는(4H) 4H 구현의 방법론이다. 10단계 드러내기로 내가 행복하고, 가정이 행복하고, 기업이 행복해지는 문화를 창출하는 시스템이다. 그러면 기업에서 일하는 사람들의 형태를 살펴보면 몇 가지가 있을까?

첫 번째는 해야 할 일을 하기 싫어하는 사람이다.

해야 할 일을 하기 싫어서 미루고 미루다가 결국은 납기에 쫓겨 억지로 급하게 하는 경우가 있다. 억지로 급하게 하면 결과가 좋지 않아 꾸중만 듣게 되고 하는 일에 대한 보람을 못 느끼는 사람을 말한다.

두 번째는 하지 말아야 하는 일을 하고 싶어 하는 사람이다.

해야 할 일을 잘 알지 못하거나, 하지 말아야 할 일을 해야 할 일로 생각하고 하는 경우이다. 일은 열심히 했지만 회사에 도움이 되지 않는 무가치한 일을 해서 회사 성장에 기여하지 못하는 사람이다.

예를 들면 연구소 직원이 회사의 미래 제품을 연구하지 않고 개인이 퇴직하고 나서 사업할 과제를 연구를 하는 경우를 말한다.

세 번째는 하지 말아야 하는 일을 하기 싫어하면서 하는 사람이다.

하지 말아야 할 일을 해야 할 일로 착각하고 억지로 일하는 사람이다. 일은 하지만 억지로 하다 보니 부실하게 하며 대형 안전사고를 내게 된다. 예를 들면 다른 식으로 처리해야 하는데 용접 작업으로 하면서 차단막을 제대로 설치하지 않고 대강 설치해 놓고, 하기 싫어하며 억지로 용접 작업을 하는 경우를 말한다. 결국은 불꽃이 튀어 물류창고 전체를 태워버린 화재 사건 등도 이런 형태에 관련된다고 할 수 있다.

네 번째는 해야 할 일을 하고 싶어 하고, 할 수 있게 하여 행복하게 수행하는 사람이다.

이렇게 일하는 직원은 하는 일이 즐겁고, 능률도 오르고 일의 성과도 좋으므로 동료들과 좋은 관계를 가지며 지속적으로 행복을 누리며 일을 하게 된다.

업무의 성과가 나지 않거나 하는 일이 재미가 없다면 무엇부터 체크해 보아야 할까?

'회사에 도움이 되지 않는 가짜 일이 아닌가?'에 대해 먼저 살펴야 한다. 만약에 헛일이 아니고 해야 할 일이면 '하고 싶어 하고, 할 수 있는 역량을 가지고 있는지?'를 체크해 보아야 즐기면서 행복하게 일할 수 있다.

해야 할 일을 하고 싶어 하고 할 수 있게 함으로써 어떻게 행복과 연결될 수 있을까?

대부분의 혁신 방법론이 해야 할 일을 찾아내는 것은 잘 해내지만, 해야할 일을, 하고 싶어 하고, 할 수 있게 하는 방법론을 찾지 못해서 실패하는 경우가 많다. 혁신이 지속되기 위해서는 인간의 행복과 연결되어야 한다. 결국은 해야 할 일을, 하고 싶어 하고, 할 수 있게 하면 행복하게 업무를 수행하게 된다.

우리 몸에 단백질, 탄수화물, 지방이라는 3대 영양소가 있듯이 행복에도 3대 영양소가 있다. 드러내기 경영 VM에서는 행복의 3대 영양소를 자율, 성취, 좋은 관계라고 강조한다. 우리나라 노인 자살률이 10년 만에 3배로 증가해 세계 최고로 단번에 올라갔다. 자살률이 높아지는 원인을 살펴보면 행복의 요소를 차츰차츰 잃어버리기 때문이다. 노인들이 중얼거리며 자식들에게 자주 하는 말이 "내가 더 살아서 뭐하겠나?"이다. 더 살아봐야 이제 더 할 일이 없다는 의미이며 다른 말로 하면 성취할 일이 없어지고 자율적으로 스스로 해야 할 일이 점점 소멸되어 가고 있다는 의미이다.

그리고 몸을 움직이지 못해서 누워있으면 자식들과의 연락이 점점 줄어들고, 자고 일어나면 동창이 사망했다는 소식에 좋은 관계의 틀이 깨지고 있으므로 관계의 상실감으로 살아가는 가치를 점점 잃어 가는 것이다. 그러나 직장인들은 건강하고 해야 할 일과 하고 싶은 일과 할 수 있는 일이 넘치기에 행복해질 수 있는 자원은 가지고 출발하는 것이다. 오늘 해야 할 일이 있는 것 자체만으로도 감사한 일이며 그 일을 통해서 자아 실현의 욕구를 충족시키며 나 자신을 성장시킬 수 있으므로 직장인들에게는 행복의 요소를 창출하는 기회는 무한하다고 할 수 있다.

행복은 크기가 아니라 빈도이므로 일상의, 일상에 의한, 일상 속에서 행복해져야 한다. 직장인이 가진 행복 가능성을 일 하면서 행복으로 전환시키는 방법을 알려주는 것이 드러내기 경영 VM이다.

42주차 리더십 향상 질문과 실천할 내용

(작성일 :   년   월   일)

본문 내용에서 느낀 것과 실천할 내용을 적어 보세요.

아래 문장의 (   )를 채워 주세요.

혁신이 지속되기 위해서는 인간의 (   )과 연결되어야 한다. 결국은 해야 할 일을, 하고 싶어 하고, 할 수 있게 하면 행복하게 업무를 수행하게 된다. 우리 몸에 단백질, 탄수화물, 지방이라는 3대 영양소가 있듯이 행복에도 3대 영양소가 있다는 걸 아는가?

드러내기 경영 VM에서는 행복의 3대 영양소를 자율, 성취, (   )라고 강조한다.

03

행복의 요소인 자율은
일하면서 어떻게 얻을 수 있는가?

V M활동에서는 행복의 요소를 자율, 성취, 좋은 관계라는 3가지 Keyword로 정의한다.

먼저 행복의 3요소 중에서 자율은 무엇일까? 직장인이 제일 불행하다고 생각하는 것은 어떤 때일까?

독일 철학자 칸트는 "불행이란, 자유의지에 의한 이성의 명령으로 하는 것이 아니라 노예처럼 타율에 의해 시켜서 억지로 일할 때"라고 한다. 타율에 의해 행동하는 것은 스스로라는 의지가 들어가지 않기 때문에 일을 해도 건성으로 하게 되며 몰입해서 하지 않기에 성과가 거의 없다. 그리고 행동을 자극하는 힘이 약해져서 중간에 어려움에 부딪치면 그 일을 쉽게 포기해 버리게 된다. 내가 자율적으로 스스로 만들어낸 기운이 아니고 나그네의 기운인 객기(客氣)가 들어오면 나그네가 주인 노릇하므로 이유 없이 객기를 부려서 좋은 관계가 깨어진다.

마크 트웨인이 쓴 〈톰 소여의 모험〉이라는 소설에 보면 톰이 잘못하여 울타리에 페인트칠을 하라는 벌을 받는다. 그러자 톰이 친구들을 끌어 들이기 위해 "페인트칠이 너무 재미있는데 이 일은 나만이 가진 특권이다."라고 친구들에게 자랑하니 친구 벤이 먹고 있는 사과를 주면서 자신도 일하게 해 달라고 부탁한다. 친구 벤이 페인트칠을 즐기면서 하는 것을 보자 다른 친구들도 먹을 것을 들고 와서 페인트칠을 하게 해달라고 줄을 서서 기다리며 일을 하고 싶어 한다는 내용이다.

벤이 시켜서 하는 것이 아니라 자발적인 동기로 일하는 모습을 보니 다른 친구들도 하고 싶어 하는 일이 된 것이다. 그리고 단순히 일하는데 그치지 않고 "어떻게 하면 재미있게 페인트칠을 잘 할 것인가?"를 생각하면서 창의적으로 일하게 되니 즐거움이 더해져서 순식간에 페인트칠을 끝내는 이야기이다.

직장에서도 자율의 의미를 깨닫고 행복의 요소로서 느끼려면 자율이 좋다는 것을 의지의 본질인 이성이 느껴야 한다.

이성적으로 해야 할 일을 하고 싶어 하며 자율적으로 일하는 좋은 방법이 무엇일까? 좋은 방법 중의 하나가 먼저 행동을 해서 좋은 결과를 얻게 되면 생각이 바뀌어 자율적으로 하고 싶은 힘을 강하게 느끼게 하는 것이다. 특히 고정관념이 강한 성인들의 의식을 바꾸게 하는 것은 매우 어렵다. 그러나 행동을 먼저 바꾸어서 실행해보고 바뀌면 좋다는 것을 마음으로 느끼게 하면 그 이후부터는 마음에서 우러나와서 자율적으로 행동하게 된다.

그래서 VM활동에서는 행동으로 먼저 해 보여서 몸이 좋은 점을 느끼게 하도록 한 후에 그 다음에 생각의 변화를 유도하는 의식 혁신을 하게 한다.

몸과 마음의 상태를 드러내는 활동은 아침 업무 시작 전에 몸, 마음 상태를 공유하고 공감하게 하는 좋은 사례이다. 마음 상태는 개인의 영역이라고 드러내기를 싫어하는 멤버도 있다. 그러나 일단 드러내고 나면 서로 배려하여 힘든 것은 반감되고 기쁨은 배가 되어서 에너지를 보충하고 업무를 시작하는 효과를 체험하게 된다. 행동해서 좋다는 것을 인식한 후부터는 마음 드러내기는 자율적으로 잘하게 된다.

무질서를 드러내는 활동인 청소, 정리, 정돈은 직원들의 일이 아니라 청소하는 아주머니의 일이라고 생각하기에 청소하기를 대부분 싫어한다. 그러나 일단 몸으로 스스로 청소를 해 보면 운동도 되고 정리, 정돈된 깨끗한 직장을 보고 청소의 좋은 점을 알게 된다. 그 다음부터는 스스로 일찍 출근하여 청소를 즐기면서 바닥을 닦아 내면서 내 마음의 먼지도 함께 닦아 내는 효과를 누리게 된다.

비가치를 드러내는 개선활동은 팀원들과 지혜를 모아서 아이디어를 짜내어 개선하는 행동을 하고 나면 일하기가 편해지고 칭찬과 포상도 받으므로 '개선해야겠다!'는 생각을 지속하게 되는 것이다. 개선을 한다는 것은 자기 자신이 성장하고 있다는 것을 객관적으로 증명하는 것이므로 행복이 지속되려면 지속적인 개선이 함께 따라와야 한다.

해야 할 일을 자율적으로 하게 되면 성취감을 느끼는 속도가 빨라지고 될 때까지 해보는 끈기도 생기게 된다. 따라서 일을 할 때는 되는 대로 하지 말고 자율적으로 미리 계획하고 드러내어 행동의 시행착오를 줄이는 것도 헛일을 줄이고 행복감을 느끼는 방법 중의 하나이다.

43주차 리더십 향상 질문과 실천할 내용

(작성일 :   년   월   일)

본문 내용에서 느낀 것과 실천할 내용을 적어 보세요.

아래 문장의 (   )를 채워 주세요.

그래서 VM활동에서는 행동으로 먼저 해 보여서 몸이 좋은 점을 느끼게 하는 (   )을 강조하고 그 다음에 생각의 변화를 유도하는 의식 혁신을 하는 것이다.

(   )을 한다는 것은 자기 자신이 성장하고 있다는 것을 객관적으로 증명하는 것이므로 행복이 지속되려면 지속적인 개선이 함께 따라와야 한다.

04

행복의 요소인 성취는
일하면서 어떻게 얻을 수 있는가?

어떻게 살면 잘 사는 것일까? 대부분 "행복하게 사는 것이다"라고 이야기는 하지만 기대수준을 높이면서 계속 더 가지려고 매달리다가 지쳐서 쓰러지는 경우가 많다.

행복의 반대말은 불행이 아니라 불평이다. 잔디를 덮고 누워 있어야 할 나이임에도 불구하고 의학의 발달로 잔디를 밟고 골프를 치면서 감사하지 못하고 불평하는 사람은 행복과 거리가 먼 사람이다. 소유의 양과 행복의 양은 비례하지 않는다는 것을 잘 알고 있지만 소유에 집착하여 행복을 잃어버리는 경우가 많다.

오늘은 행복의 3요소 중에서 두 번째 요소인 성취에 대해서 생각해 보자.

미국의 유명한 심리학자 에이브러햄 매슬로우(Abraham Harold Maslow)는 욕구 단계론(Maslow's hierarchy of needs)을 발표했다. 매슬로우는 인간이 가지고 있는 5단계 욕구를 채워 나갈 때 행복을 느끼게 된다는 이론이다. 가장 낮은 욕구가 생리적 욕구이고, 가장 높은 욕구가 자아실현의 욕구이다.

1, 2, 3, 4단계인 생리, 안전, 애정과 소속, 존중의 욕구는 충족되지 않은 빈 공간 채우기 욕구이다. 그래서 1단계에 4단계까지는 일단 충족되면 더 이상 동기요

인으로 작동하는 힘이 약해진다. 그러나 5단계인 자아실현의 욕구는 성장을 향한 더 채우기 욕구이므로 무한하게 동기부여가 되고 성장하며 성취할 수 있다.

매슬로우는 욕구 5단계를 발표한 후에 인간의 욕구 3가지를 더 추가했다.

지식 탐구와 지적 성숙함의 욕구인 인지적 욕구와 예술적, 미적, 음악적 성숙함의 욕구인 심미적 욕구와 다른 사람이 자아실현을 하게 하도록 도와주는 욕구인 초월적 욕구를 추가하여 8단계로 나타냈다.

VM의 10단계 시스템은 매슬로우가 주장하는 아래의 1단계부터 단계적으로 만족시켜가는 시스템이 아니다.

생리적 욕구와 안전의 욕구가 충분하게 충족되지 않더라도 가치관 목표 드러내기, 감사와 칭찬 드러내기, 비 가치 드러내기로 오늘보다 더 나은 나를 만들어서 성장하게 한다.

그리고 애정과 소속, 존중, 자아실현의 욕구를 더 크게 충족시켜서 전체적인 행복도를 끌어 올리는 단계별 플랫폼을 운영하고 있다. 그래서 VM활동을 하는 회사의 급여는 대기업보다도 낮지만 행복도는 더 높다. 행복한 직원들이 행복기업을 만들어 해야 할 일을 제대로 해내므로 목표를 초과하여 달성한다. 그래서 성과급도 많이 받고 지속적으로 성장 발전하는 선순환의 성공사례가 탄생하는 것이다.

더구나 VM활동에서는 매슬로우가 주장하는 가장 높은 욕구인 초월적인 욕구를 강하게 느끼게 한다. 매일 1가지 이상 선행한 결과를 감사로 표현하게 하고, 팀장은 암묵지로 갖고 있던 효율적인 업무 처리 방법을 자세하게 알려주어 멤버들이 해야 할 일을 쉽고 빠르게 할 수 있게 한다. 동료 간에는 업무를 드러내어 공유하므로 서로 돕는 시스템이 작동되어 당나행(당신이 나보다 행복하게 해드리겠습니다) 활동이 가능해진다. 옆의 동료나 타부서나 가정이 잘되게 하여 타인이 행복해 하는 모습을 보면서 초월적 욕구를 마음껏 느끼도록 설계된 시스템이 VM이다.

오사마 빈 라덴 사살 작전을 성공시킨 미국 NAVY SEAL 사령관이었던 윌리엄 맥레이븐(William McRaven)을 유명하게 만든 문장이 무엇인지 아는가? "세상을 변화시키고 싶다면 아침에 일어나자마자 이불부터 똑바로 정리하라!"라는 말이다. 그에게 이불을 정리하는 것은 단순한 침구 정리를 넘어 하루의 첫 과업을 달성한다는 의미이다. 첫 과업이 잘 달성되면 그 다음 과업도 또 그 다음 과업도 잘 수행될 것이라는 긍정적인 동기부여가 된다. 왜냐하면 준비에 실패하는 것은 실패를 준비하는 것이므로 첫 단추가 중요하고 시작이 반이기 때문이다. 그리고 그날 하루가 엉망이었다고 하더라도 집에 방문을 열고 들어서는 순간 나의 첫 과업이었던 잘 정리된 이불을 보고 내일 다시 도전하는 용기를 가지고 다시 도전하는 에너지를 회복시키는 것이다.

행복은 성취감의 크기가 아니라 빈도이다.

1년간 노력하여 고래 1마리 잡는 어부보다 매일 바다에 나가서 새우를 잡는 어부가 더 행복하다. 1년 후에 얻을 성취를 바라보며 기다리지 말고 목표를 잘게 나누어서 일상의, 일상에 의한, 일상을 위한 성취감을 추구해야 행복을 누릴 수 있는 것이다. '톰소여의 모험'의 작가인 마크 트웨인(Mark Twain)은 "앞서

가는 방법의 비밀은 시작하는 것이다. 시작하는 방법의 비밀은 복잡하고 과중한 작업을 할수 있는 작은 업무로 나누며, 그 첫번째 업무부터 시작하는 것이다"고 했다.

　그래서 필자는 어떤 작은 일을 이루었을 때에 소리 내어 두 팔을 들고 '완료'라는 말을 하여 두뇌가 성취감을 느끼게 해준다. 이불을 개고 나서 '완료', 감사 쓰기가 완성되면 '완료', 1만보가 달성되면 '완료', 식사 중에 비타민을 먹으면 '완료'라고 선언해서 '소확행(小確幸)'의 기쁨을 자주 느끼게 한다. '완료'라는 단어를 소리 내어 드러내면 살랑살랑 불어오는 봄바람처럼 일상 속에서 성취감을 맛보며 행복을 더 자주 느끼게 된다.

44주차 리더십 향상 질문과 실천할 내용

(작성일 :　　년　　월　　일)

본문 내용에서 느낀 것과 실천할 내용을 적어 보세요.

아래 문장의 (　　)를 채워 주세요.

　행복의 반대말은 불행이 아니라 (　　　)이다. 잔디를 덮고 누워 있어야 할 나이임에도 불구하고 의학의 발달로 잔디를 밟고 골프를 치면서 감사하지 못하고 불평하는 사람은 행복과 거리가 먼 사람이다. (　　　)의 양과 행복의 양은 비례하지 않는다.

05

행복의 요소인 좋은 관계는
일하면서 어떻게 얻을 수 있는가?

오늘은 행복의 3요소 중 마지막 3번째인 좋은 관계에 대해 생각해 보자! 인간은 사회적 동물이므로 서로 간에 빚지고 살고 있다. 행복한 사람은 행복한 사람들끼리 모여서 서로서로 격려해주고 칭찬하고 행복공간을 만들어 가므로 행복감이 증폭되는 환경이 만들어지는 것이다.

거필택린(居必擇隣)이라는 말은 이웃을 잘 선택해서 살집을 정해야 한다는 의미이다. 중국 남북조 시대의 역사서인 남사(南史)에 보면 송계아(宋季雅)라는 고위 관리가 정년퇴직을 하고 노후에 살 집을 보러 다니는 이야기가 나온다. 그는 천백만금을 주고 여승진(呂僧珍)이라는 사람의 이웃집을 사서 이사하였는데 실제는 백만금 밖에 안 되는 집을 천만금이나 더 주고 샀다. 여승진이 그렇게 산 이유를 묻자 송계아는 백만매택(百萬買宅)이요, 천만매린(千萬買隣)이라고 답했다. 즉 백만금은 집값으로 지불한 것이고 천만금은 당신과 이웃이 되어 좋은 관계를 만들기 위한 프리미엄으로 지불했다고 답했다.

좋은 이웃과 좋은 관계를 구축하려고 집값의 열 배를 더 지불한 퇴직한 송계아에게 여승진은 감동하여 자신이 알고 있는 모든 지식과 정보를 공유하지 않을 수 없었다.

예로부터 좋은 이웃, 좋은 친구와 함께 산다는 것은 인생에 있어서 무엇보다도 가장 행복한 일로 여겨졌다. 맹자의 어머니가 어린 아들의 교육을 위해 묘지·시장·학교 부근으로 3번이나 이사해 마침내 맹자가 학교 근처에 오자 공부를 열심히 하게 된 이야기를 맹모삼천지교(孟母三遷之敎)라고 한다. 이웃을 가려 삼천(三遷)을 하여 마침내 교육적 환경이 좋은 곳을 택린(擇隣)한 이야기이다. 이와 같이 좋은 환경에서 좋은 사람들과 좋은 관계를 만드는 것이 매우 중요하지만 직장인들은 자신이 원하는 회사나 부서나 사람을 자신의 마음대로 선택하여 함께 근무하기는 어렵다.

행복도 전염된다는 '커넥티드, Connected'라는 책에서는 행복한 내 느낌이 친구에게는 15%가 전이 되고, 친구의 친구에게는 10%, 친구의 친구의 친구에게는 6%가 전달된다고 한다.

불행한 사람과 사귀면 불행해지고, 파리를 따라다니면 화장실로 가게 되고, 꿀벌을 따라다니면 꽃을 만나게 되고, 거지를 따라다니면 구걸을 하게 된다. 내 동료에게 감사하고 칭찬하면 동료의 기쁨 때문에 내가 행복하고, 동료에게 감사 칭찬을 폭포처럼 쏟아주면 나의 행복도 폭포처럼 쏟아지는 것을 드러내기 경영 VM활동을 하는 회사에서는 체험할 수 있다.

드러내기 경영 VM에서는 행복의 3번째 요소인 좋은 관계를 극대화하기 위해서 'DISC'라는 성격 진단조사 방법을 사용한다. 행동 패턴이 서로 다름을 알게 하여 상대의 행동이 틀린 것이 아니라 성격이 다름을 인정하도록 한다. 몸과 마음 상태를 드러내어 피곤한 몸과 아픈 마음을 위로하고 격려한 후에 일을 시작하므로 상대의 속마음을 알고 공감해줄 수 있다. 특히 몸과 마음의 상태는 안전에 큰 영향을 주게 되므로 사적 영역이라고 드러내는 것을 소홀히 하지 않도록 해야 한다. 잘 드러내고 숨기는 것이 없으므로 '의심 비용'이 줄어들어 업무 효율도 대개 60%정도 오르고 정직해지므로 신뢰가 생겨 좋은 관계가 형성된다.

무려 84년 동안 '건강하고 좋은 삶'의 비결을 좇은 연구가 있다. 1938년 하버드 의대 성인발달 연구팀은 당시 만 19세였던 하버드 학부 2학년생 268명을 모집했다. 이후 보스턴시 빈민가 지역의 10대 후반 456명을 추가해 모두 724명의 삶을 정기적으로 추적·관찰했다. 연구팀은 두 집단의 건강 상태, 재산 규모, 가족·친구 관계, 종교, 정치 성향 등을 추적했다. 의료 기록, 재산 목록 등 자료를 수집하고 수백 건의 심층 면접을 실시했다. 이후 이들의 자녀 중 1300여 명도 연구 대상에 포함했다. 대조적인 두 집단의 삶은 저마다 흘러갔지만, 이들 사이에서 공통적으로 도출된 결과가 있다. 건강하고 행복한 삶을 만드는 결정적인 요인은 무엇일까?

재산도, 명예도, 학벌도 아닌 '사람과의 따뜻한 관계'였다. 어떻게 하면 좋은 관계가 될까?

첫째, 좋은 관계가 되기 위해서는 고독에서 벗어나 자신과 먼저 좋은 관계가 되어야 한다.

내 자신에 대해 불만이 있어 나와 좋은 관계를 갖지 못하면 타인과 좋게 지내기는 힘들다. 나와 잘 지내기 위한 좋은 방법이 감사 쓰기이다. 그리고 가족, 직장, 공동체 사람들에게 감사를 적어주면 고독에서 벗어나고 좋은 관계의 길을 쉽게 열 수 있다. 그리고 자기 자신이 잘했을 때에 내 몸이 좋아하는 것을 먹으며 자기 자신에게 보상을 해주는 것도 중요하다.

둘째, 좋은 관계가 되기 위해서는 공감하는 관계가 되어야 한다.

친구가 수가 행복을 좌우하는 것이 아니라 '얼마나 공감을 잘 해주는 관계인가?'에 달려있다. 공감하는 친구가 되기 위해서는 상대가 잘 말할 수 있도록 말길을 열어주고 호기심을 갖고 잘 들어 주어야 한다. 즉 마음이 통하는 사이, 의지할 수 있는 사이가 되어야 한다는 것이다.

2005년부터 위의 연구팀을 이끌고 있는 역대 네 번째 책임자 로버트 월딩어(72) 하버드 정신의학과 교수는 "인간 관계는 몸과 마음 모두에 강력한 영향을 준다"며 "건강을 위해 정기적으로 헬스클럽을 찾는 것처럼 관계도 꾸준히 관리해야 한다"고 역설했다.

경제적 안정은 행복의 중요한 조건이지만, 근본적인 비결은 될 수 없다는 게 연구팀의 판단이다. 일정 수준부터는 돈이 행복감을 높여주지 못한다는 것이다. 월딩어는 연 수입이 7만 5,000달러(당시 약 8,670만원)를 넘으면, 그 이후엔 소득과 행복이 비례하지 않는다는 2010년 연구 결과를 예로 들었다. 당시 미국의 1인당 국내총생산(GDP)은 6만 9288달러(당시 약 8,009만원)였다. 그는 "아끼는 사람과 좋아하는 활동을 하는 것이 행복엔 더 중요하다"고 말했다.

셋째, 좋은 관계가 되기 위해서는 긍정적인 뇌를 가져야 한다.

좋은 관계는 긍정이라는 영양분을 먹으며 성장하는 유기체다. 긍정적 생각은 긍정 정보의 인풋에 달려있다. 내가 갖고 있지 못한 것에 대한 결핍 정보를 인풋하면 불평이 나오지만 내가 가진 것에 대한 감사 정보를 인풋하면 행복이 찾아온다.

넷째, 좋은 관계가 되기 위해서는 비교의식에 빠져서 질투하지 말아야 한다.

비교할 비(比)자는 비수 비(匕)가 두 개 모여서 만들어진 글자이다. 즉 두 개의 칼(匕)이 합쳐 이루어진 단어이다. 비교하면서 사는 것이 습관화 된 사람은 두 개의 칼을 품고 다니는 사람이다. 칼 1개는 자신을 찔러서 상하게 하고 다른 칼 1개는 자신에게 가까이 있는 타인에게 상처를 입히는 것이다. 자신이 큰 평수 아파트에 산다고 자랑하고 다니면 작은 평수에 사는 사람에게 비수로 가슴을 찌르는 것이다. 자기보다 큰 평수에 사는 사람과 비교하면서 배 아파 하는 사람은 자기 자신에게 칼을 찌르는 것이다.

비교는 비교 당하는 사람과 비교하는 사람 모두에게 비수를 가슴에 찌르는 행위이며 비교는 나와 상대 모두에게 상처를 주는 손잡이 없는 두 개의 칼이다. 비교에 감사와 칭찬으로 칼 손잡이를 만들어 주면 행복을 요리하는 소통의 칼이 된다. 우리는 일 중심으로 살다 보니 옆 사람과의 좋은 관계가 내 행복을 좌우한다는 것을 자주 잊어버린다. 잠자는 시간을 빼고 하루의 50%이상 시간을 보내는 곳인 회사 내에서 행복하지 않으면 내 삶의 50%가 불행하다는 의미이다.

건강해서 행복한 것이 아니라 행복한 감정이 건강을 지킨다.

아침에 업무 시작하기 전에 VM 보드판 앞에서 릴레이 감사를 하고, 건강관리 체크리스트에 시행 여부를 드러내어 공유한다. 그리고 업무 방식 개선을 하면 성취감을 느끼고 성장한다는 의식을 갖게 된다.

그리고 칭찬하면서 긍정 정보를 입력하면 좋은 관계가 증폭되고 디지털 치매(영츠하이머)도 예방된다. 좋은 관계로 업무 시작부터 수명도 연장하고 디지털 치매에서도 벗어나게 하여 행복의 반은 확보해 놓고 하루를 시작하는 것이 아침에 하는 드러내기 VM활동이다.

45주차 리더십 향상 질문과 실천할 내용

(작성일 :   년   월   일)

본문 내용에서 느낀 것과 실천할 내용을 적어 보세요.

아래 문장의 (   )를 채워 주세요.

내가 갖고 있지 못한 것에 대한 결핍 정보를 인풋하면 (   )이 나오지만 내가 가진 것에 대한 감사 정보를 인풋하면 행복이 찾아온다. 비교하면서 사는 것이 습관화 된 사람은 두 개의 (   )을 품고 다니는 사람이다.

06
기업의 본질을 알고
본질이 바뀌도록 리더십을 발휘하자.

여러분 앙꼬 없는 찐빵, 그것도 찐빵인가? 김빠진 콜라는 어떤가? 목 없는 기린이나 레일 없는 기찻길 등의 표현은 어떻게 들리는가? "당신은 누구십니까?"라고 질문하면 어떻게 답하는가? "무엇이 없는 '나'라고 할 때에 무엇이 없을 때에 더 이상 '나'일 수 없는 것은 무엇입니까?" 앞의 문장에서 공통점은 핵심이 빠져 버리면 존재가치가 없다는 의미이다. 여기서 말하는 '핵심'이라는 말을 다른 말로 '본질'이라는 단어로 표현을 한다.

본질이라는 것은 어떤 대상에서 그것을 빼면 더 이상 그 대상의 존재가치가 없어질 때 빼낸 그것이다.

국수의 본질은 무엇일까? 국수에서 뭘 빼내면 국수라는 존재가치가 없어질까? 국물일까? 국물 맛을 내는 재료일까? 아니면 면일까? 국물이라고 하는 분도 있다. 국수에서 국물을 빼면 과연 국수의 존재가치가 없어지는 것일까? 국수에서 국물을 빼도 비빔국수라는 국수가 있으니까 국물은 국수의 본질이 아니다.

그러면 국수에서 뭘 빼면 존재가치가 없어질까? 바로 국수에서 면을 빼면 국수로서의 존재가치가 없어지니까 면을 국수의 본질이라고 할 수가 있다. 그러면 기업의 본질은 무엇일까?

기업에서 무엇을 빼 버리면 기업이 아닐까?

한자 기업(企業)의 기는 바랄 기(企)이다. 바랄 기는 위에 사람인(人)자가 지붕을 만들어 주고 있다. 바랄 기(企)에서 지붕을 만들어 주는 사람인(人)을 빼면 어떤 글자가 될까? 업이 정지된다는 의미인 그칠 지(止)자가 되어서 지업(止業)이 된다. 따라서 바랄 기에서 사람인 자를 빼 버리면 업이 정지되므로 기업의 본질은 사람이다. 기업도 법인이라는 인격체이므로 감정도 있고 성격도 있다. 그래서 기업도 주민세를 내고 기업을 상대로 고소, 고발도 할 수 있다. 기업이 가진 인격을 기업문화라고 하며 인격이 좋지 않는 사람과 사귀기 싫어하듯이 기업문화가 좋지 않는 기업과는 거래하기 싫은 것이다.

삼성그룹은 선대 이병철 회장이 인재 제일주의(人才第一主義)를 강조하며 기업의 본질인 사람을 중시했다.

이 회장은 시간의 80%를 인재 개발에 사용했고, 공장을 지으면 도서관을 제일 좋은 위치에 꼭 만들도록 했다. 그리고 '의인불용 용인불의(疑人不用 用人不疑)' 즉 의심 가는 사람은 쓰지 말고, 일단 쓴 사람은 의심하지 말라는 원칙을 실천했다. 연수원은 변두리에 싸게 지어 교실만 있으면 된다는 고정관념에서 벗어나 삼성인력개발원을 호텔 수준으로 짓고 인재 육성에 최선을 다했다.

아마존도 직원을 채용할 때에 마지막 단계에서 사람의 됨됨이에 대한 질문을 하여 채용한다.

"이 사람이 존경받을 수 있는가? 팀의 소통 활성화에 기여할 수 있는가? 회사의 활력, 활기, 사기 진작에 기여할 수 있을 것인가?"라고 하는 3가지 질문에서 긍정적인 답을 얻어야 채용을 한다.

MS는 "나 자신과 다른 사람의 성장에 얼마나 기여를 했는가"에 질문을 하고 인사고과에 반영한다.

"지난해 보다 더 성장한 당신의 능력은 무엇인가? 동료나 타 팀의 업적 달성을 얼마나 도와주고 기여했는가?"라는 질문에 대한 답을 듣고 성과급에 반영한다. 이제 기업의 본질은 사람이라는 것을 잘 알게 되었다. 그래서 세계적으로 잘나가고 있는 회사는 기업의 본질이 되는 사람의 됨됨이를 잘 살펴서 채용하고 인사고과에도 반영한다.

사람을 관리하는 부서를 인사관리부(人事管理部)라고 하는데 사람인(人)자가 왜 일사(事)라는 글자 앞에 있을까? 일보다 기업의 본질인 사람을 더 잘 관리하라고 하는 의미에서 사인관리부(事人管理部)라고 하지 않고 인사관리부라고 하는 것이다.

기업의 본질을 모르고 경영하는 것은 가짜 경영이며, 기업의 인격인 기업문화를 바꾸지 못하면 초격차 회사로 거듭날 수 없다. 그리고 한 단계 깊이 들어가서 사람의 본질이 무엇인가를 알아야 한다. 그러면 사람의 본질이 무엇인지에 대해서는 다음 장에서 알아보자.

(작성일 :   년   월   일)

본문 내용에서 느낀 것과 실천할 내용을 적어 보세요.

아래 문장의 (   )를 채워 주세요.

기업도 법인이라는 인격체이므로 감정도 있고 성격도 있다. 그래서 기업도 (   )세를 내고 기업을 상대로 고소, 고발도 할 수 있는 것이다. 기업이 가진 인격을 (   )라고 하며 인격이 좋지 않는 사람과 사귀기 싫어하듯이 (   )가 좋지 않는 기업과는 거래하기 싫은 것이다.

07
사람의 본질을 알고
사람이 바뀌도록 리더십을 발휘하자.

기업에서 사람이 빠지면 업이 정지되므로 기업의 본질이 사람인 것은 잘 알고 있다.

그러면 사람의 본질은 무엇일까?

"이것이 없으면 사람이 아닌 것, 짐승과 다른 것은 무엇일까?"에 대한 답을 찾으면 된다. 사람은 근육, 뼈, 물, 신경, 생각 등으로 구성되어 있는데 무엇이 본질일까? 이것이 없으면 사람이라고 부를 수 없는 것을 찾아보자.

사람은 사람인데 병원에서 생각 없이, 의식 없이 누워있는 사람을 우린 어떤 인간이라고 부르는가? 식물인간이라고 부른다. 왜 사람인데 병원에 그렇게 의식 없이 누워있는 사람을 식물이라고 할까? 스스로 생각하는 힘이 없기 때문이다.

우리는 사람에게서 생각을 빼 버리면 사람이라고 부르지 않고 식물이라고 부르므로 사람의 본질은 생각이라고 말할 수가 있다. 철학자 데카르트는 "나는 생각한다, 고로 존재한다."라고 말했는데 생각이 있어야 인간으로서 존재가치가 있다고 강조한 것이다. 철학자 파스칼도 "사람은 생각하는 갈대다."라고 하며 사람은 갈대처럼 연약한 존재이지만 생각하는 힘이 있기에 위대한 일을 해낼 수가 있다고 생각의 중요성을 강조했다.

기업이 행복해지려면 사람의 본질인 직원들의 생각을 긍정의 길로 매니지먼트해야 한다.

생각 근육이 약하면 떠오르는 생각대로, 느끼는 감정에 따라 행동해 버린다. 이렇게 행동하는 것은 내가 불행해지고 이웃이 불행해지는 지름길이다.

사람은 변하지 않는다고도 이야기 하지만 노력을 하지 않기에 변하지 않는 것이다. 늘 같은 생각을 하면서 바뀌기를 바라는 사람은 씨앗을 뿌리지 않고 열매를 기다리는 사람이다. 몸이 건강해지기 위해서는 단식을 해야 한다고 하는데 생각이 건강해지기 위해서는 불평 단식, 걱정 단식, 비교 단식, 실망 단식, 포기 단식을 해야 한다.

애플과 구글이 세계 최고의 기업이 된 이유도 '생각의 차이' 이다.

애플이 전 세계 시가총액 1위의 기업이 된 이유는 "다르게 생각하라" 즉 "Think Different."라는 조직문화 덕택이다. 구글 역시 직원들에게 "상상할 수 없는 것을 상상하라."고 "Imagine the unimaginable."를 강조하며 생각의 힘을 강조해오고 있다. 구글은 상상할 수도 없었던 인공지능, 알파고를 통하여 세계의 이목을 집중시키고, 프로기사 이세돌과 대결해서 1:4로 완승하여 기업 가치를 순식간에 20% 이상 올렸다. 알파고도 수많은 프로기사의 실제 대국을 미리 분석하여 경우의 수에 따라 이기는 알고리즘을 만들어 놓았기에 주목 받을 수 있었다.

일의 성과를 내는 공식은 어떻게 표현될까?

업무 성과는 생각과 역량과 실행의 곱셈(업무성과=생각×역량×실행)으로 나타낸다. 역량과 실행의 점수는 처음 입사하면 1점에서부터 시작하여 경력이 쌓이면 점점 올라가서 최종점수는 100점까지 가게 된다.

그러나 생각의 점수는 경력에 관계없이 −100점부터 +100점 사이를 왔다 갔다 한다. 특히 역량과 실행력이 높은 사람의 생각이 마이너스이면 회사에 치명적인 영향을 미치게 된다.

사람의 본질인 생각을 바꾸면 긍정과 희망이 나의 잠재력 속에 숨어 있다는 것을 발견하게 된다. 그리고 그 희망은 절망에서 벗어나게 하고 "힘들다"라는 생각을 "힘이 들어 온다"고 해석하게 하므로 나를 성장시키고, 가능성에 도전하는 에너지로 바꾼다.

갈매기의 꿈을 쓴 리처드 바크(Richard Bach)는 어떤 문제라도 함께 따라 오는 것이 있다고 했다.

무엇이 함께 따라오느냐? 하면 그 문제가 해결되면 큰 선물이 따라온다는 것이다. 그래서 어떤 힘든 일도, 어떤 짜증나는 일도 사실을 뒤집어보면 그곳에는 반드시 좋은 일이 선물로 함께 숨어 동행하고 있다는 것이다.

드러내기 경영 VM활동을 도입하면 맨 먼저 하는 것이 본질을 찾는 작업이다. 왜냐하면 본질을 붙들고 나아가야 기업 경영에서 성공하기 때문이다.

데일 카네기는 "현재에 무엇을 생각하고 있는지를 알 수 있다면 어떤 인물인지도 알 수 있다."고 했다.

브라이언 트레이시는 "사람의 생각은 살아있는 자석이다." "나의 현재의 삶은 지금까지의 내가 드러낸 내 생각이 끌어 당긴 결과물이다."라고 했다.

파블로 피카소는 "Everything you can imagine is real." 즉 상상할 수 있는 모든 것은 현실이 될 수 있다고 했다.

사람의 본질인 그 사람이 가진 생각을 잘 매니지먼트해서 생각이 긍정으로 바뀌면 뭐든지 이룰 수가 있다. 생각 근육이 튼튼하면, 회복탄력성도 따라와서 할 수 있다는 긍정적인 생각이 역경 속에서도 장애물을 극복하는 지혜를 발견하게 해 준다. 사람의 본질은 생각인 것을 인식하고 생각의 관리가 중요하다는 것을 기억 속에 저장해 두고 끊임없이 긍정의 샘물을 퍼 올리기 바란다.

47주차 리더십 향상 질문과 실천할 내용

(작성일 :   년   월   일)

본문 내용에서 느낀 것과 실천할 내용을 적어 보세요.

아래 문장의 (   )를 채워 주세요.

업무성과는 생각과 역량과 실행의 곱셈 (업무성과=(   )×역량×실행)으로 나타난다.

역량과 실행의 점수는 처음 입사하면 1점에서부터 시작하여 경력이 쌓이면 점점 올라가서 최종점수는 100점까지 가게 된다. 그러나 생각의 점수는 경력에 관계없이 (   )점부터 +100점 사이를 왔다 갔다 한다.

08

생각의 본질을 알고
생각이 바뀌도록 리더십을 발휘하자.

아마존이 전략회의를 할 때에 전략기획실에서 손 글씨로 작성한 6장 정도의 전략 관련 서류인 내러티브 (Narrative)를 30분간 읽고 시작하는 이유와 세종대왕이 경연(經筵)을 하기 전에 반드시 의제에 관련된 고전을 강독하고 시작하는 이유는 무엇일까?

"모든 것은 마음이 만들어낸다."는 일체유심조(一切唯心造)'라는 말의 의미를 아는가? 신라시대 원효대사가 45세 때 의상대사와 당나라 유학을 위해 함께 길을 떠났다. 저녁이 되어 경기도 화성 근처 무덤에서 잠을 자게 되었다. 잠결에 목이 말라 근처에 있는 물을 마셨는데 그 물이 꿀맛 같았다. 그런데 다음날 아침에 일어나 보니 자기가 마신 물이 해골에 괸 물이었음을 알고 토하려고 하다가 "물은 그대로인데 어제는 맛있게 먹었는데 오늘은 토하고 싶은 것은 무엇 때문인가?"라는 것에 대해서 자문자답해 보았다.

마신 물이 달라진 것이 아니라 원효대사에게 들어오는 입력 정보가 달랐기 때문이라는 것을 깨달았다. 원효대사는 자신이 믿었던 세계도 사실은 입력정보에 의해 자신의 생각이 만들어낸 것이라는 것을 깨닫게 되었다. '마음' 즉 생각이라는 것은 눈과 귀로 들어오는 정보에 의해 결정되고 판단되며, 감성적 혹은 지적인 반응을 하고, 욕망을 창출하는 정신적 작용이라는 것을 알게 되어 유학을 포기했다.

내 생각에 가장 크게 영향을 미치는 것이 우리의 눈과 귀를 통해 들어오는 입력 정보라는 것을 아마존의 제프 베조스 회장과 세종대왕과 원효대사는 잘 알고 있었던 것이다.

따라서 내 생각은 입력정보에 따라서 달라지므로 생각의 본질은 입력 정보라고 할 수 있다.

그러므로 상대에게 정보를 발신하는 것도 신중을 기해야 한다. 그 정보가 상대방의 귀로 들어가서 그 사람의 생각이 되기 때문이다.

프랑스의 휴양도시 니스의 한 카페에 방문했더니 아래와 같은 가격표가 붙어 있었다.

"커피 줘!"라고 반말하는 손님은 '7유로'이지만 "커피주세요."라고 주문하는 손님은 '4.2유로'로 할인해주고 "안녕하세요, 커피 한 잔 주세요."라고 인사까지 해주면 '1.4유로'에 판다는 가격표였다. 자신의 가게 종업원들에게 플러스 정보를 입력해 주면 종업원들이 고객들을 잘 만족시켜야겠다는 생각을 하게 되므로 플러스 정보를 입력해주는 손님들에게 플러스 혜택을 주는 가격표를 붙여 놓은 것이다.

하버드 대학의 로버트 로젠탈 교수는 재미난 실험을 했다.

고등학생들을 대상으로 심리 검사를 한 후 심리검사와 관계없이 학생들을 무작위로 배정한 뒤 담당교사들에게 "이 학생들은 잠재력이 풍부한 학생들이다."는 분석 결과를 조작한 정보를 주었다. 그런데 나중에 확인해 보니 잠재력이 풍성하다고 배정해 준 학생들은 실제로 성적이 크게 향상되어 있었다. 그 이유는 교사들이 지목된 학생들에게 지속적인 관심을 가지고 긍정적인 말을 많이 해 주었으며 학생들은 선생님의 긍정적 입력 정보를 믿고 그 기대에 맞게 노력했기 때문이었다.

인풋되는 정보가 긍정 정보이면 내 생각이 긍정으로 바뀌며 성적도 좋아지고 내 삶도 긍정으로 바뀐다는 것을 확인한 실험이었다. 술 마시는 화면을 계속 보여주어 눈으로 술 정보가 입력되면 술을 마시고 싶고, 잠재력이 풍부한 아이에게 "너는 가능성이 없어."라는 정보를 계속 집어넣으면 아이를 무능하게 만들어 버린다는 것이다.

사람의 본질인 생각을 매니지먼트한다는 것은 생각을 한 방향으로 집중하게 하여 몰입하게 하는 것이다.

직감이나 직관과 같은 무의식은 우리가 생각하는 것보다 더 큰 역할을 하는데 미국 심리학회는 "무의식의 처리 과정이 의식적인 사고시스템보다 더 빠르고 구조적으로도 정교하다."고 밝힌 바 있다.

옥수수 유전자를 연구해 노벨상을 수상한 리처드 파인만은 "문제를 풀려고 하지 않고 옥수수에 몰입하여 느껴 보니 내가 옥수수가 됐다. 내가 옥수수가 되니 옥수수 유전자를 저절로 알 수 있었다."고 수상소감을 밝혔다.

몰입을 다른 말로 하면 '워커 홀릭(workaholic)'이다. 몰입하게 되면 몇 시간이 한 순간처럼 짧게 느껴지므로 시간 개념이 없어지고 자신이 몰입하는 대상이 더 자세하고 뚜렷하게 보인다고 한다. 몰입하면 도파민이 분비되는데, 도파민은 의식을 깨워 새로움에 도전하는 동기를 부여하고, 생각의 유연성을 높이는 역할을 하므로 생각을 한 방향으로 몰입하게 하는 것은 매우 중요한 과제이다.

드러내기 경영 VM활동을 도입하자마자 제일 강조하는 활동이 있다. 무엇일까? 가치관 정립과 감사 쓰기이다.

생각의 표준이 되는 가치관이 정립되어야 생각이 한 방향으로 모이고 부정 정보에도 휘둘리지 않고 목표를 향해 나아갈 수 있기 때문이다. 그리고 나에게 이미 들어온 부정적인 생각을 없애는 방법이 감사 쓰기이다.

감사 쓰기 종류는 매일 5감사 쓰기, 팀장 주간 감사 쓰기, 팀원 50 감사 쓰기, 부모님에게 100 감사 쓰기, 릴레이 감사 등이 있다. 내가 쓰는 감사와 내가 지인들에게 주는 감사카드는 나와 공동체의 생각을 긍정으로 바꾸는 치료제이다.

감사와 칭찬의 차이는 무엇일까? 비슷한 의미를 가지고 있지만, 약간의 차이가 있다.

감사는 누군가가 다른 사람에게 느끼는 감정을 나타낸다. 예의나 친절한 행동에 대해 감사를 표현하는 것은 그들의 도움이나 배려에 대한 감사함을 나타내는 것이다. 감사의 표현은 다른 사람의 노력과 기여를 인정하고 그에 대한 감사함을 전달하는 것을 목적으로 한다.

칭찬은 누군가의 성과나 노력에 대해 긍정적인 평가나 찬양을 표현하는 것을 의미한다. 다른 사람의 능력, 업적, 기술 등에 대한 인정과 칭찬을 표현함으로써 그들을 격려하거나 자신감을 높여주는 역할을 한다. 칭찬은 다른 사람이 어떤 일을 잘 해냈다거나 노력했다는 사실을 강조하며, 그 결과에 대한 인정을 나타낸다.

요약하면, 감사는 누군가의 도움이나 배려에 대한 감사함을 나타내는 것이고, 칭찬은 누군가의 성과나 노력에 대한 긍정적인 평가와 인정을 나타내는 것이다. 칭찬은 타인을 긍정으로 변화시키고 감사는 나 자신을 변화시키는 역할을 하게 된다. 두 가지 모두 다른 사람과의 긍정적인 관계를 형성하고 유지하는 데 도움이 되는 중요한 요소이다.

고래도 춤추게 한다는 칭찬의 힘에 대해서 알아보자

미국 노동부의 조사에 따르면, 이직하는 사람의 64%는 칭찬을 받지 못해서 회사를 떠난다고 한다. 인간의 마음 깊은 곳에는 칭찬받고자 하는 욕구가 있으며, 이 욕구가 충족되지 않으면 직무만족도도 떨어진다. 일터에서의 칭찬이 왜 그렇게 중요한 걸까? 상급자나 동료로부터 자기의 일을 인정받지 못하면, 결국 자신을 기계나 소모품처럼 느끼기 시작하게 된다.

전 세계 600만부 이상 판매된 『5가지 칭찬의 언어』의 저자 게리 채프먼(Gary Chapman)과 폴 화이트(Paul White)는 칭찬의 언어를 5가지로 소개한다. '인정하는 말' '선물' '함께하는 시간' '봉사' '스킨십'이 사람들이 받기 원하는 5가지 칭찬이다. 사람마다 원하는 칭찬의 언어가 다르므로 상대방이 어떤 칭찬의 언어로 격려를 받을 때 가장 힘이 나는지를 파악할 필요가 있다고 한다. 이 5가지 칭찬의 언어가 구체적으로 어떤 것인지 예시와 함께 알아보자.

첫째, 인정하는 말

인정하는 말은 긍정적인 메시지를 전하기 위해 그 사람의 긍정적인 특성을 말로 인정해 주는 것이다. 성취에 대한 인정, 품성에 대한 인정, 성격에 대한 인정 등 다양한 관점에서 인정을 해줄 수 있다. 그리고 칭찬의 말에는 반드시 진심이 담겨야 한다.

"가끔씩 '자네 덕에 이번 일이 성공적으로 끝났어'라고 말해 주세요."

"동료들 앞에서 프로젝트에 쏟은 노력을 인정해 주세요."

"저희들이 일을 잘 처리했을 때 팀원 모두를 칭찬해 주세요."

둘째, 함께하는 시간

함께하는 시간은 상대방에게 온전히 관심을 집중함을 의미한다. 단순히 신체적인 가까움만을 말하는 것이 아니라 개인적인 관심과 애정에 의해 이루어진다. 함께하는 대화, 함께하는 경험, 함께하는 소그룹, 함께하는 일처리 등이 칭찬의 언어이다.

"가끔 식사를 함께하며 이런저런 이야기를 나눠주세요."

"잠시 제 자리에 오셔서 일이 어떻게 되어 가는지 물어봐 주세요."

"퇴근 후에 함께 어울리는 시간을 가져주세요."

셋째, 봉사

봉사가 칭찬의 언어인 사람들은 상대방이 자신을 도와줄 때 칭찬과 존중을 받는다고 느낀다. 이들은 "배려한다고 말로만 하지 말고 직접 보여 주세요."로 즉 말보다 행동이 더욱 중요하다. 이들은 쾌활한 자세와 기꺼이 희생하려는 마음자세를 더욱 소중히 생각한다. 도움을 주기 전에 희생하려는 마음자세로 스스로 태도를 점검하고 도와줘야 한다.

"누구나 하기 싫은 일을 직접 해 주겠다고 자원해 주세요."

"늦게까지 일하고 있을 때 맛있는 음식을 제공해 주세요."

"밀린 서류 작업을 돕도록 추가 인력을 지원해 주세요."

넷째, 선물

유형의 보상을 의미 있게 생각하는 사람들에게는 적절한 선물이 강력한 감사와 인정, 격려의 메시지가 된다. 이러한 유형의 사람을 진심으로 격려하려면 첫째, 선물을 고맙게 생각하는 사람들에게 선물을 주어야 하며, 둘째, 상대방이 소중하게 여기는 선물을 주어야 한다. 그래서 심사숙고가 없는 무심한 선물, 관습이나 의무감 때문에 허둥지둥 산 선물은 목적을 이루지 못할 뿐 아니라 오히려 부정적인 메시지를 전달할 수 있다.

"성의를 느낄 수 있는 마음의 선물을 해 주세요."

"제가 좋아하는 스포츠 팀을 알아 티켓을 선물해 주세요."

"중요한 프로젝트 이후 편히 쉴 수 있는 휴가를 선물해 주세요."

다섯째 스킨십

스킨십은 인간 행위의 필수적 요소이다. 아동 발달에 대한 수많은 연구 결과들은 팔로 안아 주고, 부드럽게 만져 준 아이들은 오랫동안 신체적 접촉 없이 방치된 아이들 보다 더 정서적으로 건강한 삶을 살게 된다는 것을 보여 준다. 어른이든 아이든 상관 없이 긍정적인 스킨십을 받은 사람들이 받지 못한 사람들에 비해 더 긍정적인 마음을 가지며 신체적으로도 더 건강하다. 즉 긍정적인 스킨십은 근본적인 사랑과 인정의 언어인 것이다. 하지만 직장에서의 스킨십은 오해의 여지도 있을 수 있기 때문에 조심해서 사용해야 한다.

"일을 잘했을 때 칭찬과 함께 악수를 해 주세요."

"어려운 일을 겪고 있을 때 등을 가볍게 두드려 주세요."

"일이 성공적으로 끝났을 때 '하이파이브'로 격려해 주세요."

칭찬과 격려는 어느 정도 효과적일까?

기업들이 얻을 수 있는 유익한 점은 셀 수 없이 많다. 정량적으로 측정할 수 있는 이직률이 감소하고 출근율과 생산성 개선되고 품질이 좋아지고 고객만족도가 높아진다. 정성적으로 보면 상급자와 직원, 그리고 동료들 사이에 긴장이 해소되기 시작하고 보다 긍정적인 상호작용 일어나 일터 환경이 더 즐거워진다.

지속적인 격려와 칭찬은 비타민이나 영양제의 효과와 유사하다. 이들은 한 번 복용하는 것으로 그 효과가 극적으로 나타나지 않는다. 칭찬과 격려도 단 한 번으로 세상이 변화되거나 직원들의 자세가 크게 달라지지 않지만 오랫동안 지속적으로 칭찬과 격려를 의미 있는 방법으로 전한다면 그 효과는 대단하다.

VM활동을 하는 제이미크론의 경우 보드판에 감사와 칭찬을 적는 양식이 붙여져 있다. 모든 직원이 매일 자기 팀에서 감사나 칭찬할 사람 한 명을 그 이유와 함께 적고, 다른 팀에서 감사나 칭찬할 사람 한 명을 그 이유와 함께 적는 것이 습관화 되어 있다. 그리고 그 자료를 모아 매달 감사 왕 뿐만 아니라 칭찬 왕을 뽑아 시상을 한다. 감사와 칭찬이 넘치는 회사 분위기를 상상해 보라. 부서 간 사일로 현상, 즉 부서 이기주의는 찾아보기 힘들고 서로 도와주려는 따뜻한 분위기가 가득하다.

또한 제이미크론 VM데이에는 사장님과 코치가 각 부서를 돌면서 VM활동을 참관한 후 사장님이 직원 하나하나와 모두 허그나 악수나 하이파이브를 하신다. 미소를 머금은 직원들의 표정이 너무나 보기가 좋다.

48주차 리더십 향상 질문과 실천할 내용

(작성일 :　　　년　　월　　일)

본문 내용에서 느낀 것과 실천할 내용을 적어 보세요.

아래 문장의 (　　)를 채워 주세요.

원효대사는 자신이 믿었던 세계도 사실은 (　　　)에 의해 자신의 생각이 만들어낸 것이라는 것을 깨닫게 되었다. '마음' 즉 생각이라는 것은, 눈과 귀로 들어오는 (　　　)에 의해 해야 할 것들이 결정되고 판단되며, 감성적 혹은 지적인 반응을 하고, 욕망을 창출하는 정신적 작용이라는 것을 알게 되어 유학을 포기했다.

09

해야 할 일을, 하고 싶어 하고,
할 수 있게 리더십을 발휘하자.

"가만있으면 평균점은 얻는다. "나서면 총 맞는다." "경기가 안 좋아 할 수 없어." "우리 회사는 왜 이렇게 무능한 사람들만 있을까?", "이 정도면 충분해 이대로가 좋아." "너는 혁신해야 해. 그러나 나는 바빠서 아니야."

대부분 성장이 정체된 회사에서는 이런 말들이 자주 들린다. 하는 일이 적성에 맞지 않지만 먹고 살기 위해 어쩔 수 없어 그냥 직장에서 일을 하고 있다고 자조하는 사람들의 변명들이다. 지금 내가 하고 있는 일이 얼마나 중요하고 가치 있는 것인지 아는 것이 개인과 회사가 성장하는데 매우 중요한 요소이다. 내가 하는 일이 가치가 있기에 그 가치만큼 급여를 지불하는 것이다.
대부분의 혁신 방법론이 해야 할 일을 찾아내는 것은 잘 해내지만 해야 할 일을 하고 싶어 하게 하는 방법론이 없어서 지속적인 혁신활동이 되지 못하고 일회성에 그치는 경우가 대부분이다. 해야만 할 일을 조직원들이 하고 싶어 하도록 하는 것은 리더의 중요한 사명이다.

그러나 해야만 할 일을 조직원 나름대로 해석해서 하고 싶은 일만 골라 하다 보면 리더의 기대와 전혀 다른 결과가 나온다. 해야 할 일을 잘 해석하고 번역하여 경영목표와 연결시키고 사원 급까지 잘 전달되어 공감대가 형성되게 하는 수단이 드러내기 경영 VM활동이다. 그것이 일상의 행동과 연결되어 있어야 해야 할 일들의 성과가 나타난다.

그러나 해야만 할 일과 하고 싶어 하는 일이 있더라도 자신의 경험과 능력, 그리고 스킬 부족으로 자신이 할 수 있는 일만 하고 있는 직장인도 많다. 그러다 보면 업무의 결과는 회사가 원하는 것과 전혀 다르게 진행되어 사장이 직접 나서서 현장을 확인하는 사태가 초래된다.

가장 이상적인 것은 해야 할 일과 하고 싶어 하는 일이 일치하고 그 일을 수행할 수 있는 능력이나 스킬을 가지고 있으면 경영의 가치와 일치하는 성과를 창출할 수 있다.

어느 조직에서나 해야 하는 일을 하기 싫어하는 사람도 있고, 할 수 있는 능력이 없는데도 제멋대로 하다가 사고를 내는 경우도 발생한다. 그러므로 위에서 일방적인 지시만 해서는 경영의 성과를 달성할 수 없다. 해야 할 일과 하고 싶은 일의 갭을 메우기 위한 방법을 연구하고 더 나아가 직원들이 할 수 있는 일과 하고 싶어 하는 일과의 수행상 발생하는 능력의 갭을 채워가는 활동이 매우 중요하다.

그 능력의 갭을 메우는 활동이 Multi-Skill 훈련표이다. Multi-Skill 훈련표는 나의 포장지를 바꾸는 것이 아니라 내 안에 있는 핵심역량의 수준을 올리는 것이다.

어떻게 하면 해야 할 일을 하고 싶어 하고 할 수 있게 할 수 있을까?

첫 번째, 자신의 존재가치와 나아갈 방향을 알게 하고 하는 일의 가치를 인식하게 한다.

이 세상 사람들의 재능이 전부 다르듯이 저마다 온리원(Only-One)의 가치를 누구나 가지고 있다. 자신의 자존감을 높이기 위해서는 내가 왜 살고, 어떻게 살 것이며, 무엇이 될 것인가에 대해 적고 드러내어 선언하게 해야 한다. 그리고 회사의 가치관을 정립하여 나아갈 방향을 명확하게 한다. 인간은 자신이 가치 있는 일을 하고 있다고 느끼는 순간, 아낌없이 자신을 헌신할 수 있다.

직원들이 자신이 하는 일의 가치를 알고 자부심을 느끼게 함으로써 몰입과 열정을 불러일으키게 하면 내적 동기가 생긴다. 그리고 나의 일이 회사에 어떻게 기여하는지 내가 하는 일의 가치를 인식하게 되면 그 가치를 올리는 데 몰입하게 된다.

두 번째, 해야 할 일을 스스로 드러내어 적게 한다.

외적 동기란 어떤 행동을 했을 때 받게 될 보상을 염두에 두고 일하는 것이기에 수동적이며 대가를 계속 지불해야만 충족되는 것인 반면 내적 동기는 어떤 행동 자체에 즐거움이나 의미를 느낄 때 발생하는 강하고 능동적인 동기이다. 자신이 해야 할 일을 스스로 드러내어 적는 순간 자기 자신의 일의 가치를 명확하게 인식하게 되므로 자발적 내적 동기가 생기고 책임감도 증폭된다.

세 번째, 해야 할 일을 드러내어 눈에 보이게 한다.

우리 두뇌는 두 눈으로 직접 본 것에 대해서는 행동하라고 지시한다. 그러므로 해야 할 일을 드러내어 보이게 하면 시력은 힘력(力) 자가 붙어 있기에 행동하는 힘이 강하게 되어 하고 싶어 하게 된다.

네 번째, 해야 할 일을 공개적으로 드러내어 선언을 하게 한다.

공개 선언하면 그 일을 하고 싶어 하고 책임감이 강해져서 실행력이 빨라진다. 사전에 취소한다는 전화를 해 주지 않아서 예고 없는 음식점 예약 취소율이 30%나 되었는데 예약을 받을 때에 "만일 예약이 취소되면 미리 전화 주실 것이지요?"라고 묻고 "예"라는 답을 받도록 했다. "예"라고 답을 해 준 사람은 자신이 한 말에 책임을 지게 되므로 취소 전화를 사전에 주었기에 예약 취소율이 10%로 줄어들어 경영수지를 크게 개선할 수 있었다.

다섯 번째, 해야 할 일을 숫자를 넣어서 측정 가능하게 해야 한다.

현대 경영학의 아버지로 불리는 피트 드러커(Peter Drucker) 교수는 "측정할 수 없는 것은 평가할 수 없고 평가할 수 없는 것은 관리할 수 없다."라고 강조했다. 품질관리의 세계적 권위자인 에드워드 데밍(W. Edward Demming) 교수는 "측정 가능한 모든 것을 측정하라. 그리고 측정이 힘든 모든 것을 측정 가능하게 만들어라."라고 말했다. VM에서는 년간 목표를 KPI(Key Performance Index)로 측정할 수 있는 숫자 지표로 나타내고 분기 목표는 팀 구호로 숫자를 넣어서 나타내고, 월간 목표인 개인 목표 구호도 숫자로 나타낸다. 우리 두뇌는 숫자 목표에 대해서는 빨리 인식하고 목표와 갭의 차이를 알게 되면 메우도록 행동하게 한다.

여섯 번째, 칭찬과 감사를 드러내어 습관화한다.

감사는 부정 정보를 지우고 칭찬 받는 사람은 칭찬받은 내용대로 유지하려고 하므로 칭찬받는 사람이 바뀌고 감사는 감사를 적는 본인이 바뀐다. 팀장은 주1회 팀 멤버 전체에게 각각에 대하여 한 주간 감사한 일, 칭찬

할 일, 격려할 것들을 VM 보드판에 있는 팀장 감사 메일 폼에 적고, 카톡
방에도 공유하며 모든 팀원들이 볼 수 있도록 한다. 팀원들은 이 감사 메일
을 보고 동료들이 한 주간 어떤 좋은 일들을 했는지 알수 있으며 자신도 더
잘 해야겠다는 자극을 받게 된다. 팀원들은 1일 5감사를 적으며 한 주간의
반성과 칭찬 격려를 쉬지 않고 계속한다.

49주차 리더십 향상 질문과 실천할 내용

(작성일 :   년   월   일)

본문 내용에서 느낀 것과 실천할 내용을 적어 보세요.

아래 문장의 (   )를 채워 주세요.

내적 동기는 어떤 행동 자체에 즐거움이나 의미를 느낄 때 발
생하는 강하고 능동적인 동기이다. 자신이 해야 할 일을 스스로
드러내어 적는 순간 내 일의 (   )를 명확하게 인식하게 되므로
자발적 내적 동기가 생기고 책임감도 증폭된다.

10

나, 가정, 회사, 고객을 행복의 길로 안내하는
VM 10단계 경영시스템을 잘 이해하자.

대한민국 헌법 제10조가 무엇인지 아는가?

"모든 국민은 인간으로서의 존엄과 가치를 가지며, 행복을 추구할 권리를 가진다."라는 내용이다. 그러나 헌법에서 행복을 추구할 권리를 가져야 한다고 하면서 행복이 무엇이며 행복을 어떻게 누리는 것인지 기초적인 개념조차도 가르치지 않는 것이 현실이다.

왜 사느냐고 물으면 행복하기 위해서 산다고 쉽게 말하지만 행복이 무엇인지 질문하면 얼버무려 버린다. 따라서 행복 속에서 살고 있는데도 행복한 것도 모르고 있으며, 부족한 것만 바라보며 불평불만을 늘어놓고 불행을 노래하는 경우가 많다.

프랑스는 대입 수능시험에 반드시 행복에 관한 문제가 나오므로 중, 고등학교에서 행복에 대해 제대로 가르친다. 월마트를 세계적인 기업으로 성장시킨 샘 월튼 전 회장은 늘 "기업의 본질은 사람이다. 종업원이 행복해야 한다"는 것을 신물이 나도록 말하고 다녔다. "기업의 본질인 사람이 행복해야 잠재력이 잘 발휘되어 창조적인 조직이 되므로 리더는 구성원들을 보살피고, 동기를 부여하고, 감사하고, 봉사하는 문화를 만들어야 한다."고 강조했다.

그는 성공의 열쇠는 우문현답(우리의 문제는 현장에 답이 있다)이라고 강조하며 매장에 들어가서 직접 작업도 하며 직원들의 행복도를 체크하는 것을 소홀히 하지 않고 현장의 목소리에 귀를 기울였다. "최고의 아이디어는 배송 담당자나 고객 접점에서 일하는 창구 직원들에게서 나온다."는 신념을 가지고 있기 때문이다.

대표이사가 사업 초기에는 옷소매를 걷어붙이고 현장에 가서 함께 작업하며 그들의 말에 귀를 기울이고, 직원의 행복도를 높일 수 있는 방안을 찾기 위해 노력하지만 회사가 커지면 남의 일처럼 생각하는 것이 문제라고 했다.

샘 월튼의 책상에는 "내가 소매를 걷어 붙이고 현장에서 일을 마지막으로 한 것이 언제인가?"라는 문구가 크게 붙어있다.

샘 월튼은 "종업원이 행복하면 고객도 행복하다. 직원이 고객을 잘 대하면 고객은 다시 찾아올 것이고, 바로 이것이 사업 수익의 진정한 원천이다"라며 행복한 직원 만들기에 역점을 두어 리더십을 발휘한 결과 월마트가 유통업의 강자로 군림하게 되었다.

VM활동에서 제일 강조하는 것 중의 하나가 한 달에 1번씩 1미터 거리에서 대표이사와 만나는 것이다. 샘 월튼처럼 업무 현장에 가서 직원들과 눈맞춤으로 마음의 교류를 정기적으로 하는 플랫폼이다. VM활동의 목적은 행복하게, 해야 할 일을, 하고 싶어 하고, 할 수 있게 하는 것이다.

톨스토이는 불행한 사람들의 사례는 다양해서 크게 묶을 수가 없지만 행복한 사례는 비슷해서 묶을 수가 있다고 했다. 그래서 VM에서는 행복의 3요소를 자율, 성취, 좋은 관계로 정의한다.

드러내기 경영 VM활동은 10가지 드러내기를 사용하여 행복의 3요소와 연결시켜 나, 회사, 가정을 행복의 길로 안내한다. VM활동 10단계가 나, 가정, 회사의 행복과 어떻게 연결되어 있는지 확인해 보자.

첫 번째, 나 자신이 행복하도록 설계되어 있다.

내 자신이 행복해지기 위해서 5가지(지력, 역량, 감사, 성격, 마음)를 드러낸다. 나 자신이 지속적으로 행복해지기 위해서 해야 할 것은 오늘 보다 더 나은 나를 만드는 것이다.

드러내기 경영 VM활동은
1. 지력 드러내기로 지식의 폭을 넓히게 하고,
2. 역량 드러내기로 할 수 있는 일의 범위를 넓혀주므로 할 수 있는 일이 많아져 성취감을 맛보게 하고,
3. 감사 드러내기로 내 마음에 있는 부정정보를 지우게 하고,
4. 마음 드러내기로 몸과 마음의 상태를 드러내어 공감하게 하고 배려할 수 있게 하고,
5. 성격 드러내기로 서로의 다른 점을 인식시켜 성격차이로 인한 갈등이 없게 하고 좋은 관계가 유지되게 한다.

두 번째, 회사가 행복해지도록 설계되어 있다.

기업이 행복해지기 위해서 5가지(가치관, 목표, 업무, 비가치, 무질서)를 드러내게 한다. 기업은 외부환경에 휘둘리지 않고 지속적으로 존속하고 성장해 나가는 것이 사회적인 의무이며 고용을 통하여 애국하는 길이다.

회사가 행복해지기 위해서는 5만 가지 잡생각에서 벗어나 조직원들의 생각을 한 방향으로 일치시켜야 한다. 즉 나아가는 방향을 하나로 만들어야 한다는 것이다.

충성 충(忠)자를 해석해 보면 마음(心)의 중심(中)이 하나이어야 조직에

충성한다는 의미이다. 우환(憂患)의 의미는 근심 우(憂)와 근심 환(患)자로 구성되어 있다. 환(患)자를 분석해보면 마음의 중심이 두 개라는 의미이다. 조직원들이 나아갈 방향을 하나로 일치시키지 않고 마음이 여러 개이면 우환이 찾아온다는 의미이다.

그래서 VM활동에서 맨 먼저 하는 것이 나아가는 방향을 일치시키는 경영가치관 드러내기이다.

어린왕자 소설에 보면 "배를 만들게 하려면 목재를 가져오게 하고, 작업을 지시하고, 일감을 나눠주어 일을 시키기 전에 저 넓고 끝없는 바다에 대한 동경심을 먼저 키워주어라."라는 말이 있다. 경영가치관 드러내기는 직원들에게 동경심을 키워주는 작업이다. 경영가치관 속에는 회사의 존재가치인 미션과 이루고자 하는 비전, 그리고 일하는 원칙인 핵심가치와 행동강령이 있는데 VM에서는 직원 모두가 스스로 참여하여 함께 만들기에 같은 방향으로 나아가는 공감대가 형성된다.

경영가치관의 비전을 달성하기 위해 조직에는 목표가 있고 개인도 목표가 있다. 목표를 공유하고 함께 목표를 향해서 나아가도록 하는 것이 "목표 드러내기"이다. 목표를 구호로 만들어서 외치며 업무 시작하기 전에 목표에 대한 생각을 하나로 하는 것이다. 그리고 경영목표를 달성하기 위해서는 해야 할 일이 있다. 경영 목표와 연결된 업무가 수행되도록 하는 프로세스가 "업무 드러내기"이다.

오늘 내가 하는 일에 대해서 리더가 알고 팀원들과 공유하고 경영목표와 경영가치관과 연결되는 일을 하게 될 때에 성과도 커지고 지지, 격려, 칭찬도 따라오게 된다. 기업이 차별화되기 위해서는 우선 일하는 방식이 달라야 한다. 일 속에 포함되어 있는 비가치를 제거하고 가치 있는 일을 하도록 하는 것이 "비가치 드러내기"이다. 낭비가 포함된 가치 없는 일에 시간과 노력을 투자하며 땀을 흘리는 것은 인간성 존중에 위배되는 것이다.

그리고 마지막 드러내기는 "무질서 드러내기"이다. VM활동에서는 무질서 드러내기를 잘하기 위한 방법론으로 'TIMS 3정 5S'를 사용하고 있다. 회사의 경영수준을 평가하는 가장 간단한 방법은 사무실이나 현장의 정리정돈 상태를 파악하는 것이다.

"TIMS 3정 5S"의 "T"는 물건 (Things)을 의미한다. 캐비닛, 서랍 함, 설비, 치공구 등의 물건의 정리, 정돈을 해야 한다는 뜻이다.

"I"는 정보 (Information)의 정리정돈을 의미한다.

매뉴얼, 표준 작성, 양식 개정, 중복 서류 작성 폐지, 효율적인 시스템 도입, 문서, PC 파일, 메일 등의 정리정돈을 하는 것이다.

"M"은 마음 (Mind)의 정리정돈을 의미한다.

미움, 피해의식. 비교의식, 불평불만을 정리하여 감사, 칭찬, 긍정적인 생각으로 채운다는 것이다.

"S"는 안전(Safety)을 의미한다. 고객 불만 관리, 클레임 관리, 운전, 과음, 흡연 개선, 나쁜 습관 개선, 크레인, 지게차, 설비, 치공구 운전과 관리 등 안전을 추구하는 것이다.

이와 같이 10가지 드러내기를 통해서 행복의 3요소인 자율, 성취, 좋은 관계가 증폭되도록 설계된 시스템이 드러내기 경영, VM활동이다.

기업에서 하는 10가지 단계 중에서 가정에서 필요한 것을 골라 적용하여 가정 행복을 추구하는 것이 가정 VM이다. 가화만사성(家和萬事成)이라는 말을 잘 실천할 수 있는 방법론이 가정 VM이다.

가정 VM활동을 하면 이혼 직전의 부부가 화합하며, 자녀들이 스스로 공부하므로 자격증과 상장이 늘어난다. 가사 일을 함께 해결하므로 피해의식이 없어지고, 부모에게 효도하는 자녀가 늘어난다. VM활동을 하는 회사는 매일 해야 할 일을 드러내어 보드판에 붙여 놓고 체크하며 실천하는 가정이 늘어나고 있다.

드러내기 경영 VM을 적용하여 좋아진 사례는 어떤 것이 있는가?

1. 힘든 업무를 드러내어 이야기하니 도와주는 분들이 생기고 지원해주어서 쉽게 해결할 수 있게 되었다.

2. 감사쓰기가 습관화되어 감사 드러내기를 하자 서로 감사하고 격려, 지지를 해주니 감사 공동카톡방에 참여자가 증가하였다.

3. 업무 처리를 혼자 하다가 드러내니 중복 업무가 없어지고 팀과 함께 하면서 일의 속도가 빨라지게 되었다.

4. 나의 해야 할 일을 드러내니 목표의식이 강화가 되고 나도 모르는 사이에 의식이 확장되었다.

5. 내가 하고 싶은 일을 말하고 드러내니 말과 행동을 일치시키려는 에너지가 생겨 싫어하는 마음이 사라졌다.

6. 리더와 구성원들이 함께 업무와 마음을 공유하고 생각하고 드러내니 표정만 보아도 서로를 이해할 수 있게 되었다.

7. 드러내는 것이 습관화 되니 해야 할 일을, 하고 싶어 하고, 할 수 있게 되어서 행복하

게 일하게 되었다.

8. 드러내고 공유하니 따로 회의할 필요가 없고 정서적 소통도 활성화 되어서 좋은 관계가 형성되었다.

9. 고객에게도 감사 드러내기를 하게 되어 상호 만족하는 윈 윈 하는 거래가 성사되었다.

10. 가정에서도 아내와 자녀들에게 가훈을 드러내고, 일정을 드러내고, 감사를 드러내니 가정 행복이 증폭되었다.

이와 같이 드러내어 보이게 하면 소통이 잘 되어 업무가 신속하게 처리되고, 믿고 신뢰함으로 경쟁력 있는 조직이 될 수 있다.

50주차 리더십 향상 질문과 실천할 내용

(작성일 :   년   월   일)

본문 내용에서 느낀 것과 실천할 내용을 적어 보세요.

아래 문장의 (   )를 채워 주세요.

기업에서 하는 10가지 단계 중에서 가정에서 필요한 것을 골라 적용하여 가정 행복을 추구하는 것이 (   )VM이다. 가화만사성(家和萬事成)이라는 말을 잘 실천할 수 있는 방법론이 (   ) VM이다.

11
경영의 급소가 되는 King Pin을 찾아서
기민한 조직 문화로 가능태 공간의 빛을 밝히자.

킹핀(King Pin)이 무엇인지 아는가? 볼링에서 스트라이크를 내기 위해서는 눈에 잘 보이는 1번 핀이 아닌 5번 핀을 노려야 하는데 급소가 되는 5번 핀을 킹핀이라 한다. 또한 아마존 밀림에서는 나무를 벌목한 다음 강물에 띄워서 하류로 보내는데 떠내려가던 원목들이 중간에 종종 뒤엉켜 병목 현상이 생긴다. 뒤엉킨 수많은 나무들을 움직이게 하는 단 하나의 나무, 이것이 바로 킹핀(King pin)이다.

리더가 킹핀을 모르면 아무리 열심히 해도 성과를 내지 못 한다. 과연 나는 우리 팀의 킹핀이 무엇인지 알고 있는가? 내 삶의 킹핀을 알고 그 킹핀에 집중하고 있는가? 현재 우리 조직이 처해있는 문제를 해결하는 가장 중요한 킹핀은 무엇인가? 이 킹핀에 걸려있는 팀들이 제대로 일을 해 내면 회사를 획기적으로 바꿀 수 있다. 조직을 성공시키는 것에는 여러 가지 요소가 있지만 우선 제일 큰 효과를 내는 킹핀을 알고 킹핀을 넘어뜨리는데 에너지를 모아야 초격차 기업이 될 수 있다. 킹핀이 되는 20%를 개선하면 80%가 개선된다는 것이 파레토 법칙이다.

우리 회사를 성공시키기 위해서 맨 먼저 해결해야 할 킹핀은 무엇인가?
첫 번째 킹핀 : 본질을 알고 본질을 매니지먼트하는 것이다.

본질을 모르고 경영한다는 것은 레일 없는 기차 길을 달리는 것과 같다. 기업의 본질은 사람이고 사람의 본질은 생각이며 생각의 본질은 인풋 정보이다. 기업이 성공하려면 본질인 인풋 정보 매니지먼트를 잘해야 한다.

인풋 정보가 기업 성공의 첫 번째 킹핀이다. VM활동에서는 긍정 정보가 입력되도록 하기 위하여, 업무를 시작하기 전에 마음과 몸 상태를 드러내어 서로서로 공감해주고, 릴레이 감사로 긍정이 흐르게 하고, 부정 정보는 감사쓰기로 지우는 작업을 한 후 업무를 시작한다. 성공해야 행복하다고 하며 일 중심으로 몰아치는 회사는 본질이 되는 사람이 행복하지 않아서 퇴직해 버리므로 업이 정지되는 경우가 많다.

두 번째 킹핀 : 목적과 목표를 명확히 하는 것이다.

회사가 어디로 가고 무엇을 향해 가는지 방향과 목표를 명확히 하는 것이 두 번째 킹핀이다. 목적과 목표를 명확히 하는 작업을 VM에서는 경영가치관 드러내기라고 한다. 회사의 존재 가치인 미션, 이루어야 할 비전, 일하는 원칙인 핵심 가치를 전 직원이 함께 참여하여 만들고 명확하게 한다.

특히 VM에서는 회사의 사업 영역과 연도별 영역별 성장 규모를 명확히 밝힌다. 또한 회사의 비전 뿐만 아니라 이루어야 할 고객 비전, 구성원 비전이 따로 있다. 경영가치관은 정기적으로 재설정이 필요하다.

세 번째 킹핀 : 해야 할 일을 명확히 하는 것이다.

우리가 어제보다 더 나은 오늘, 오늘보다 더 나은 내일을 위해 만드는 'To do list' 속에는 우리 회사나 팀을 바꾸어 줄 킹핀이 들어있어야 한다. 사장은 회사를 바꿀 킹핀, 팀장은 팀을 바꿀 킹핀인 팀장 'To do list'가 있어야 한다. 가장 중요한 킹핀 업무를 먼저하고 가치 없는 부수적 일은 빼내야 킹핀에 집중하고 킹핀을 넘어뜨릴 수 있는 것이다. 사장과 임원 보드판에는 회사를 바꾸는 비전이 되는 킹핀 업무가 드러나 있어야 한다. 팀 VM 보드판에는 팀을 바꾸는 킹핀 업무인 KPI와 분기, 월간 목표가 드러나 있고, 팀원들은 오늘 해야 할 일을 드러내고, 팀원의 킹핀 업무에는 팀장이 스티커를 붙여 강조해 준다. 개인 목표 구호로 한 달에 해야 할 팀원의 킹핀을 명확하게 드러내고, 팀 구호로 분기에 해야 할 킹핀을 드러내어 해결해 낸다.

네 번째 킹핀 : 해야 할 일을 하고 싶어지게 하는 것이다.

하고 싶어지게 하는 가장 중요한 요소는 좋은 관계이다. 좋은 관계가 형성되면 함께 하고 싶어지게 된다. VM에서는 감사 칭찬으로 격려하고 성격 조사로 다른 점을 인정하게 한다. 큰 것이 이기는 것이 아니라 빠르고 유연한 것이 이기는 시대인 것을 인지하고 우선 한걸음이라도 빠르게 해서 변화의 파도를 행동으로 느끼는 도전 서핑을 제대로 해 보자.

VM활동 속에는 킹핀을 에자일하게 해결하도록 인센티브 제도가 가득 들어있다. 우수팀 금, 은, 동메달 축하금, 월 150감사 축하금, 일 100감사 축하금, 새싹 제도, 클로버 제도 등으로 내적, 외적 동기부여를 한다. VM활동이란 매일 우선순위를 정해서 킹핀을 에자일하게 해결하는 첫 번째 도미노 조각을 찾는 작업이 업무 시작 전 VM미팅이다. 작은 성공을 모아 큰 성공으로 연결하는 킹핀 해결사가 VM활동이다.

다섯 번째 킹핀 : 해야 할 일을 할 수 있게 하는 것이다.

킹핀을 해결해 내는 핵심역량이 있어야 킹핀을 넘어뜨릴 수 있다. 핵심역량은 개인이나 회사가 시간을 들여 만든 경험의 산물이며 회사가 가진 무형의 자산이다. 핵심역량도 회사가 가지고 있는 중요자산이므로 잘 알고 관리해야 한다. VM에서는 핵심역량 향상 계획을 멀티스킬표로 잘 관리하게 한다. 그리고 할 수 있게 하기 위해서는 월간, 주간 경영서신으로 인문학적인 지력을 올려 가치를 바라보게 하고 자존감을 찾게 하여 내적 동기를 올려 준다.

"지금 나는 킹핀 업무에 집중하고 있는가? 그리고 그것을 가능태 공간으로 끌고 와서 애자일하게 해결하고 있는가?"라고 매일 질문하며 대책을 찾고 목표 달성의 속도를 높이자.

51주차 리더십 향상 질문과 실천할 내용

(작성일 :   년   월   일)

본문 내용에서 느낀 것과 실천할 내용을 적어 보세요.

아래 문장의 (   )를 채워 주세요.

리더가 킹핀을 모르면 아무리 열심히 해도 성과를 내지 못한다. 가장 중요한 킹핀 업무를 먼저하고 (   ) 없는 부수적 일은 빼내야 킹핀에 집중하고 킹핀을 넘어뜨릴 수 있다. 킹핀이 되는 (   )를 개선하면 80%가 개선된다는 것이 파레토 법칙이다.

12

드러내기 경영 VM활동 도입으로
성공한 회사를 벤치마킹 하자.

사람들은 대부분 자신의 약점을 드러내기보다 감추는 것을 좋아한다. 약점을 드러내면 무조건 나에게 손해고 나를 만만하게 본다는 생각이 있기 때문이다. 그러나 나중에 알려지면 변명하는데 에너지가 너무 많이 들게 된다.

자신의 불편한 진실을 감추기만 하면 내가 인정받게 된다고 착각을 하고 있다.

키 작은 사람은 키 높이 구두를 신어서 사람들의 눈을 속이고, 살이 찐 사람은 풍성한 옷을 입거나 코르셋으로 라인을 감추려고 노력한다. '성형을 너무 많이 해서 하나님이 천국에서 사람을 구별 못할 정도'라고 하는 말이 유행할 정도로 주름 숨기기를 좋아하는 것이 인간이다.

하지만 감추기 시작하면 평생을 감추며 지내야 하고 감추었던 것을 숨기기 위해서는 계속 성형해서 숨겨야 하므로 보통 힘이 드는 것이 아니다. 드러내기 경영 VM활동을 시작하면 제일 먼저 목적과 목표를 가치관으로 드러낸다. 나의 마음 상태를 마음 날씨도에 드러내고 건강과 지력은 건강관리 자기계발 계획에 드러내어 매일 개선하게 한다. 내가 약점이라고 생각하는 부분을 숨기거나 감추지 않고 드러내어 알려서 개선의 의지를 높이는 계기로 삼는다. 내가 부족한 스킬도 멀티 스킬표에 드러내어 습득의 속도를 높이게 한다.

KPX케미칼 공무팀에 근무하는 멤버가 VM을 잘 실천하다 보니 아내에게 비자금도 드러내었다고 한다. 비자금을 드러내니 아내와 깊은 신뢰관계가 형성되어 드러낸 후부터는 달라는 대로 돈을 더 잘 준다고 고백했다.

계속 감추려고 하다 보면 결국은 시간이 지남에 따라 드러난다는 것을 알기 때문에 매일 매일 불안해하며 살게 되는 것이다. 드러나면 정직하지 못한 것으로 인식되어 관계가 소원해진다고 생각한다. 하지만 있는 그대로 드러내보면 평생 숨기는 짐을 벗어버리는 것이다. 대우조선 분식 회계와 오스템임플란트 자금 담당 직원 횡령 사건도 숨기는 것을 반복하다가 결국 드러나서 투자자들에게 큰 피해를 입힌 사례이다. 기업도 마찬가지이다. 드러냄이 없는 조직은 서로 의심하고 견제하는데 시간을 보내며 나만 제일 똑똑하다고 내세우며 비어있는 존재감을 포장하는데 시간을 보낸다. 정직하지 못하므로 본질과 실질에서 벗어나서 일하게 되고 팀장의 코칭이 먹히지 않고 리더십도 발휘되지 않는다.

드러내어 보이게 하면 공유와 협업이 활발하고 시너지를 낼 수 있으며 소통이 활발해 진다.

"담당이 아니라서 모르겠습니다."라는 말이 나오면 팀 내에 드러냄이 없어 소통이 되지 않고 있다는 증거이며 적당주의가 존재한다는 의미이다. 적당주의자들은 드러내기를 싫어하며 자신의 일에 대해서 선 긋기를 좋아하므로 공유하려고 하지 않고 혼자서 하려고 해보지만 좋은 관계는 깨져가고 외부 환경의 변화도 알아차리지 못하는 모래알 같은 존재가 된다.

유니클로의 성공에는 칸막이를 없애고 자율 좌석제도를 도입해서 일 잘하는 사람을 드러내어 알리고, 옆에 앉아서 보고 배우게 환경을 개선한 것도 큰 역할을 했다고 한다.

드러내기 경영 VM을 도입하여 7가지 파워 리더십을 잘 발휘하고 있는 행복회사 도입 사례를 살펴보자.

VM 성공사례 1 : 제이미크론
행복 파워 리더십을 발휘하여 도금업계의 품질 최고, 행복 최고의 초격차 기업으로 변신한 제이미크론

8년째 VM활동을 하고 있는 안산에 있는 제이미크론은 30년간 금도금으로는 한국에서 알아주는 기업이었다. 그런데 삼성전자가 베트남으로 핸드폰 공장을 이전하는 바람에 주문 물량이 반으로 뚝 떨어졌다. 그 결과 기존의 고정비용 때문에 2015년에 32억 원 적자가 났다. 획기적으로 한계비용을 돌파하지 못하면 회사의 존속이 어려워질 수 있는 상황에 처했다.

황재익 사장의 고민은 위기에서 벗어나서 지속 경영을 할 수 있고 직원들이 행복한 기업이 되는 방법을 찾는 것이었다. 감사 파워 리더십을 발휘하여 미리 도입한 감사 시스템 덕분에 긍정 에너지는 높았지만 감사 활동에서 발생한 긍정 에너지를 경영 목표 달성으로 연결하는 힘은 부족하였다. 그래서 황 대표는 "어떻게 하면 직원들이 비전을 가지고 일하면서 목표 달성에 매진하고 행복을 느끼게 할 수 있을까?" 깊이 고민하기 시작했다.

고민을 거듭하며 간절한 기도하던 중에 서울대 최고위과정에 다니던 아들 황성민 대표에게서 정철화 박사의 '드러내기 경영 VM'을 소개받고 2016년도에 바로 도입하였다. 정 박사는 가장 먼저 해야 할 일은 "가치관을 정립하고 이익이 날 수 있는 생존 목표를 명확히 해야 한다."며 가장 먼저 해야 할 두 가지를 강조했다.

첫 번째는 '드러내기'다. 가치관, 목표, 비 가치, 무질서, 업무, 성격, 마음, 지력, 역량 등 9가지 드러내기를 통해서 이익이 나는 체제를 구축하는 것이었다. 두 번째는 '감사 쓰기'를 목표와 연결시켜 성취감을 맛보게 하는 것이었다. 특히, 감사활동은 기업의 본질인 사람의 생각을 좌우하는 부정적인 정보를 긍정으로 바꾸게 하는 특효약이라고 강조했다. 감사에서 발생한 긍정 에너지를 기반으로 직원들이 자율적으로 행복하게 해야 할 일을 하고 싶고 할 수 있게 함으로써 월간 목표, 분기 목표, 연간 목표를 달성하게 하여 성취감을 맛보게 하는 시스템이 VM의 핵심이다.

VM 도입 8년 차인 제이미크론은 당시의 큰 적자에서 탈피하고 지금은 연 30억 원이 넘는 흑자를 기록하며 품질 최고의 회사로 변신하고 초격차 행복 기업으로 변화되었다.

이상의 10가지 드러내기에 가정 VM을 추가하여 11가지 VM 활동을 하면서 변화된 내용은 다음과 같다.

1. 불량 및 낭비요소를 드러내어 철저하게 제거하였다.
2. 0233 목표를 드러내어 행동화로 연결시켜서 크레임 제로를 실천하고, 월 20억 매출과 재료비 비율을 30% 이내로 개선하고, 생산성을 30% 향상시켰다.
3. 제이미크론의 10가지 꿈을 드러내어 미션을 명확히 설정하였다.
4. 업무 속에서 직원들의 행복감이 증대되었다.
5. 칭찬·감사 드러내기로 직원들 마음속 마이너스 정보를 플러스 긍정 정보로 바꾸었다.
6. 여력 창출로 2개의 신규 사업을 전개하였다.
7. 1일 결산 드러내기 도입으로 손익 의식이 강화되었다.
8. 월간 기도, 감사 기도로 임원들의 목표 드러내기가 습관화되었다.

9. 임원의 3정5S 솔선수범으로 깨끗한 직장이 구현되었다.

10. 매일 아침 팀장 주도의 VM 활동과 코칭으로 암묵적 지식의 공유화와 업무수행도 가 향상되었다.

11. 가정 VM으로 내가 행복하고 가족이 행복하고 직장이 행복해졌다.

제이미크론은 VM활동 중 비 가치 드러내기와 무질서 드러내기를 통해 최근 4년간 78억 원 이상의 개선 절감 성과를 보였다. 2022년도에만 약 18억 원의 개선 절감 성과를 보였는데 이는 연 매출의 약 8.2%에 달한다. 우리나라 중소기업의 영업이익 평균이 3~4%인데 개선 절감 금액이 8.2%라는 건 거의 기적적인 일이며, 이런 개선과 절감을 매년 계속할 수 있다는 것은 감사를 바탕으로 조직문화를 바꾸는 드러내기 경영이 아니면 불가능한 것이다.

제이미크론의 사훈은 '정직한 사람, 즐거운 일터, 행복한 삶'이다. 정직과 즐거움과 행복을 추구하는 사장님 이하 전 직원의 마음이 느껴진다.

제이미크론 직원들이 외치는 구호는 다음과 같다.
"나는 우리 가족을 사랑하며 감사하는 사람이다.
나는 우리 회사와 동료를 사랑하며 감사하는 사람이다.
나는 우리 나라와 민족을 사랑하며 감사하는 사람이다.
감사랑 5031 초격화
사랑합니다! 감사합니다!"

2023년 숫자로 만든 경영목표를 '5031'로 설정하였다. 월 매출 50억, 클레임 제로, 재료비 비율 30% 이내 유지, 1등 행복기업이 되는 것을 목표로 전 직원이 한마음으로 매진하고 있고 감사에너지로 행복을 일궈가고 있다.

사회와 업계의 빛과 소금이 되겠다는 숭고한 뜻과 함께 세계에서 가장 행복한 회사를 만들고 싶다는 대한민국 최고의 행복 CEO 황재익 사장님과 임직원들의 꿈들이 하나하나 이루어지고 있다. 최근에는 세계 1위 전기차 기업인 테슬라에 제품을 납품하는 행운도 얻었다.

성공적인 VM활동을 견학하기 위해 요즘도 제이미크론의 VM데이에 매월 전국에서 10~20여 명의 리더들이 방문하여 벤치마킹 하고 있다. 제이미크론을 방문했던 기업들 중 한국피에스, 동아전기공업, 연산메탈, 엠케이진자, 천지세무법인, 진양산업, 진양폴리우레탄, 대봉엘에스 등 많은 기업들이 VM을 도입하여 적극적으로 실행하고 있다.

VM 성공사례 2 : KPX케미칼
솔선수범 셀프 리더십, 공감과 감사 파워 리더십으로 낙담의 골짜기를 벗어나고, 품질 문제로 빼앗긴 고객이 다시 돌아온 KPX케미칼

KPX케미칼의 전 사장이었던 김문영 사장이 다음과 같은 고민을 하고 상의해왔다.

"팀원의 생각, 업무, 스킬 등이 공유가 되지 않으니 무엇을 가르쳐야 하는지 모르는 상사가 많이 있습니다. 팀원들의 생각, 스킬, 업무를 잘 알고 실시간으로 코칭을 제대로 할 수 있는 방법이 있을까요?"

"직원들이 내적 동기를 갖고 자신의 일의 가치를 발견하고 업무에 스스로 몰입하게 할 수는 없을까요? 부족한 스킬을 미리 잘 파악하여 계획적으로 스킬을 올리는 방법은 무엇일까요?"

"사람은 어제와 오늘의 컨디션이 다르고 감정의 기복이 있는데 업무 시작 전에 마음 튜닝을 제대로 해서 기분 좋게 일하며 행복을 느끼는 방법은 무엇일까요?"

필자는 다음과 같이 해법을 제시했다.

"기업의 본질인 사람의 생각을 매니지먼트하려면 생각이 드러나게 해야 합니다. 아무리 훌륭한 팀장이라도 부하의 생각이나 업무가 실시간으로 드러나지 않으면 제대로 된 코칭을 할 수 없어서 부하 육성을 할 수 없습니다. 또한 모든 것이 드러나지 않으면 나중에 문제를 발견하게 되어 서로 불신하고 갈등이 일어납니다."

"경영 가치관을 명확히 수립하고 매일 가슴에 새길 수 있도록 하면 직원들이 일의 가치를 알고 그 가치에 몰입하게 되므로 즐겁게 일을 하게 되어 있습니다. 더 나아가서 자신에게 필요한 핵심 역량을 제대로 알게 하면 업무 능력을 향상시키게 되고, 인정, 칭찬, 배려, 감사하는 조직문화가 되면 내적 동기부여가 되어 직원들이 자율적으로 해야 할 일을 찾아서 할 수 있는 회사가 될 수 있습니다."

"VM 활동은 행복의 3요소인 자율, 성취, 좋은 관계가 활짝 꽃피는 직장이 되게 하여 직원들은 행복하고 회사는 지속 성장이 가능합니다."

드러내기 경영 컨설팅 코칭(VMCC)을 도입한지 6년 차 되는 KPX케미칼은 임원들이 혁신의 선두에 서서 VM 활동을 잘하고 있다.

KPX케미칼의 VM 도입 철학은 '질긴 놈이 이긴다'이다. 이 말은 VM 도입 회사들의 신념이 되어 VM 도입 초기에 발생하는 저항에 대해 절대 물러나지 않고, 저항이 강할수록 이 철학으로 마음을 다잡고 VM 활동을 정착하는 계기로 삼았다.

VM 활동을 잘 추진한 결과 업무방식이 많이 개선되어 대한상공회의소에서 우리나라 기업 3,000명을 대상으로 업무방식 면에서 나타나는 문제점들을 설문조사했는데 KPX케미칼이 전 항목에서 40% 이상 우수한 것으로 나타났다.

대한상공회의소에서 우리나라 기업 3,000명을 대상으로 업무 방식 면에서 나타나는 문제점들의 현황에 대해 설문조사를 했다. '권한 위임이 잘 되지 않는다.' '업무에 필요한 정보를 사전에 충분히 제공하지 않는다.' '복잡한 결재 절차와 보고 등으로 추진 속도가 늦어진다.' '상사 의중 해석을 위한 회의를 해본 적이 있다.' 등 전 항목에서 KPX케미칼이 40% 이상 우수한 것으로 나타났다. VM활동을 잘 추진한 결과 이렇게 업무 방식이 많이 개선된 것이다.

월 300개의 감사를 쓰는 인원이 98% 이상이고 가정에도 VM이 전파되어서 행복한 가정이 늘어나고 있다. 이혼 직전 아내에게 100감사를 적어 선물하자 아내와 관계가 회복되고 자녀도 2명이나 선물로 받아 행복한 가정으로 전환된 사례는 감동적이다.

고객과의 원활한 소통으로 빼앗긴 고객이 다시 돌아오고 가치관의 정립으로 목적의식과 목표의식이 명확하여 행복한 기업으로 성장하고 있다. KPX케미칼의 후임 CEO도 드러내기 경영 컨설팅 코칭을 이어받아 계속하고 있을 뿐만 아니라 같은 계열사인 진양산업과 진양폴리우레탄도 VMCC를 도입하여 성공적인 VM 활동을 하고 있다.

VM 성공사례 3 : 한국피에스
행복 파워, 감사 파워 리더십으로 전략 추진업무 12가지를 단계별로 계획성 있게 추진하여 성장을 위한 큰 에너지가 비축된 한국피에스

VM을 도입한지 6년 차인 한국피에스의 한재필 대표는 12가지 전략추진업무를 잘 실천하여 공장 자체를 전시장으로 만들었다. 고객이 공장을 방문하면 아무리 까다로운 고객도 마음이 열리고 쉽게 계약을 하는 경우가 많아졌다. 그리고 고객대응을 신속하게 하기 위해 사출, 코팅, 프린팅, 조립이라는 풀 라인업으로 인프라 구축을 완료하였다.

한국피에스에서는 행복기업을 창조하는 VM 활동은 혈관이라고 말한다. 혈관에 피가 흐르지 않으면 생명을 잃게 되듯이 VM 활동을 중지하면 성장이 멈추고 행복이 멈춘다고 이야기 한다.

VM 미팅시작, 출발과 마감 구호가 있다.
"나에겐 정직으로
서로에겐 진심으로
고객에겐 전심으로
VM 좋아! 3J 좋아!
한국피에스! 좋아! 좋아! 좋아! 파이팅!"
　　*3J : 정직, 진심, 전심

직원들의 1주일 1개선이 정착화 되고 95%이상이 1일 5감사 활동에 참여하며 감사나눔으로 긍정 문화를 구축하였다.

인사 구호는 "감미랑합니다" 이다. "감미랑"은 감사, 미소, 사랑의 의미이다. 가치관을 명확히 하여 직원들과 같은 생각으로 미션과 비전을 향해 함께 항해 하도록 향후 5년까지의 로드맵이 완성되었다. 불량률이 15%수준에서 1.5% 수준까지 개선되었으며 신사업인 초자 코팅과 프린트 사업에도 진출하여 신규 매출을 창출하고 있다.

한 대표의 탁월한 글로벌 감각과 솔선수범하는 리더십으로 발전 속도가 주위를 놀라게 할 정도로 큰 성장을 이루고 있다.

VM 성공사례 4 : 씽굿
가치관 드러내기로 목적과 목표를 명확히 하여 공감 리더십을 확보한 씽굿

대한민국 1위 공모전 프로모션 기업인 씽굿 신선경 대표는 의지하던 CEO 남편이 미국에서 트래킹 중에 심장마비로 사망하는 바람에 하루아침에 대표가 될 수밖에 없었다. 도와주는 위치에서 갑자기 대표의 자리에 올라서서 주변을 바라보니 막막할 수밖에 없는 상황에서 드러내기 경영 VM을 도입하고, 자신의 약점을 드러내어 강점으로 바꾼 대표적인 사례이다.

남편 대신 직원들을 이끌어 가야 하는 상황에서 자신의 부족함을 솔직하게 알리고 직원들에게 잘 도와 달라고 마음을 드러내었다. 대표가 되었지만 전 직책인 이사라고 부르게 하고 사장실에서 근무하지 않았다. 그동안 사용했던 이사 자리를 그대로 사용하고 리더의 자질을 갖추고 나서 호칭도 사장으로 바꾸고 사장실을 사용하겠다고 결심했다. 그리고 공감 리더십을 확보하기 위해 직원들과 함께 VM의 1단계인 1박2일 가치관 정립 워크숍을 실시하였다.

"전 국민에게 맞춤형 정보를 제공하여 더 나은 사회를 만든다."라는 미션을 만들었다. 그리고 'ONLY-ONE THINK GOOD 2360'이라는 비전을 설정하고 2023년까지 매출 50% 성장이라는 60억 원 매출 목표를 세웠다. '직원행복, 지속성장, 전력투구, 긍정사고, 선두주자, 가치창조'라는 핵심가치를 만들어 업무 원칙과 기준을 명확히 하고, "열일칼퇴, 언행일치, 감사칭찬, 상시소통, 무한긍정, 정리정돈"이라는 행동강령도 만들었다.

나아갈 방향과 목표를 명확하게 되고 업무수행 기준과 행동의 기준이 명확해지자 "우리 회사 미래는 어떻게 되는 것입니까?"라는 질문이 없어지고 대한민국 1위 공모전 프로모션 기업을 만들기 위해 전 직원이 한 마음으로 열정적으로 일하는 회사가 되었다.

VM 도입 후 "성장 발전으로 지속 경영이 가능하고 직원이 먼저 인정하는 좋은 기업이 되고 싶습니다!" 라는 신선경 대표의 바램이 이루어지어 서서히 열매를 맺고 있다.

VM 성공사례 5 : 케이디켐
질문, 경청, 공감 파워 리더십으로 주요 핵심 업무를 집중 관리하여 업무 수행능력을 배가 시킨 케이디켐

케이디엠은 국내 유기액상 안정제 시장에서 동종업계 최고의 회사로 거듭나면서 지난 33년간 지속적인 발전을 해왔다. VM을 도입한지 4년째인 케이디켐은 민소원 대표가 선두에 서서 드러내기 경영 VM 활동의 정착을 위해 열정을 바치고 있다.

해야 할을 철저하게 드러내어서 업무 누수가 없고 부서 간 공유도 잘되고 있다. 부서 간에 일어나는 업무 협조를 거래로 생각하여 금액으로 표시하여 업무의 코스트화를 추진하였다.

감사활동의 강화로 해야 할 일을, 하고 싶어 하는 비율이 절대적으로 높아지고 있다. 2023년 매출목표 1,000억 원을 달성한다는 신념을 갖고 변화를 추구하고, 특히 영업부서가 많이 혁신되어서 고객만족을 위한 활동이 강화되었고, 해외시장 개척을 위한 수출부서의 활동이 활발해져 위기를 잘 극복하며 성장하고 있다.

VM 성공사례 6 : 대봉엘에스
질문, 경청, 피드백 파워 리더십을 발휘하여 업무효율 향상을 단시간에 이룩하고 공통 업무에 대하여 공유 협동 체계를 확립한 대봉엘에스

시너지 효과가 나도록 솔선수범 리더십을 발휘하는 전략적 사업 전개의 달인인 박진오 대표는 VM 활동으로 관리의 누수를 해소하고 내부 관리에 들어가는 시간을 줄임으로써 글로벌 사업 전략 전개에 집중하는 여력을 만들었다.

'인류가 더욱 건강하고 아름다운 삶을 살 수 있도록 최고의 솔루션을 제공하는 기업이 되자' 라는 미션으로 2025년까지 2,000억의 매출 목표를 향해 달려가고 있다.

다음은 대봉엘에스 직원들이 말하는 VM의 성과다

"일일 VM 발표, 드러내기를 통해 부서 원의 업무 파악이 용이하여 암묵지 코칭과 협업이 가능했고 multi-skill로 개인역량 강화 및 핵심가치 향상을 위한 체계적인 관리가 가능했다."

"매일 아침 부서원과 마음 드러내기로 라포를 형성할 수 있어서 유익했고, 솔직하게 드러내니 정직해지고 심플해져서 좋다. 아침마다 발표하면서 하루의 일과를 계획하고 정리할 수 있어서 업무에 도움이 되었다."

"해야 할 일을 하고 싶어 하고 할 수 있게 하며 업무 드러내기를 통한 비효율 개선 업무 중 감사하는 방법과 행복하게 회사생활을 할 수 있는 방법을 알게 되었고, 옆의 동료의 드러낸 업무로 좀처럼 배울 수 없는 것들을 매일 실시간으로 배울 수 있는 기회가 되었다."

"압축된 지식의 보물인 경영서신으로 끊임없이 지력을 올리며 VM 보드판에 업무, 협업, 에러 리스트 드러내기로 업무 공유, 확인을 효율적으로 할 수 있었다."

"타성에 빠지지 않고 1일 1개선을 생각하며 업무를 진행하여 좀 더 효율적으로 업무를 수행하며 미래를 준비할 수 있었다. 그리고 드러내기가 습관화 되었고 행복하게 일하게 되었다."

"한 주와 당 월의 업무를 체계적으로 관리하여 업무를 효율적으로 진행할 수 있었으며 다른 사람의 업무를 들을 수 있어도 도움이 필요한 시점에 여유가 있다면 도움을 줄 수 있고 버디 코칭이 가능해져서 업무효율화와 협업 에도 많은 도움이 되었다."

이상과 같이 철저한 시간 계획으로 무가치한 업무가 사라졌으며 협조 체계가 공고해졌다. 부서 간 업무 융합의 힘이 증대되어 핵폭발이 일어나서 코로나 팬데믹 시기에도 좋은 경영 성과를 기록했다. 직원들의 행복도 상승은 물론이고 성과급도 대폭 상승했다.

VM 성공사례 7 : 내츄럴웨이코리아

비누 제조업계에서 셀프 리더십과 솔선수범 리더십, 감사 파워 리더십으로 직원 행복과 성장을 추구하는 회사 내츄럴웨이코리아

설립한 지 20년이 된 내츄럴웨이코리아 정권재 대표이사는 기업의 지속가능 경영을 위해서 핵심 자산인 직원의 역량을 향상해서 어떻게 하면 4차 산업혁명 시대에 잘 적응할까 고민해왔다. 아모레퍼시픽 협력회사 세미나에서 "드러내기 경영 VM으로 승부하자."는 필자의 강의를 듣고 정체되어 있는 시스템을 다시 가동할 수 있는 방법이라고 확신하고 곧바로 VM 드러내기 경영을 도입했다.

외형 성장을 통해 미래 생존능력을 키워가고 최고의 직원 복지로 신바람 나는 회사, 사회와 지속적으로 상생하는 회사로 가치관을 명확히 하였다. 그리고 팀장들이 솔선수범 파워 리더십을 발휘하여 자율적인 업무수행과 함께 직원들이 스스로 성장하며 행복을 느끼는 회사로 만들기 위해 정 사장은 변화의 선봉장으로 셀프 파워, 솔선수범 파워 리더십의 역할을 자청했다.

기업을 지속성장하고 행복한 회사가 되기 위한 4가지 기둥이 튼튼해지는 계획을 세우고 차근차근 개선을 하였다.

첫째, Product 기둥을 개선해서 미래의 견인차 역할을 할 신사업과 신제품이 무엇인가에 대한 드러내기를 했다.

둘째, Process 기둥을 개선하기 위해 직원들이 목표달성을 위해 움직이도록 제반 시스템 상에서 진행 정도를 드러내게 하였다.

셋째, **People** 기둥을 개선하기 위해 해야 할 일을, 하고 싶어 하게 하기 위해서 기업의 본질인 사람의 생각을 매니지먼트하는 시스템을 구축하였다.

특히 부정적인 생각을 제거하기 위해서는 감사 파워 리더십을 발휘하여 마이너스적인 생각을 제거 했다.

넷째, **Philosophy** 기둥을 개선하기 위해 미션 · 비전 · 핵심가치를 명확히 하고 행복의 3요소인 '자율, 성취, 좋은 관계'를 업무 속에서 느끼도록 행복 파워 리더십을 발휘하였다.

이와 같이 4가지 축을 튼튼하게 하기 위해서 행동화로 연결되는 감각기관을 잘 활용하고 VM 보드판에 업무와 마음을 잘 드러내었다. 그리고 제반 모든 과정을 드러내게 하여 기업의 본질인 사람의 가치관 축을 튼튼하게 하자 매출액도 올라가고 경영시스템의 운용도 제대로 할 수 있었다.

VM 성공사례 8 : 엠케이켐앤텍

공감 파워 리더십을 발휘하여 신사업 창출과 업무효율화와 개선활동으로 부가가치를 지속적으로 올리는 엠케이켐앤텍

VM을 도입한지 5년째인 엠케이켐앤텍 권혁석 대표는 직원 사랑과 직원 행복 추구를 위해 열정을 쏟아내는 한국 최고의 CEO이다. 목표 드러내기는 완전히 정착되었으며, 현재 진행하는 사업의 안정적 기반을 구축하고 변화하는 환경에 대응하기 위해 끊임없이 신사업을 개발하고 있다.

회사의 미션을 '전자 · 전기산업 발전에 더 나은 가치, 더 높은 신뢰로 기여하고 상생을 통한 행복을 추구하는 일등기업'으로 선정하고 고객만족에 속도를 높이고 있다.

인정, 칭찬 등의 내적 보상뿐만 아니라 VM 활동 우수 팀이나 개인에게 다양한 외적 포상을 풍성하게 하여 강한 동기부여로 VM 활동의 불길이 활활 타도록 적극 지원하고 있다.

VM경영 도입사례 9 : 천지세무법인

감사 파워, 공감 파워 리더십으로 6개의 선행 모델 지점에서 먼저 VM을 도입하고 1년 후에 17개 지점 전부가 드러내기 경영을 추진한 천지세무법인

2019년 10월부터 VM을 도입한 천지세무법인 박점식 회장은 1,000감사의 창시자이며 감사 파워 혁신의 리더이며 선도자이다.

'고객에게 최상의 서비스를 제공하여 성실납세 이행에 공헌하고 권익을 보호하며 성공의 동반자가 되자.'라는 미션을 정하고 'CJT. GOGOGO. 2430'이라는 비전을 만들었다. '도전(CHALLENGE)하고, 즐기(JOY)고, 함께(TOGETHER)하고, 2024년 300억 달성하자.'라는 의미이다. VM을 선행해서 도입한 6개 지점은 업무 공유가 활발하게 이루어지고 마음 드러내기로 좋은 관계가 잘 형성되어 이제는 17개 전체 지점으로 확산하여 VM 활동을 잘 하고 있다.

VM 성공사례 10 : 연산메탈

셀프 리더십, 공감 파워, 감사 파워 리더십 발휘로 VM의 터전을 잘 닦아 매출 향상이 매우 빠른 연산메탈

연산메탈은 30년 차 기업으로서 부친께 2017년 회사를 물려받고 4년차 그대로 성장이 멈춘 정지 상태에 있었다. 대기업이나 외부에서 경영자를 모시고 와서 혁신을 시도했지만 별로 성과가 없었다.

"매출 1,000억, 이익 10% 이상 되는 회사, 개인의 성장, 화목한 가정, 일하기 좋은 기업, 즐겁고 기쁜 마음으로 출근 하는 회사를 만드는 방법이 없을까?" "경영목표를 초과 달성하여 풍부하게 성과를 나누는 회사를 만드는 방법은 무엇일까?"를 고민을 하던 중 안재혁 대표가 VM을 만났다.

처음에는 "우리 회사에 잘 맞을까? 그리고 어려움이 많을 것 같은데요." 라며 "도입하지 말자."고 반대하는 팀장들이 있었으나 안 대표가 혜안과 뚝심으로 도입하였다.

2019년 12월 말에 VM을 도입한 열정 경영의 아이콘인 안 대표는 가치관을 정립하고 감사와 연계한 VM활동의 출발을 알렸다. '철강 관련 업계에 질 좋은 제품으로 고객 만족과 직원 복지를 증진한다' 라는 미션을 정하고 2019년 12월에 전 직원이 모여서 '함께하자 2024, 성취하자 1160'을 비전으로 설정하였다.

VM 도입 결과 500~600억 원에 몇 년째 머물던 매출이 도입 2년 만인 2022년에 2024년의 매출 목표인 1,160억 원을 조기 달성하게 되었다. 이에 따라 2030년 매출 1조 원 회사, 100명의 CEO 육성, 100세 정년제도 도입

등 경영 가치관을 다시 정립하였다.

그리고 2023년 매출 목표를 1,210억 원으로 정하고 1210의 의미를 아래와 같이 풀어서 세부목표를 설정하였다.

1. 철강업체 1위 달성하자
2. 200억 비가치 이대로 놓칠 수 없다
1. 하나 되는 마음으로 영업이익 10% 달성
0. 영원히 안전사고 '0'

2020년 VM 활동 도입 전부터 미리 감사 리더십으로 감사 활동을 해왔고 그 틀이 남아 있어서 VM 활동에 대한 이해도가 높았고 드러내는 것도 적극적으로 잘 하고 있다.

전에는 퇴직율이 높았는데 함께 해보자는 분위기로 바뀌면서 퇴직율이 반 이하로 줄었다. 특히 퇴직 사유로 사람과의 인간관계가 많이 언급되었는데 이제는 사람 때문에 퇴직하는 직원이 없어진 것도 큰 소득이라 했다.

'물건을 팔면 영원한 을이지만 VM 문화를 팔면 영원한 갑이 된다.'는 정신으로 고객 방문 시 연산메탈의 VM을 통한 행복한 조직문화를 팔면서 고객에게 감동을 주는 회사이다. 리더가 솔선수범하여 고객관리를 잘 해나가는 모습을 직원들에게 보여주며 많은 고객을 창출하고, 중점 과제 수행에 몰입하며 수지 개선에도 크게 기여하고 있다.

드러내기 경영 VM 활동을 계기로 홍익인간, 행복한 나, 가정, 기업을 만들어 국가 경제 발전과 인류 평화에 기여 하고 싶다는 안 대표의 꿈이 잘 영글어 가고 있다.

VM 성공사례 11 : 다비치안경체인

셀프 파워, 공감 파워 리더십으로 고객니즈를 실시간으로 드러내고, 리더의 지시가 실시간으로 드러나는 다비치안경체인

다비치안경체인은 VM도입 8년 차이다. 김인규 회장은 솔선수범 파워 리더십을 발휘하여 모든 것을 드러내어 정직하게 일하는 것을 강조하며 특히 고객에게 정직해야 신뢰가 쌓인다는 것을 솔선수범하며 가르치고 있다. 그래서 고객이 있는 현장에 가서 배우고 생각만 하지 말고 행동할 것을 강조한다.

전국 260개 매장에서 오전 10시에 업무 및 마음 드러내기VM 활동을 일제히 실시한다.

서로의 업무가 드러나므로 업무 누수가 없어지고 고객 응대도 실수 없이 하게 되었다. VM 도입 전보다 도입 후에 늘어난 매장 수가 100개나 된다.

VM 도입 이후 경쟁사 직원들은 일이 끝나면 외투와 가방을 챙기지만 다비치 직원은 VM 보드판 앞에서 오늘의 반성과 내일의 업무를 챙긴다. 즐거울 때뿐만 아니라 어려움과 역경도 같이 하고, 미래를 위해 더 나은 개선을 하고 실천하려 한다. 그리고 더 나아가 몸 마음 드러내기와 감사를 통해서 정서적 소통을 활발하게 한다. VM 활동 전개로 얻은 15가지 효과는 다음과 같다.

1. 매일 아침마다 VM 미팅을 통해 업무 공유를 하다 보니 회의 및 보고시간 단축
2. 목표가 들어가 있는 팀 및 개인 구호를 통하여 목표의식 및 달성도 향상
3. 마음 드러내기로 몸과 마음 상태를 사전에 알아서 격려해주고 위로 증가
4. 직원 간의 업무 공유를 통한 소통 활성화 및 상호 업무 이해도 향상되어 시너지 효과
5. 모두가 업무를 드러내므로 공평한 업무량 분배가 이루어지고 고객 대응 빨라짐

6. 보다 자세한 계획 설정을 통하여 업무시간 단축

7. 신호등 관리로 진행 현황의 실시간 파악 및 행동화의 스피드화

8. 매일 업무 시작 전 팀원들의 업무를 알게 되어 코칭이 디테일해지고 리더십 향상

9. 업무 누수가 줄어서 고객 크레임 감소 및 신속 대처로 고객만족도 향상

10. 직원별 스코어 카드 관리 및 미비한 부분에 대한 교육 활성화 및 관리가 용이

11. 매일 드러내어 반품, 재주문율 관리 철저로 매장 손실 최소화

12. 매출, 객수, 매입, 원가 등 일 단위의 관리와 드러내기를 통해 목표의식 고취

13. 팀장의 업무 수행에 대한 칭찬으로 행복의 3요소를 느끼고 행복도 증가

14. 단순한 판매사원에서 벗어나 관리자 의식 고취 및 자기관리 강화

15. 혼자서 하는 일이 아닌 팀이 강해야 잘된다는 팀워크 의식 강화

16. 멀티 스킬표에 작성 및 신호등 관리에 의한 개인 역량 강화

목표 달성을 하며 구성원들을 행복하게 일하도록 하는 좋은 방법인 드러내기 경영 VM 활동을 소홀히 하는 리더는 회사와 구성원들을 불행에 방치하는 주역이므로 자신의 존재가치를 심각하게 생각해 봐야한다.

드러내기 경영 VM 활동은 우리 회사의 목표 달성과 팀장의 리더십 향상과 구성원의 행복 창출을 위한 최고의 선물이다.

(작성일 :　　년　　월　　일)

본문 내용에서 느낀 것과 실천할 내용을 적어 보세요.

아래 문장의 (　　)를 채워 주세요.

　제이미크론의 2023년 숫자로 만든 경영목표는 (　　　)로 설정하였다. 월매출 50억, 클레임 제로, 재료비 비율 30% 이내, 1등 행복기업으로 성장하는 것이다.

　한국피에스 VM 미팅 시작, 출발 구호와 마감 구호에 대해서 알아보자.

"나에겐 정직으로, 서로에겐 진심으로,

　고객에겐 전심으로, (　　　) 좋아! 3J 좋아!

　한국피에스! 좋아! 좋아! 좋아! 파이팅!

■ 에필로그

동서고금을 막론하고 리더십의 중요성은 언제나 강조되어 왔다. 한 치 앞을 내다볼 수 없는 급변하는 어려운 환경 속에서도 어떤 리더는 뛰어난 리더십을 발휘해 기업을 성장시키고, 또 어떤 리더는 돌이킬 수 없는 수렁 속으로 기업을 침몰시킨다. 어디 기업뿐인가? 나라를 이끄는 수장의 리더십이 흔들리면 나라 전체가 흔들리고 가장의 리더십이 흔들리면 집안 전체가 흔들린다. 국가나 가정뿐만 아니라 대기업, 중소기업, 벤처기업, 스타트업에 이르기까지 리더는 올바른 리더십을 발휘하기 위하여 고민에 고민을 거듭해야한다.

"누구나 사장이 될 수 있지만 아무나 리더가 되진 못한다."는 말이 있다. 그만큼 리더의 역할은 만만치가 않다는 말이다. 노자는 "훌륭한 지도자는 아랫사람이 큰일을 할 수 있도록 동기를 부여하는 사람이다."라고 했다. 그러나 대부분의 리더가 리더의 교육을 제대로 받지 못하고 리더십을 행사하는 것이 현실이고, 훌륭한 리더가 되기 어려운 이유는 상황에 맞는 리더십이 발휘되어야 하기 때문이다.

리더 혼자 백마를 타고 가며 나를 따라오라는 리더십은 이제 더 이상 효과가 나타나지 않는다. 이제는 말에서 내려와서 함께 걸으며 원하는 곳으로 갈 수 있는 리더가 되어야 한다. 앞에서 끌기만 하는 리더의 시대는 지나가고 뒤에서 밀어주고 함께 달려주는 리더가 필요한 시대이다. 한 조직을 이끌고 목표를 향해 잘 나아가기 위해서는 망망대해에서의 나침판 같은 역할과 사막에서의 오아시스 같은 역할이 둘 다 필요하다.

4차 산업혁명 시대의 급변하는 환경에 적응하기 위해서 리더는 7가지 파워를 가지고 있어야 한다. 자신을 먼저 리드하는 셀프리더십 파워 (Power of Self-Leadership), 모범적인 행동과 핵심역량으로 리드하는 솔선 파워 (Power of Leading by Example), 질문을 잘 하는 질문 파워 (Power of Questioning), 경청을 잘 하는 경청 파워 (Power of Listening), 공감과 피드백을 잘 하는 공감 파워 (Power of Empathizing), 감사로 긍정 자본을 늘리는 감사 파워 (Power of Appreciation), 행복 문화를 정착시키는 행복 파워 (Power of Happiness) 리더십이 필요한 시대다.

리더십을 여러 가지 측면으로 나누어 볼 수 있겠지만 본서에서 강조하는 7가지 파워 리더십을 잘 활용한 사례와 실패한 사례를 살펴보자.

첫째, 7가지 리더십 파워로 성공한 리더는 누구일까?

행복 리더십의 가장 성공 모델은 원나라의 세조 쿠빌라이 칸이다. 몽골제국의 시발점은 칭기즈 칸이었지만 국가의 형태를 만들고 지속 가능한 통치 시스템을 완성한 이는 칭기즈 칸의 손자인 쿠빌라이 칸이다. 조선왕조와 비교하자면 징기즈 칸은 태조 이성계와 비슷하고 쿠빌라이 칸은 세종대왕에 비유될 수 있겠다.

쿠빌라이 칸의 치세에 몽골족이 다스린 지역의 넓이는 3300㎢(한반도의 150배)에 달했다. 무려 전 세계 인간이 거주 가능한 지역의 1/5을 차지했다. 남송을 정복하고 순수 이민족 왕조로서 최초로 중국 대륙 통일을 완수하여 원나라를 세웠으며, 중앙아시아, 중동, 유럽까지 뻗어나가 몽골제국의 새로운 역사를 열었다. 마르코 폴로는 동방견문록에서 쿠빌라이 칸을 '아담에서 지금 이 순간에 이르기까지 세상에 나타난 어떤 사람보다도 많은 지역과 재물, 영토를 소유한 사람', '세상에 있는 모든 사람 중에 가장 뛰어난 군주'라고 했다.

쿠빌라이는 어려서부터 어질고 밝고 현명한 성격이었으며 영특하고 슬기로웠다. 삼촌 오고타이가 그를 허베이의 작은 성인 형주로 쫓아 보내 작은 영지에서 시작하였다. 거기서 주민들의 마음을 얻기 위해 최선을 다하면서 7파워 리더십을 연습할 수 있었다. 그 경험이 바탕이 되어 셀프 리더십과 솔선파워 및 공감 파워 리더십을 잘 발휘할 수 있었다.

그는 형제에게 도전받았으며 친척들의 반대에 부딪치며 고립무원에서 황제가 되었으나 남송을 무너뜨리고 공감과 소통의 리더십을 잘 발휘했다. 즉 그는 통치를 할 때에 힘과 공포만을 사용하지 않고 경청과 공감과 소통의 리더십을 보여주었다. 칭기즈 칸과 후계자들은 몽골의 전통을 따라 가차 없이 사람들을 죽이고 그저 정복만을 거듭했지만 쿠빌라이 칸은 달랐다. 그는 처음으로 국가 가치관을 정립하여 소수 몽골족으로도 통치가 가능한 제국의 기틀을 만들었다. 그로 인해 원나라는 이민족 최초로 중국을 통일한 왕조로 역사에 이름을 올릴 수 있었고 우호적이지 않았던 한족과 아름다운 동거를 하고 원나라 통치의 근본을 세울 수 있었다.

쿠빌라이 칸은 공감과 소통의 리더십으로 가치관만 일치하면 다른 민족이나 다른 종교를 차별하지 않았고, 출신을 따지지 않고 다양한 인종의 인재들이 중용했으며, 몽골제국이 지배한 지역의 문화와 관습을 존중하고 다양한 문화들을 수용하고 융합시키는 데 중요한 역할을 했다. 쿠빌라이 칸은 권위와 의심으로 통치하는 정복 군주 시대를 마감하고 가치를 앞세운 공감과 소통의 군주로서의 역할을 제대로 수행했다. 나아갈 방향을 정하고 정복하되 군림하지 않고 함께 잘 살 수 있는 통치 가치관을 제시함으로써 행복 파워 리더십을 보인 위대한 군주로 인정받은 것이다.

둘째, 리더십 파워가 부족하여 실패한 리더는 누구인가?

실패 리더십의 전형은 바로 항우이다. 항우는 정말 좋은 조건을 갖춘 인물이었다. 타고난 금수저에 육체적으로도 완벽했고 그가 창을 한 번 휘두르면 적들은 낙엽처럼 쓰러졌다. 이른바 일대일 전투에서 져 본 적이 없는 무적이었고, 그에게는 용맹한 강동 8,000명의 병사들이 있었고 명장들이 즐비했다.

하지만 결국 항우는 초기에 술이나 먹고 건달 짓이나 하던 평민 출신 유방에게 패하고 자결했다. 무엇이 이 완벽한 장수 항우를 무너뜨렸을까? 그 답을 리더십에서 찾을 수 있다. 그는 의심하면서 아무도 믿지 않았고 자신의 분신 같은 구성원들과 아버지와 같은 범증조차 의심했다. 더구나 자신이 가진 완벽한 무술 능력이 오히려 항우를 오만하게 만들었고 주위에서 옳은 소리를 해도 귀담아 듣지 않고 자신만을 믿었다.

항우는 거병한 지 불과 몇 년 만에 천하의 패권을 장악했다. 항우의 휘하에는 명장이 즐비했지만, 항우가 믿은 유일한 사람은 자신과 같은 핏줄인 항씨뿐이었다. 그리고 정복과정에서 자신의 스승인 범증이 꼭 죽여야 된다고 한 유방을 살려준 것이 큰 실책이었다. 항우가 의지하고 따랐던 스승인 범증 마저 믿지 못했으니 누군들 믿고 그들의 의견을 경청했겠는가?

처음 항우가 거병을 하고 세력을 규합할 때 천하의 인재들이 그에게 몰려들었다. 하지만 항우는 이들의 능력을 신뢰하고 검증할 인품과 포용력을 갖추지 못한 탓에 이들은 모두 유방에게로 가서 항우를 쓰러뜨리는 일등 공신의 역할을 했다. 항우는 스스로를 이렇게 평가했다. "내가 군사를 일으킨 지 8년이 지났다. 그동안 70여 회의 전투에서 단 한 번도 패하지 않았다. 모든 싸움에 이겼으니 천하가 이제는 나를 제대로 알 것이다." 이렇게 오만함과 자만심이 극치를 보였고 함께한 부하들에게 감사할 줄 몰랐다.

모든 결정을 혼자서 하고 부하를 신뢰하지 않으면 인재는 자연스럽게 리더 곁을 떠나게 되는 것이다. 항우는 개인적으로는 많은 장점이 있었지만 자신을 먼저 리드하는 셀프 파워 리더십과 감사로 긍정자본을 늘리는 감사, 파워 리더십, 행복문화를 정착시키는 행복 파워 리더십이 부족했기에 결국 역사의 패자로 기록되었다.

행복 파워 리더십이라는 말이 듣기는 좋지만 실천하기는 아주 어렵다. 리더에게는 구성원들을 행복하게 하는 것이 가장 중요한 덕목이다. 자신을 다스릴 줄 모르고 솔선수범 헌신할 줄 모르고, 질문과 경청과 공감 등 소통 능력이 부족하고, 감사할 줄 모르며, 능력이나 인격보다 개인적인 호불호, 학연, 인연을 앞세우며 공정하지 못하면 결코 성과를 낼 수 없다. 드러내기 경영 VM 활동은 의심과 권위의 리더에서 벗어나서 행복 파워 리더로 탈바꿈할 수 있는 길을 안내하고 있다.

드러내기 경영(Visual Management, VM)은 기업의 본질인 사람의 생각을 감사를 바탕으로 긍정적이고 적극적인 마음으로 바꾸는 등 조직문화를 바꾸어 조직원들이 주인정신으로 자율적으로 행복하게 일하면서 성취감을 느끼고, 기업은 지속 성장하게 하는 경영 시스템이다.

이 책은 현재 리더로서 고군분투하고 있거나 미래에 리더가 될 이들에게 유용한 지침을 제공해 줄 것이다. 여기서 제시하는 7가지 파워 리더십 내용을 매주 한 테마씩 읽고 주요 내용을 가슴에 새기며 52주를 실천하고 내재화 한다면 지, 덕, 체를 겸비한 존경받는 리더, 행복을 선물하는 리더가 되어 있을 것이다. 대한민국 온 국민이 행복하고 기업들은 세계 속에 우뚝 서는 초격차 행복 기업으로 거듭날 수 있을 것이다.

드러내기 경영 10단계 시스템

리더의 니즈		10단계 드러내기	리더의 매일 아침 코칭	행복 3요소
해야 할 일 목적과 목표의 명확화	1	가치관 드러내기		
	2	목표 드러내기		
	3	비가치 드러내기		
	4	무질서 드러내기		
	5	업무 드러내기		
하고 싶어 하고 드러내므로 책임감과 정직함과 도전의식 고양	6	성격 드러내기		
	7	마음 드러내기		
	8	감사 드러내기		
할 수 있게 역량 향상, 지력 향상, 암묵지 지도	9	지력 드러내기		
	10	역량 드러내기		

리더의 매일 아침 코칭:

인식 [Awareness]
경청 ↓ 질문
선택 [Choice]
경청 ↓ 질문
실천 [Execution]
경청 ↓ 질문
피드백 [Feed back]

행복 3요소: 자율 성취 좋은 관계

고객행복
직장행복
가정행복
행복한 나 실현

경영목표달성
경영가치관 실현
ESG경영 구현
홍익정신 실천

드러내기 경영 10단계 체계도

단 계	세부 내용
1. 가치관 드러내기 (미션,비전,핵심가치,행동강령)	회사의 존재가치를 알고 비전을 공유하고 일하는 원칙과 행동강령을 명확히 하여 한마음으로 나아가며 경영 목표를 달성하도록 에너지를 모은다.
2. 목표 드러내기 (연간,분기,월간,주간 목표)	팀의 연간 목표와 분기 목표, 개인별 목표를 드러내고 선언하여 책임감을 가지게 하고 목표를 공유하여 협력의 강도를 높여 함께 목표를 달성하도록 매일 팀장이 코칭을 실시한다.(질문, 경청, 피드백)
3. 비가치 드러내기 (원가 절감,낭비 제거)	비가치를 제거하기 위해 연간 원가 절감 계획을 세우고, 월별 해결해야 할 과제를 명확히고 진행도를 관리한다.(1주 1건 이상 돈 되는 개선안 제안 및 실천)
4. 무질서 드러내기 (TIMS 3정 5S)	물건(T), 정보(I), 마음(M), 안전(Safety)을 3정(정품, 정량, 정 위치) 5S(정리, 정돈, 청소, 청결, 습관화)로 나누어 월 6건 이상 지속적 개선하도록 하며 진행도를 관리한다.
5. 업무 드러내기 (연간,분기,월간,주간 업무)	월간, 주간, 일간 업무를 자율적으로 드러내고 우선순위를 정하여 매일 업무를 드러내어 공유한다.
6. 성격 드러내기 (D.I.S.C 분석)	팀 멤버들의 성격, 행동 패턴의 다른 점을 알고, 팀원들의 성격, 행동 유형에 따른 커뮤니케이션으로 조직 활성화와 좋은 관계를 유지하게 한다.
7. 마음 드러내기 (마음,몸의 에너지와 정서)	마음과 몸의 상태를 솔직하게 드러내어 공감하고 지지, 격려를 하는 상호 버디 코칭을 실시한다.
8. 감사 드러내기 (1일 5감사,팀장 주간 감사)	상사, 동료, 구성원들에게 매일 5감사 이상을 적고 공유하여 긍정 정보를 나누는 감사 활동을 습관화한다.
9. 지력 드러내기 (월간,주간서신,감사나눔신문)	월간, 주간 서신과 감사나눔신문을 읽고 본깨적(본것, 깨달은 것, 적용할 점)을 기록하여 팀원들 간 공유하며 지력을 향상 및 긍정심리 자본 증대 시킨다.
10. 역량 드러내기 (개인별 습득 스킬표)	팀 업무를 명확히 하고 개인별 멀티스킬 맵을 작성하여 습득할 역량을 자기계발 항목에 추가하여 지속적으로 관리한다.

리더십 향상 질문에 대한 답

1주차	저항, 리더, 고정 관념	2주차	인풋, 다름, 갈등
3주차	말, 칭찬, 열등감, 사랑	4주차	공유, 가치
5주차	순간, 배웠는지	6주차	사나운, 주인, 손님, 손님
7주차	의미, 습관	8주차	언행일치, 솔선수범, Fact, Visual
9주차	바깥, 습관화	10주차	소통, 비전
11주차	생각, 행동	12주차	좋은 운, 습관
13주차	함께, 팀 플레이	14주차	불평, 먼저, 지금
15주차	조건과 현상, 원인	16주차	발전, 습득
17주차	모험, 거만함	18주차	3현주의, 3현주의
19주차	자극, 존중	20주차	공감, 존재
21주차	회복, 공감	22주차	사람, 행복
23주차	근본, 깊이	24주차	가치관, 역량, 시행착오
25주차	경청, 경청, 동요	26주차	의도, 불평
27주차	갈등, 경청	28주차	통째로, 맥락적
29주차	질문, 경청	30주차	드러내기, 경영, 행동화
31주차	생명	32주차	공감, 공감적
33주차	공감	34주차	같은, 공감
35주차	잠재력, 피드백	36주차	지속성, 작은
37주차	파도, 생각, 회복	38주차	목적, 사치스런
39주차	욕심, 지나친	40주차	10, 행복
41주차	행복, 자율	42주차	행복, 좋은 관계
43주차	행동, 개선	44주차	불평, 소유
45주차	불평, 칼	46주차	주민, 기업문화, 기업문화
47주차	생각, -100	48주차	입력 정보, 정보
49주차	가치	50주차	가정, 가정
51주차	가치, 20%	52주차	5031, VM

참고문헌

이 책을 쓰면서 현재 컨설팅과 코칭을 하는 15개 회사와 과거에 지도했던 400여개 회사 리더들이 고민하는 문제에 대한 해결책을 리더십 관점에서 해결하는데 주안점을 두었다. 경영 현장의 생생한 목소리를 담아보려고 노력했기에 지도하는 회사의 대표이사와 혁신관계자들과 함께 집필한 책이라고도 할 수 있다. 그리고 주제에 맞는 참고문헌들이 집필의 마중물이 된 것에 감사드리며 집필에 도움을 준 문헌을 지면상 전부 적지 못하는 점을 양해해 주시길 바란다.

1. 카민 갤로 "스티브 잡스 무한혁신의 비밀" 비즈니스북스, 2010.11
2. 피터 버고지언, 제임스 린지 "어른의 문답법" 월북, 2021.9
3. 칩 히스, 댄 히스 "순간의 힘" 웅진지식하우스, 2018.7
4. 이동연 "심리학으로 읽는 손자병법", 2023.1
5. 정철화 "초격차 혁신 사고" 좋은책만들기, 2020.2
6. 피터 호킨스 "리더십 팀 코칭" 한국코칭수퍼비전아카데미, 2022. 9
7. 정철화 "1등기업의 이기는 습관" 무한, 2013.2
8. 피터드러크 "넥스트 소사이어티" 한국경제신문, 2007.8
9. 에릭 슈미트, 조너선 로젠버그, 앨런 이글 "빌 캠벨, 실리콘밸리의 위대한 코치" 김영사, 2020.7
10. 김성호 "사장학개론" 스노우폭스북스, 2023.8
11. 대니얼 카니먼 "생각에 관한 생각" 김영사, 2018.3
12. 데이비드 코트렐 "마법의 질문" 리드리드출판, 2013.8
13. 고바야시 노리타카 "리더가 된다는 것" 처음북스, 2020.12
14. 정철화 "도요타 파워" 무한, 2010.3
15. 정철화 "아니면 뒤집어라" 좋은 사람들, 2009.1
16. 손재권, 정구민, 오순영, 최형욱, 이용덕 외 2명 "CES 2023 딥리뷰" 샘앤파커스, 2023.3

17. 게리 채프먼, 폴 화이트 "5가지 칭찬의 언어" 생명의 말씀사, 2012.7

18. 앤서니 케니 "근대철학" 서광사, 2014.1

19. 김우화 "나는 어떻게 1등 브랜드를 만들었는가?" 클라우드 나인, 2015.4

20. 정철화 "창조력마켓" 무한, 2014,2

21. 스콧 갤러웨이 "플랫폼 제국의 미래" 비즈니스북스, 2018.4

22. 강인애 "감사의 조건" 브니엘 선교회, 1999.12

23. 민승기 "다시 생각하는 리더십" 2015.8

24. 이정선 "당신이 답이다" 무한, 2000.4

25. 세네카 "세네카의 행복론" 숲, 2015.11

26. 데이비드 G. 마이어스 "직관의 두 얼굴" 궁리, 2008.1

27. 사이토 다카시 "세계사를 움직이는 5가지 힘" 뜨인돌, 2009.10

28. 손자 "손자병법" 글항아리. 2011.3

29. 마이클 가자니가 "뇌로부터의 자유" 추수밭, 2012.3

30. 이나모리 가즈오 "왜 일 하는가" 서돌 2010.05

31. 데일카네기 "카네기행복론" 씨앗을 뿌리는 사람, 2004.11

32. 게리 헤멀 "지금 중요한 것은 무엇인가" 알키, 2012.07

33. 조지 베일런트 "행복의 조건" 프런티어, 2010.1

34. 정철화 "드러내기 경영 VM" 무한, 2016.2

35. 김성호 "보이게 일하라" 쌤엔 파커스, 2016.5

36. 김태우 "내 삶을 경영하라" 창해, 2018.9

37. 찰스 해낼 "성공의 문을 여는 마스터키" 샨티, 2005.6

38. 앨런피즈, 바바라 피즈 "결국 해내는 사람들의 원칙" 반니, 2018.4.

39. 캐서린 A. 샌더슨 "생각이 바뀌는 순간" 한국경제신문, 2019.10

40. 멜 로빈스 "5초의 법칙" 한빛비즈, 2017.10

41. 오규훈 "감사의 7가지 언어" 두란노, 2019.9

42. 요코타 히데키 "회사의 목적은 이익이 아니다" 트로이 목마, 2016.3

42. 이근식 "애덤스미스 국부론" 2018.7

43. 나수천 "대한민국 행복론" 트윈벨미디어, 2018.5

44. 이병구 "석세스 애티튜드" 한국경제신문, 2018.8.

45. 윤석화 "리더의 비인간적 대우가 모드를 망친다" 조선일보, 2013.10

46. 프레드 루당스 "긍정심리자본" 럭스미디어, 2012.10

47. 왕중추 "디테일의 힘" 올림, 2011.448. 조혜덕 "명품의 조건" 아트북스, 2011.10

49. 박용준 "전략경영" 청람, 2007.2

50. 닐스 플레킹 "언 리더십", 2011.11

51. 이면우 '신사고이론" 삶과 꿈, 1995.5

52. 백기복 "조직행동연구" 법문사, 1995.8

53. 이원훈 "마케팅전략로드맵" 프라임북스, 2004.2

54. 한상설 "마케팅전략 실천툴" 한솜, 2002.9

55. 피터 언더우드 "퍼스트 무버" 황금사자, 2012.3

56. 이타미 히로유키 "경영자가 된다는 것" 예인, 2010.1

57. 아나톨 칼레츠키 "자본주의의 4.0" 컬처앤스토리, 2011.8

58. 한상설 "마케팅전략 실천툴" 한솜, 2002.9

59. 이원훈 "전략으로 승구성원라" 프라임북스, 2012.7

60. 이지성 "꿈꾸는 다락방" 국일미디어, 2007.5

61. 고가 후미타케 "작가의 문장수업" 경향BP, 2015.8

MEMO

MEMO

'행복에너지'의 해피 대한민국 프로젝트!

도서출판 행복에너지

<모교 책 보내기 운동> <군부대 책 보내기 운동>

한 권의 책은 한 사람의 인생을 바꾸는 힘을 가지고 있습니다. 한 사람의 인생이 바뀌면 한 나라의 국운이 바뀝니다. 그럼에도 불구하고 많은 학교의 도서관이 가난하며 나라를 지키는 군인들은 사회와 단절되어 자기계발을 하기 어렵습니다. 저희 행복에너지에서는 베스트셀러와 각종 기관에서 우수도서로 선정된 도서를 중심으로 <모교 책 보내기 운동>과 <군부대 책 보내기 운동>을 펼치고 있습니다. 책을 제공해 주시면 수요기관에서 감사장과 함께 기부금 영수증을 받을 수 있어 좋은 일에 따르는 적절한 세액 공제의 혜택도 뒤따르게 됩니다. 대한민국의 미래, 젊은이들에게 좋은 책을 보내주십시오. 독자 여러분의 자랑스러운 모교와 군부대에 보내진 한 권의 책은 더 크게 성장할 대한민국의 발판이 될 것입니다.

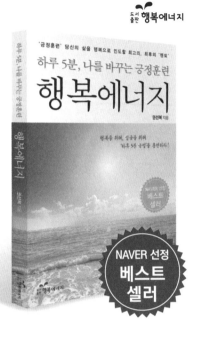

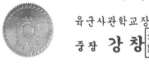